教員採用試験「全国版」過去問シリーズ ⑩

全国まるごと

2025
年度版

過去問題集

美術科

#分野別　　#項目別

協同教育研究会 編

協同出版

はじめに

　本書は，全国47都道府県と20の政令指定都市の公立学校の教員採用候補者選考試験を受験する人のために編集されたものです。

　教育を取り巻く環境は変化しつつあり，学校現場においても，教員免許更新制の廃止やGIGAスクール構想の実現などの改革が進められており，現行の学習指導要領においても，「主体的・対話的で深い学び」を実現するため，指導方法や指導体制の工夫改善により，「個に応じた指導」の充実を図るとともに，コンピュータや情報通信ネットワーク等の情報手段を活用するために必要な環境を整えることが示されています。

　一方で，いじめや体罰，不登校，教員の指導方法など，教育現場の問題もあいかわらず取り沙汰されており，教員に求められるスキルは，今後さらに高いものになっていくことが予想されます。

　協同教育研究会では，現在，627冊の全国の自治体別・教科別過去問題集を刊行しており，その編集作業にあたり，各冊子ごとに出題傾向の分析を行っています。本書は，その分析結果をまとめ，全国的に出題率の高い分野の問題，解答・解説に加えて，より理解を深めるための要点整理を，頻出項目毎に記載しています。そのことで，近年の出題傾向を把握することでき，また多くの問題を解くことで，より効果的な学習を進めることができます。

　みなさまが，この書籍を徹底的に活用し，教員採用試験の合格を勝ち取って，教壇に立っていただければ，それはわたくしたちにとって最上の喜びです。

協同教育研究会

美術科の学習法

(1) 教科の特性

ア．表現教科であること

　美術科は表現教科である。生徒一人一人が自己の個性によって，その考えや感慨を表現していく教科である。もちろん他の教科に表現がないわけではない。音楽，作文，舞踊演劇などにもある。しかし教科としてみた場合，美術科ほど表現が重視され，大きな比重を占めている教科は他にないように思われる。

　では，表現とは何であろうか。いくら自由に体を動かすことができても，踊りがうまいとか，表現がすばらしいとはいわないし，またいくら発声が正しくても，ただ文を読むだけのことを表現がよいとはいわない。そこに人間としての考えや感情がこめられていないからである。体を動かすことに感情がこめられたとき，踊りとしての表現が成立し，文を読む声の中に感情がこめられたとき，朗読としての表現があるのである。つまり表現とは，人間の考えや感情が，何らかの媒体を通して外に表わされるときに，はじめて成り立つものである。

　さらに，表現には質的な高まりがあることが前提となる。犬が吠えることも一つの表現にちがいない。しかし，表現が教育の対象となるのは，その質的高まりを認めているからである。教育として，表現教科である以上，徐々にその質が高まることを予想しているのである。したがって，ただ描くだけ，ただ彫るだけ，ただ作るだけといった活動だけでは表現教科としての特性をもたない。徐々にそうした表現力が高まっていかなければならない。そこに，教育とのかかわりがある。

イ．非言語的表現教科であること……造形的表現

　表現を大きく分ければ，言語的表現と非言語的表現に分けることができる。そしてまた，非言語的表現は音楽的表現，身体的表現，そして造形的表現に分けることができる。もちろん美術科は，非言語的表現のうちの造形的表現にかかわるものである。

　言語的表現が圧倒的に大きな位置をしめている現状の中で，これらの非言語的表現の復権は重要な意味をもっている。例えば「美しい」とい

3

う言語による表現は，その前提として美しさを感じとること，その体験があればこそ，「美しい」という言葉も意味をもってくる。そしてその美しさを感じとるのは，まさに非言語的世界に負うところが多い。とすれば，言語だけが独走することが真に望ましい状況なのかどうかということである。どちらかというと，人類史などを振り返ってみればわかることであるが，いつも非言語的表現がまずあって，そのあと言語的表現がその中から生まれてくるものなのである。現在でも，未開民族の生活の様子をみればそのことはよくわかる。彼らにとって踊り，歌，打楽器，身体装飾などは極めて重要な位置を占めている。

　このように非言語的表現は，言語的表現に先行すると同時に，言語的表現と有機的に絶えずかかわりながら，その意味を互いに支えあう関係にあるものなのである。したがって，人間形成という教育の課題に応えるためには，一方の表現だけが重視されるような傾向は望ましい姿ではない。特に現在，言語的表現が極めて大きな比重を占めているだけに，非言語的表現の重要性はますます高くなってきているともいえよう。

ウ．即物的に空間に表現する教科であること

　平面，あるいは立体として表現していくことが，美術科のもう1つの特性といってよい。もちろん，時間的要素が全くないわけではない。例えばモビール(動く彫刻)などがそうである。しかし，本質はやはり，平面や立体として空間に存在するものとしての表現であることにかわりない。音楽は時間が主要であり，踊りや演劇は空間と時間との両方の性格をもっている。それらと比較してみれば，いっそう美術科の表現は空間(二次元，三次元)の世界に属することが理解しやすいと思う。

　また，即物的であることも大切な特質である。これは造形的表現ということと重なるものであるが，紙，絵の具，粘土，木，石，彫刻刀などといった素材や道具を使わなければ表現はできない。音楽も楽器を使い，踊りも衣裳を必要とするではないかといった考え方もあるであろう。しかし音楽は声だけでも表現は可能であり，踊りは身体だけでも表現ができる。したがって音楽や踊り，あるいは演劇でさえ，物がなくとも表現は可能なのである。ところが美術科における表現は，必ず表現のための媒材，つまり物を必要とする。紙や絵の具がなければ絵画表現は不可能であり，粘土や石材がなければ彫刻表現はできない。それだけ，物その

ものを体験的に知ること，材料や道具に慣れることが大切だともいえるのである。

エ．視覚・触覚を軸とした表現教材であること

　表現には，必ず諸感覚が連合的に働く。したがって，視覚だけ，触覚だけということはない。あくまでも，それらを軸とした形で表現される教科であるという意味である。それはちょうど，音楽が聴覚を軸とし，踊りが運動機能を軸としているのと対応する。

　例えば花を写生するとしよう。もちろん眼で視覚的に花をとらえる。きれいな花だなあ，と感動する。そのとき完全に視覚だけがその花の美しさにかかわっているのかというとそうではない。花のかおりがあるかもしれないし，やわらかい花びらの感触などもあるであろう。また，その花をみて無意識的にかつて花を摘んだ広々とした草原の楽しい雰囲気を思い出しているかもしれない。そのときの風のさわやかな感触，ひばりがないているそのさえずりなども，花のイメージにダブっているかもしれないのである。花が美しいということは，そうしたいろいろな感覚による追体験が重なることによって美しくみえているということなのである。眼前の花を視覚を通してみることによって，さまざまな経験が蘇生するのである。したがって，花を見ることは視覚であるが，視覚を窓口として，あるいは引金としてさまざまな体験，さまざまなイメージが複合的に再生し，その花をいっそういきいきとみせてくれるのである。

　このことは，例えば温かい色，涼しい色などという言葉を考えてみてもすぐわかることである。色は温かくも涼しくもないのである。諸経験が重なることによって，色を温かく感じたり，涼しく感じたりするのである。重い色，軽い色，甘い色，にがい色，深い色，浅い色など，視覚だけの経験では絶対にありえないことである。しかし色をそのように感じとることによってこそ色が美しくみえてくるのである。

　諸感覚が連合的に働いて美しさを感じとるといったことは，美術科の指導にとって忘れてはならないことである。視覚だけの指導に終始したり，触覚だけの指導に終わったりしたら，良い指導は望めない。視覚や触覚が軸となり，相互に刺激し合う形でイメージが徐々に結実していくのである。視覚がその材質のざらざら，すべすべといった感じをとらえたとき，手でそれをさわってみれば，いっそうその地肌感がはっきりと

とらえられるように。平面デザインや絵画は，主として視覚が軸となり，彫刻や工芸は，視覚のほか触覚が軸として大きくかかわってくる。彫刻や工芸では特に，材質や重量感などが重要さを増してくるからである。

(2) 学習指導の4つのねらい

　教育とは，教えることと育てることにある。教えることなしに育てることはできないし，育てることを目的としないで教えても意味をなさない。美術科の教育においてもそのことは全く同じことである。しかし，一般には教えることの方が多く，学習がいつも一方通行であるといった傾向もみられる。それでは生徒にとっては受身の学習であって，育てる学習とはいえないものである。特に美術の学習においてそのような授業があったとしたら，それはまちがいというより罪を犯しているといってもいいほどである。美術科では育てることを忘れた授業はありえないのである。

　では，美術科において育てるための授業には，どんな様態やねらいがあるのか。大別すると次の4つになると思う。

ア．感受させる指導

　この指導が，最も美術科らしい独自のものである。それは，表現教材として，生徒ひとりひとりの感情にかかわる指導を意味する。例えば作品の鑑賞において，その作品の知識だけをいかに詳細に教えても，生徒ひとりひとりにその作品の美しさが感受されていなければ，意味をなさないということである。風景写生をする場合にしても同じことである。風景の美しさが，ひとりひとりに充分感受されていてこそ，表現が個性的に展開するのである。

　もちろんこの指導はそう簡単なものではない。そのためにいろいろ指導の手だてが必要になってくる。例えば風景写生にはいる前に，いろいろな風景画をみせて，その美しさを充分感受させてから実際の写生にはいるといった方法などもよい。風景写生をする前に作品をみせることは模倣を助長するのではないかといった批判もあるかもしれない。しかし，ひとりひとりが自分の好きな作品から感銘をうけることは当然のことであり，その影響があったとしても少しも悪いことではない。最も悪いのは感動を伴わない作品の鑑賞である。そしてそれをそのまま真似ること

は，表現が主体化されていないことを意味する。したがって，作品の鑑賞において，その作品の良さを一方的に押しつけるようなことがあってはならない。できるだけ作品の良さを広く，生徒ひとりひとりの個性，美意識の発達に対応できるように用意し，生徒が感動をもって鑑賞できるようにすることである。そうした指導がうまく働いたときは，生徒は目にした風景をいきいきと捉えることができる。感動が高まっているときは，日頃何気なくみている風景でも，その中に美しさを発見するものである。

　また，教室内で静物写生をするときなど，美しい音楽をきかせて聴覚に訴えるのもよい。感動とは諸感覚が総合的に反応するものであるが，聴覚を刺激することによって視覚がいきいきしてくることは，よくあることである。においをかいでみる，さわってみるなどの手だても，感受を助ける重要な手だてとなりうる。ざりがにを描くとき，ざりがににさわってみることによって，あのざらざらとした感じがいきいきととらえられる。兎の毛のやわらかさは，さわってみてはじめてわかる。そのとき兎はいきいきととらえられる。こうした諸感覚の相互の刺激によって，感受の指導を有効に行うことができる。

イ．考えさせる指導

　思考には，直観的思考と論理的思考とがある。論理的思考とは筋道に従って順序よく考えをすすめていく思考で，既製の論理のパターンを踏襲しながら思考するものである。それに対して直観的思考は，筋道もなく瞬間的に反応する思考である。もちろんその裏には論理的思考の積み上げがあり，それが無意識的に出てくるとみてよいもので，直観的な思考が全く独立的にあるものではない。

　また，直観的思考には感情が大きくかかわるのも特徴的である。もっとも感情そのものも，論理的な思考などを包含した諸経験の総合であるから，感情に全く論理的思考がかかわらないということではない。そのことは，好き嫌いといった極めて感情的な判断によったものが，あとでよく考えてみたらそれなりに論理的なつじつまも合っていたという例が多くあるのをみてもわかる。

　しかし，これまでの教育の中で直観的な思考がやや軽視，あるいは蔑視されていたことも確かである。何かありそうだ，説明がつかないがど

うもおかしいといった思考は，教育にはなりにくかったのかもしれない。だが大発見，大発明といったものも，もとをただせばそうした直観から出発することが多い。技法の1つに，ブレーンストーミングといった手法があるが，これも，思いつきでもなんでも自由に発言させることによって，その中から大きな可能性をひき出そうとするものである。

　論理的思考も直観的思考も相関的なもので，どちらを大切にするということではないが，美術科の教科の特性からいって，どちらかというと直観的思考にかかわる場面が多い。しかも直感的思考がこれまで教育の中で欠落した部分であってみれば，なおさら大切に指導されなければならない部分であるともいえよう。

　どちらの構図がよいとか，どちらの配色がよいということは，すぐ論理に結びつくものではない。しかしそうした直観的判断は，極めて重要なものであるということである。

ウ．教える指導

　教えることが一方的押しつけになるとき，教育の育の方が死んでしまうことはすでにふれたが，教えることによって育がいっそういきていくのであれば，教えることはきちんと教えなければならない。美術科でも教えるべきことは多々あるのである。

　例えば，遠近感の表現などもそうである。遠近によって色や形が変化する。それを色の遠近法とか，形の遠近法という。色は遠くにいくに従って次第にくすんでみえる。そしてはるかに遠い色は青みを帯びてくるのがふつうである。また，形の遠近の変化は，遠くにいくに従って次第に小さくみえるといったことである。透視図法的な変化である。これらのことは，それを受け入れることのできる能力がすでに生徒にあるとすれば，教えてよいのである。それによって生徒の表現力は，いっそう伸びていくであろう。もちろん色の遠近にしても透視図法にしても，一般的なことであり，特に透視図法は一つの図法であって，人間の眼にうつる形とは必ずしも同じでないことを充分にふまえておく必要がある。

　このほか，赤に白を混ぜると明るい色調ができ，黒を混ぜると暗い色調になること，また灰色を混ぜるとにぶい色調になること，しかし赤に白を混ぜても黒を混ぜても灰色を混ぜても色相はかわらないことも正しく教えておく必要がある。こうした明度，色相，彩度といった色に関す

る知識そのことによって色概念が正確になり，使う色域も幅広くなっていく。

また，のこぎりの使い方，釘の打ち方，塗装の仕方などには，最も正しいやり方がある。それらも正しく教えることが大切である。このほか，美術科において教えるべきことは多い。どの学年で，いつそれを教えていくか，その適時性を充分考えながら，教えるべきことを正確に指導しなければならない。

エ．習熟させる指導

慣れさせる指導といってもよいもので，これは教える指導と深く関連する。例えば混色についての知識も，それが表現として実際にいかされたとき本物となる。それは混色に習熟する以外にないのである。

しかし慣れが表現と遊離して，技術だけが目立つようになることは危険である。例えば絵のうまい生徒などにみられる傾向であるが，その時の感動から離れて手法的な慣れだけで絵が描かれるといったケースである。その人のイメージと正しくかかわりながら習熟させていく指導が肝要である。

(3) 授業構造

授業構造とは一般的に授業の流れをいう。先に学習指導の4つのねらいについて述べたが，それぞれのねらいによって多少のちがいはあっても，「導入→展開→まとめ」といった大きな流れには変わりはない。

導入：授業の最初の段階をいう。意欲喚起，感受の段階などという場合もある。生徒に学習のねらいを自覚させ，その意欲を呼び起こす段階である。美術科にとっては特に重要な段階ともいえるもので，この段階がうまく指導できるかどうかによって，授業の成果は大いに違ってくる。なぜなら美術科の授業は特に，その生徒自身が制作し表現していくことが，その後の展開として予想される活動であるため，授業が生徒の主体的なものにならなければ意味をなさないからである。その主体化への道程が，まさにこの導入の段階であり，その後の流れがうまくいくかどうかが，導入で決まってしまうということである。

では学習意欲をもたせる導入の手だてとしては，どんな方法があるか。

〈経験をよびおこす──感受の高まり〉

　特に心象表現(絵画，彫刻など)の授業において重要な方法である。美的な感動はいろいろな経験の総合としてあるものであるから，視覚に限らずその他の諸感覚にはたらきかけて，それぞれの生徒の心の中に経験を呼び起こすことである。例えば風景写生をするとしよう。学校近辺の川をモチーフとして描こうとした場合など，河原の石ころ，川の流れ，その曲線の変化，そして遠景とのとり合わせなど，画面構成上重要なものについて指導することはむろんであるが，そういう課題だけでは本来の心象の世界を描くことにはならない。その河原で遊んだ経験がないかどうか，その時の思い出などを話し合わせたり，河原の石ころを実際にもってきてそれにさわらせ，その感触から経験をひき出したり，また遠景の森についても，何か伝説などが残っていればそれも話し合わせてみるなど。こうした諸経験をいろいろ出し合う中で，これまで何気なく眺めていた風景がいきいきと心にみえてくるものである。その時，川の流れその他，河原の一つ一つの石ころ，そして遠景の緑などがこれまで以上に意味のある美しい対象として生徒の眼に映じるのである。

　直接その対象にかかわりなくとも，音楽をきかせたり，歌をうたったりすることによって，生徒の経験をひき出すこともできる。

〈必要感をひき出す〉

　特に適応表現(デザイン，工芸)の授業において重要な方法である。例えばポスターを制作するとしよう。教科書に緑の週間のポスターがでているからこの課題を取り上げた，といったことだけで授業にはいるとしたら，生徒はそのポスターを描く意欲をもつことができるであろうか。

　生徒が緑の週間の意義を充分理解し，そうした意識をもってポスターを描く場合と比較してみれば，授業の主体的展開において大きな差がでてくるであろうことは明白である。

　したがって，教科書に出ていないものでも，その地域あるいはその学校にとって必要としていることがあれば，それこそ必要感を引き出すのに格好のものといえよう。例えば，自転車通学が多く，その置場がいつも混乱して見苦しいといった状況があったとしよう。生徒自身も，それを何とかしたいと考えていたとしたら，それをポスターにすることこそ生きた授業となる。

工芸などにおいても同じことである。教科書にドア・ノッカーがでているからといって，都市的環境にない昔からの住環境を守っている農村や漁村でそれをとりあげてみても，どれほどの必要感をひき出すことができるだろうか。また，ある地方ではこけしを制作している学校があるが，その地方は伝統的にこけしの産地としての歴史がある。生徒の家業にもそうした仕事と関連している家が多く，将来こけし職人として生きていく生徒も多い。こけし制作はその地域でこそ大きな教育的意味をもっているが，だからといってどこでも通じるものではない。都市的生活の中で，商品としてだけこけしを見ている生徒にとって，こけしを制作することの必要感をひき出すことは，まずできないからである。もしできたとしても，それは底の浅いものでしかない。

　このことは，必要感とはその土地，生徒をとりまく環境と極めて密接な関係があるということを示している。

　雪の多いところでは，雪おろしの道具などはまさに必要欠くべからざるものである。コンクリート・ジャングルの中に住む生徒にとって，素焼の植木鉢などは，少しでも緑とのふれ合いを多くもつためにも意味のあるものである。また，竹が入手しやすいとか，貝がらが豊富にあるといった，その土地のもっている特性によって，それを何かにいかすことができないかと考えさせることも，生徒の必要感をひき出す重要な手がかりとなるであろう。

〈課題意識をもたせる〉

　これはいうまでもないことであるが，これからやる学習について何が問題で，何を克服していかなければならないか，それらをできるだけ明確に意識化させることである。登山家があれほど情熱を燃やすことができるのは，まさに克服すべきものが極めてはっきりしているからである。

　例えば，人物写生をとりあげたとしよう。モデルを前におき，それをじっと見つめる。もちろんそれ以前に人物画の鑑賞があったり，これまでやってきた人物写生の諸経験を話し合ったりして，感受の高まりがすでにある程度できている。しかしそれですぐ写生に入ったとしても，表現が単なる慣れに走り真に表現が高まらない場合も多いのである。表現を高めるには，新しい課題意識をもたせることが必要である。これまで自分で描いてきた人物は，こんな欠点があった，こんな失敗があったと

いった反省を充分意識させ，今度の人物写生では，これが自分にとって課題なのだという自覚をもたせることである。それは，個人としての課題意識もあろうし，クラス全体としてのものもあるであろう。

　例えば1年のときの課題は，人物のプロポーションと動勢を全体の課題としたが，今回(2年)はモデルの表情を表現してみようといった具合にである。モデルが級友の誰君であったり誰さんであってみれば，その性格まで生徒は知っているはずである。したがって，形やポーズといった外見以上のものを課題として，1年のときより一歩先へすすむことは学習として当然である。

　個人としての課題を生徒一人一人に充分意識化させて，その後の取組み，意欲もいっそう確かなものにしていくのである。無理な課題はもちろんさけるべきで，目標を生徒ができそうな所におくことが大切である。

　そのためには，教師は生徒一人一人の作品の傾向，問題点をよく捉えていることが必要である。またそれと同時に，生徒自身も自らの課題をいつも自覚していることが前提となる。そのためには生徒が自分の作品をとっておくことが望ましい。これまでの作品を全部もってこさせて，それぞれ自己批評させてみたりするのもよい方法である。生徒による自己評価である。この自己評価は教師の評価と重なることが，また一方では望まれることである。理想的にいえば，教師の評価が生徒一人一人の自己評価をきちんと捉えており，生徒一人一人についてその生徒の次の課題は何かがわかっていることが望ましい。現実的には多数の生徒を相手にしているだけにむずかしいが，方向は堅持すべきであろう。

〈学習のプロセスを自覚させる〉

　例えば，この時間でどこまで作業をすすめればよいのか，何時間かけてこの作品を完成するのかなどを充分理解させ，自覚させることである。極端な例ではあるが，同じ題材を1年間通して制作しているとしたら，大人ならいざしらず，生徒が1年間も課題意識をもちつづけ，感受の高まりを持続できるであろうか。これは，「導入→展開→まとめ」といったその学習全体の見通しにもかかわることであるが，教師はもちろんのこと，生徒もまた大体の見通しを自覚していることが望ましい。学習の展開に入ったときにその進度を自己制御できるからである。そのためにも，1年間もだらだらとやっていて，結局表現が主体化されず，ただ習慣的にや

るといった傾向に陥るよりも，生徒自身が見通しを自覚できる期間が望ましい。学習のプロセスを自覚させることである。

　しかし，特に心象表現(絵画，彫刻)などの表現では個人差が大きく，早くできてしまう生徒，いつまでもできない生徒などの時間的ばらつきがある。

　また，実際に展開に入ってみると，生徒自身が考えていた時間よりも多くの時間が必要になってきたといった場合，あるいは生徒全員が大変興味をもち，時間の延長を希望するといった場合など，学習のプロセスがいつも一様に，最初の計画の通りいかない場合もあり，このようなときはどうするかといった問題が残る。計画通りいかないのでは学習のプロセスを自覚させても意味がないようにも思われるが，これは表現教科の特性といったもので，ある程度はやむをえない。その時点で，時間を延ばすこともあってよいであろうし，早くできた生徒には別に新しい課題をあたえるのもよいであろう。それは臨機応変にやるほかない。

　そのことが次の学習計画への反省材料となるものであってみれば，やはり計画は計画として，生徒にもそのプロセスを自覚させることは重要になるのである。

〈新しい技法はよく教える〉

　新しい材料，新しい道具といったものがその授業ででてきた場合，それはしっかりとこの段階で教えておかなければならない。せっかく感受が高まり表現へ展開していったとしても，技法上の壁にぶつかり挫折してしまうようでは困るのである。もちろん，生徒自身がそれをある程度使いこなせ，指導しないでも克服できそうだということであれば別であるが，そうでない限り，正しい教科，正しい材料の特質は初めに教えておくことが肝心である。

本書について

　本書には，各教科の項目毎に，出題率が高い問題を精選して掲載しております。前半は要点整理になっており，後半は実施問題となります。また各問題の最後に，出題年，出題された都道府県市及び難易度を示しています。難易度は，以下のように5段階になっております。

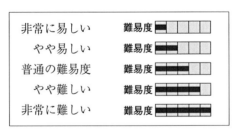

非常に易しい	難易度 ■□□□□
やや易しい	難易度 ■■□□□
普通の難易度	難易度 ■■■□□
やや難しい	難易度 ■■■■□
非常に難しい	難易度 ■■■■■

　また，各問題文や選択肢の表記については，できる限り都道府県市から出題された問題の通りに掲載しておりますが，一部図表等について縮小等の加工を行って掲載しております。ご了承ください。

描画・版画

要点整理

出題傾向

　描画については，実技試験との関係もあって，他の領域と比較すると出題される率はあまり高くない。また問題として作成しにくい領域でもある。ただし，描画に関する知識は，教師として教育の現場に立った時，すぐにも必要となることであり，出題の如何を問わずしっかりと対処できるように学習しておくべきである。

　版画についての出題はたいへんに多い。材料・用具・技法の全般にわたって出題されている。特に中学・高校と上級にいくにしたがって高度な技法の要求される版画が出題される傾向がみられる。しかも，技法や制作過程について説明をしなければならないような出題のされ方もあって，実際に制作経験がない者にとっては，かなり厳しい問題も多い。また材料・用具については，かなりこまかなものについてもひと通り目をとおしておく必要がある。

【1】「感じ取ったことや考えたことを基に表現する活動」について，次の各問いに答えなさい。

問1　次のア～エは，画材について説明したものである。正誤の組合せとして最も適切なものを，以下の①～⑧のうちから選びなさい。

　　ア　パステル …………顔料にごく少量のアラビアゴムなどの展色剤を混ぜて固めたもの。

　　イ　ポスターカラー …顔料をルツーセで練り合わせたもの。

　　ウ　油絵の具 …………顔料を亜麻仁油やけし油などで練り合わせたもの。

　　エ　透明水彩絵の具 …顔料を卵で練り合わせたもの。

	ア	イ	ウ	エ
①	正	正	正	誤
②	正	正	誤	正
③	正	誤	正	正
④	正	誤	正	誤
⑤	誤	正	正	誤
⑥	誤	正	誤	正
⑦	誤	誤	正	正
⑧	誤	誤	誤	正

問2　以下の記述は，図版で用いられている絵画技法について述べた
　　　ものである。[　　]に当てはまる語句として最も適切なものを，後
　　　の①～⑤のうちから選びなさい。

図版

　　　[　　]とは，灰色などの単色の顔料を，油等で塗り重ね，グラデ
　　ーションだけで対象を描く技法であり，初期フランドル絵画に見ら
　　れる特有な表現形式である。
　　①　アサンブラージュ　　②　スカンブリング　　③　マチエール
　　④　ドライブラシ　　　　⑤　グリザイユ
問3　次の図版は掛け軸の図である。　ア　～　エ　の名称の組合せ

として最も適切なものを，以下の①～⑨のうちから選びなさい。

図版

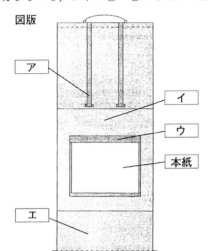

ア

イ

ウ

本紙

エ

	ア	イ	ウ	エ
①	天（てん）	一文字（いちもんじ）	柱（はしら）	地（ち）
②	天（てん）	地（ち）	中廻し（ちゅうまわ）	柱（はしら）
③	天（てん）	中廻し（ちゅうまわ）	一文字（いちもんじ）	地（ち）
④	露（つゆ）	一文字（いちもんじ）	柱（はしら）	地（ち）
⑤	露（つゆ）	地（ち）	中廻し（ちゅうまわ）	柱（はしら）
⑥	露（つゆ）	中廻し（ちゅうまわ）	一文字（いちもんじ）	地（ち）
⑦	風帯（ふうたい）	一文字（いちもんじ）	柱（はしら）	地（ち）
⑧	風帯（ふうたい）	地（ち）	中廻し（ちゅうまわ）	柱（はしら）
⑨	風帯（ふうたい）	中廻し（ちゅうまわ）	一文字（いちもんじ）	地（ち）

問4　次の記述は，モザイク画について述べたものである。[　　]に当
てはまる語句として最も適切なものを，以下の①～⑤のうちから選
びなさい。

　もとから色の付いた石やガラスを小さく砕いた[　　]と呼ばれる
小片を，漆喰が塗られた壁に埋め込むという形で制作されている。

①　エンコースティック　　②　テッセラ　　③　エマルジョン

④　グリセリン　　　　　　⑤　メディウム

問5 次の記述は，リトグラフについて述べたものである。[　ア　]，
[　イ　]に当てはまる語句の組合せとして最も適切なものを，以下
の①〜⑥のうちから選びなさい。

[　ア　]と油の反発作用を利用して製版，印刷する版画で，版を
彫刻することなく描いたままに再現できる点が特徴で，平版ともい
う。

手順1　リトグラフ用の油性ペンや解墨で描く。

手順2　[　イ　]を塗ってよく乾かした後に，版を洗い[　イ　]を
落とす。

手順3　ローラーで油性インクをのせ，プレス機で刷る。

	ア	イ
①	液体グランド	パンドル
②	液体グランド	アラビアゴム液
③	水	液体グランド
④	水	アラビアゴム液
⑤	アラビアゴム液	液体グランド
⑥	アラビアゴム液	パンドル

問6 以下の記述は，図版の彫刻について述べたものである。[　　]に
当てはまる語句として最も適切なものを，後の語句①〜⑤のうちか
ら選びなさい。

また，図版の作者として最も適切なものを，後の人物名①〜⑤の
うちから選びなさい。

図版

　　[　　]は，イタリア語で「対置された」を意味する。片脚に重心をかけ，もう一方の脚は力を抜き軽く曲げている。上半身は，バランスをとるために重心と反対の方向に捻れている。

語句

① マッス　　　　② インパスト　　　　③ ヴァルール
④ エチュード　　⑤ コントラポスト

人物名

① ドナテッロ　　② ミケランジェロ　　③ マザッチオ
④ マイヨール　　⑤ ブールデル

問7　次の記述は，ある画家について述べたものである。この画家の作品として最も適切なものを，以下の①〜⑤のうちから選びなさい。

　　1839年に生まれた後期印象派の画家で，「自然を円筒，球，円錐によって捉える」という有名な言葉を述べている。対象を分解し，再構築して描いた。

【2】次の各文は，銅版画について説明したものである。以下の問いに答えよ。

> ア　ヨーロッパの画家によって1514年に制作された『メレンコリアⅠ』は，直刻法の一つでつくられている。この技法は，熟練の技によって細く鋭い線を刻み，線の密度によって濃淡を表す緻密な表現が特徴である。
>
> イ　ヨーロッパの画家によって1641年に制作された『風車』は，腐食法の一つでつくられている。この技法は，繊細な線や自由な線，力強く荒いマチエールや柔らかい調子など，幅広い表情を作り出すことができる点が特徴である。
>
> ウ　日本の画家によって1969年に制作された『時　静物画』は，直刻法の一つでつくられている。この技法は，マニエール・ノワールとも呼ばれ，ビロードのような深い質感をもった黒い色面と，白から黒への階調による表現が特徴である。

 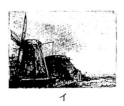 

　　　　ア　　　　　　　　　イ　　　　　　　　　ウ

(1)　アの作家として，最も適当な人物を一人選び，番号で答えよ。

　1　レイデン　　　　　2　ブリューゲル　　　3　デューラー
　4　マンテーニャ　　　5　ボッス

(2)　イの作家として，最も適当な人物を一人選び，番号で答えよ。

　1　ヴァン・ダイク　　　2　レンブラント　　　3　フェルメール
　4　ジョット　　　　　　5　ルーベンス

(3)　ウの作家として，最も適当な人物を一人選び，番号で答えよ。

　1　駒井哲朗　　　2　中林忠良　　　3　浜口陽三　　　4　浜田知明
　5　長谷川潔

(4)　ア〜ウの制作技法の組合せとして，最も適当なものを一つ選び，

番号で答えよ。

1　ア：エングレーヴィング　　イ：エッチング
　　ウ：メゾチント

2　ア：エングレーヴィング　　イ：アクアチント
　　ウ：エッチング

3　ア：ドライポイント　　　　イ：エッチング
　　ウ：アクアチント

4　ア：エッチング　　　　　　イ：エングレーヴィング
　　ウ：メゾチント

(5)　ア～ウの作品において使用された，主な描画道具の組合せとして最も適当なものを一つ選び，番号で答えよ。

1　ア：スクレッパー　　イ：ロッカー
　　ウ：バーニッシャー

2　ア：ニードル　　　　イ：バーニッシャー
　　ウ：ビュラン

3　ア：ルーレット　　　イ：ビュラン
　　ウ：ニードル

4　ア：ビュラン　　　　イ：ニードル
　　ウ：スクレッパー

‖ 2024年度 ‖ 愛知県 ‖ 難易度 ■■■■□□

【3】〔問1〕　材料の扱い方や特性に関する記述として適切なものは，次の1～4のうちのどれか。

1　合板は，木材を薄く剝いで単板を作り，板の木目を交互に直交させて，この単板を奇数枚接着したもので，伸縮の狂いは少ないが，強度が安定せず割裂しやすい。

2　紙は，機械漉きの場合は，漉き網の流れていく方向に平行に繊維が並ぶため，縦目と横目があり，縦と横で紙の強さが異なっている。

3　パスは，クレヨンに比べて混色の効果が少ないので，ドローイングのための描画材料と考えた方がよい。

4　油粘土は，可塑性に優れているが，作品として残すには焼成す

るか，石膏などで型取りをする必要がある。

〔問2〕　次の作品の作者として適切なものは，以下のA群の1～4のうち
のどれか。また，この作品に関する記述として最も適切なものは，
あとのB群の1～4のうちではどれか。

【A群】

1　オディロン・ルドン　　2　サルバドール・ダリ

3　パブロ・ピカソ　　　　4　フランシスコ・ゴヤ

【B群】

1　1823年のスペイン内乱の時期に描かれた「黒い絵」と呼ばれた
壁画の一つである。この壁画において人間の暗闇にひそむ狂気や
残酷さをえぐり出したものである。

2　1890年頃までのモノクロームや素描に限定して制作していた作
品の一つである。人の心の奥底にある得体の知れない思いを異形
のイメージに変換して提起した。

3　1936年に始まるスペイン内乱の予感を表現している。この作品
には『茹でいんげん豆を配した柔らかな構造物』という副題があ
る。

4　1937年4月にスペインの地方都市が，ナチス空軍による無差別爆
撃を受けて多数の死傷者が出たことに衝撃を受けて制作されたも
のである。

〔問3〕　小学校学習指導要領図画工作の「各学年の目標及び内容」の
〔第3学年及び第4学年〕の「内容」の「A表現」において，身に付け
ることができるよう指導するとされている事項に関する記述として

適切なものは，次の1～4のうちのどれか。

1 造形遊びをする活動を通して，身近な自然物や人工の材料の形や色などを基に造形的な活動を思い付くことや，感覚や気持ちを生かしながら，どのように活動するかについて考えること。

2 造形遊びをする活動を通して，身近な材料や場所などを基に造形的な活動を思い付くことや，新しい形や色などを思い付きながら，どのように活動するかについて考えること。

3 対象や事象を捉える造形的な視点について自分の感覚や行為を通して気付くとともに，手や体全体の感覚などを働かせ材料や用具を使い，表し方などを工夫して，創造的につくったり表したりすることができるようにする。

4 対象や事象を捉える造形的な視点について自分の感覚や行為を通して分かるとともに，手や体全体を十分に働かせ材料や用具を使い，表し方などを工夫して，創造的につくったり表したりすることができるようにする。

〔問4〕 中学校学習指導要領美術の「各学年の目標及び内容」の〔第1学年〕の「内容」の「A表現」において，身に付けることができるよう指導するとされている事項に関する記述として適切なものは，次の1～4のうちのどれか。

1 目的や機能との調和のとれた洗練された美しさなどを感じ取り，作者の心情や表現の意図と創造的な工夫などについて考えるなどして，美意識を高め，見方や感じ方を深めること。

2 身近な地域や日本及び諸外国の文化遺産などのよさや美しさなどを感じ取り，美術文化について考えるなどして，見方や感じ方を広げること。

3 構成や装飾の目的や条件などを基に，対象の特徴や用いる場面などから主題を生み出し，美的感覚を働かせて調和のとれた美しさなどを考え，表現の構想を練ること。

4 使う目的や条件などを基に，使用する者の立場，社会との関わり，機知やユーモアなどから主題を生み出し，使いやすさや機能と美しさなどとの調和を総合的に考え，表現の構想を練ること。

▌2023年度 ▌東京都 ▌難易度 ■■■■□□

【4】次の(1)～(3)の問いに答えよ。

(1) 次の原始美術Aは，フランスのある地方の洞窟で発見された約2万年前～1万年前の壁画であり，黄土色の地に黒の彩色でスケッチ風に描かれている。洞窟のある地名を答えよ。

A

(2) 次の文章の空欄【 ア 】～【 エ 】に当てはまる語句を答えよ。

壁画Bは，頭部や下半身と上半身を描く際，異なる視点で捉えられており，【 ア 】文明における美術の代表的な特徴である。【 イ 】文明のシュメール美術や，図Cのように，【 ウ 】美術の幾何学様式時代の出土品にも，頭部，胴部，下半身の各部を幾何学的に捉え，再構築する表現がみられる。これら原始美術は20世紀初頭，作品Dの作者である【 エ 】にも影響を与えた。

B

C

D

(3) 次の文章の空欄オに当てはまる文を答えよ。

作品Eの作者であるフランス人画家，ジャン・デュビュッフェは，幼児や障がい者，原始人などの造形作品に強い関心を示し，「【　オ　】にも芸術の価値がある」として，「アール・ブリュット(生の芸術)」を提唱した。

E

| 2023年度 | 大阪府・大阪市・堺市・豊能地区 | 難易度

【5】感じ取ったことや考えたことを基に表現する活動について，次の各問いに答えなさい。

問1　絵の具の材料として用いられる鉱石の名前と色系の組合せとして最も適切なものを，次の①〜⑧のうちから選びなさい。

	辰砂鉱	藍銅鉱	ラピスラズリ	マラカイト
①	赤系	赤系	青系	緑系
②	赤系	赤系	緑系	青系
③	赤系	青系	青系	緑系
④	赤系	青系	緑系	青系
⑤	青系	赤系	青系	緑系
⑥	青系	赤系	緑系	青系
⑦	青系	青系	青系	緑系
⑧	青系	青系	緑系	青系

問2　日本画の技法に関わる記述ア〜ウについて，その技法名との組合せとして最も適切なものを，以下の①〜⑥のうちから選びなさい。

ア　彩色や墨に濃淡をつけたり，ぼかしをいれたりすることで立体感や装飾性などを高める技法。

イ　輪郭線を墨などでひくこと。

ウ　画面に絵の具や墨を塗り，濡れているうちに他の絵の具を加え，

27

絵の具の比重の違いを利用してにじみを得る技法。

	骨描き	隈取り	たらしこみ
①	ア	イ	ウ
②	ア	ウ	イ
③	イ	ア	ウ
④	イ	ウ	ア
⑤	ウ	ア	イ
⑥	ウ	イ	ア

問3　次の記述は，絵画の技法について述べたものであり，以下の図版はその技法を用いた作品例である。[　　]に当てはまる語句として最も適切なものを，後の①～⑤のうちから選びなさい。

　　[　　]とは，煙を意味するイタリア語から派生した言葉であり，くっきりと引いた輪郭線によって形態を表すのではなく，「空中に漂う煙のように」輪郭をややあいまいにしたまま，ぼかし気味に色を使って形態を描き出す方法。レオナルド他の16世紀の画家たちが創始したといわれている。

図版

①　エスキース　　②　スフマート　　③　グリザイユ
④　エチュード　　⑤　ペトロール

問4　次の記述は，絵画の技法について述べたものである。[　　]に当てはまる語句として最も適切なものを，以下の①～④のうちから選びなさい。

　印象派が用いた[　　]は，陽光の下で感じる明るくクリアな色彩を表現するために，原色に近い色を細かいタッチで並べる技法である。

①　グラッシ　　　②　加法混色　　　③　アッサンブラージュ

④　筆触分割

問5　次の記述は，エッチングの手順の一部について述べたものである。[　ア　]，[　イ　]，[　ウ　]に当てはまる語句の組合せとして最も適切なものを，以下の①～⑥のうちから選びなさい。

1　版のふちを金工やすりで削り，[　ア　]を作る。

2　版を磨き剤で磨く。

3　[　イ　]を版の表面に均一に塗る。

4　下絵を転写して，ニードル等で[　イ　]をかきとるように描く。

5　[　ウ　]に沈めて腐食させる。

6　腐食の進行をとめる。

7　溶剤で[　イ　]を洗い落とす。

	ア	イ	ウ
①	プレートマーク	グランド	塩化第二鉄液
②	プレートマーク	塩化第二鉄液	リンシード
③	プレートマーク	リンシード	グランド
④	引き付け見当	塩化第二鉄液	リンシード
⑤	引き付け見当	リンシード	グランド
⑥	引き付け見当	グランド	塩化第二鉄液

問6　次の記述は，レディメイドに関して述べたものである。この記述に関連が深い作品として最も適切なものを，以下の図版①～⑤のうちから選びなさい。

　　また，[　　]に当てはまる人物として最も適切なものを，後の人物名①～⑤のうちから選びなさい。

　　世界大戦による世情の不安から，あらゆる既成の価値観を否定する芸術が生まれた。フランス出身で，ニューヨークで活躍した作家[　　]は，レディメイドという手法を創案し，便器に架空の署名を記しただけのものを「泉」と題して展覧会に出品した。

● 描画・版画

図版

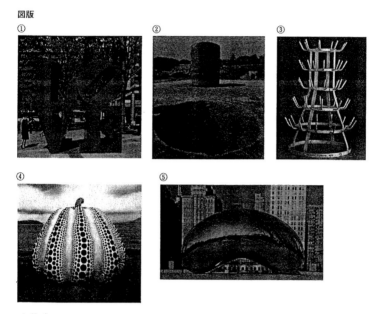

人物名
① デュシャン　② ポロック　③ カンディンスキー
④ ブールデル　⑤ モンドリアン

問7　次の記述は，フォーヴィスムについて述べたものである。この記述に関連の深い作品として最も適切なものを，以下の図版①〜⑤のうちから選びなさい。

　フォーヴィスムを直訳すると，野獣主義。1905年の「サロン・ドートンヌ」でマティスらの作品を見た評論家が，「野獣の檻にいるようだ」と批判したことから命名された。強烈な色彩が特徴といえる。

図版

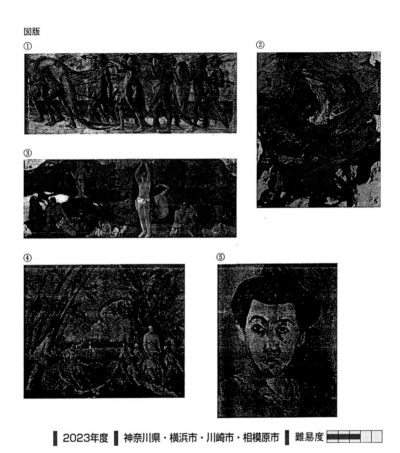

① ② ③ ④ ⑤

▌2023年度 ▌神奈川県・横浜市・川崎市・相模原市 ▌難易度 ▰▰▰▱▱

【6】次の文章は，北海道ゆかりの画家について書かれたものです。問1
　～問4に答えなさい。

　　「夏の岩内港」を描いた[　　　]は，1893年(明治26年)，北海道
　岩内町に生まれた。
　　1910年(明治43年)，[　　　]は有島武郎の描いた作品と出会い，
　二人の交流が始まる。その交流は有島の小説「生れ出づる悩み」
　から知ることができるが，有島との交流を通して絵画に対する
　切実な想いは高まっていった。

　有島の死後は郷里で画家として生きる決意をし，①油彩の制作を始める。この頃の画風は，②印象主義的なものが中心であり，厚塗りの絵具，点描風のタッチなどの特徴からは，岩内の地で孤独な画業を歩み出した情熱が感じられる。

　1954年(昭和29年)の岩内大火によって作品の多くを焼失した後も精力的な制作を続け，その作品は，激しく画面を行き交う奔放な色線から構成されるものに変化していった。

「夏の岩内港」(1960)

問1　空欄に当てはまる画家として，正しいものを選びなさい。

　ア　木田金次郎

　イ　岩橋　英遠

　ウ　三岸好太郎

　エ　居串　佳一

問2　空欄に当てはまる画家の作品を，制作年が古い順に並べた際の組合せとして，正しいものを選びなさい。

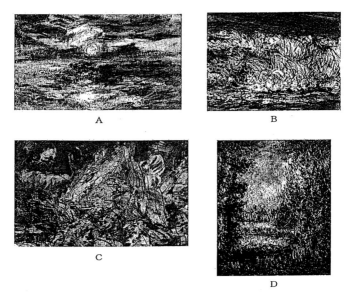

A

B

C

D

ア　C→A→B→D

イ　C→B→A→D

ウ　D→A→B→C

エ　D→B→A→C

問3　下線部①に関わって，正しい内容の組合せを選びなさい。

【油絵の具の特徴】

A　水分の蒸発により展色剤が乾燥し，顔料が定着する。

B　劣化しにくく，作品の長期保存に向いている。

C　顔料とアラビアゴムを練り合わせてつくられる。

D　乾いても体積が減らないことから，油絵独特のマチエール
　　ができる。

ア　AとC　　イ　AとD　　ウ　BとC　　エ　BとD

問4　下線部②に関わって，印象派を代表する画家である，クロー
　　ド・モネの作品を選びなさい。

ア

イ

ウ

エ

▌ 2023年度 ▌ 北海道・札幌市 ▌ 難易度

【7】図画工作及び美術の表現に関する次の各問に答えよ。

〔問1〕 次の記述は，鉛筆素描に関するものである。記述中の空欄
[ア]・[イ]に当てはまる語句の組合せとして適切なものは，
以下の1～4のうちのどれか。

> JISでは，鉛筆の芯の[ア]を9Hから6Bまでの17種類に分
> けている。また，表面が[イ]紙では，黒鉛の粒子の定着が
> 不安定でこすれたり消えたりしやすい。

1 ア 濃さ イ ざらついた
2 ア 濃さ イ 滑らかな
3 ア 硬さ イ ざらついた
4 ア 硬さ イ 滑らかな

〔問2〕 絵具の特性に関する記述として最も適切なものは，次の1～4の
うちではどれか。

1　アクリル絵具は，アクリル樹脂を展色剤に用い，乾きが早く，乾くと水に溶けず耐水性になる。耐久性があり木材やガラスへの描画も可能である。

2　水彩絵具は，アラビアゴムを展色剤に用い，乾いても，水に触れると溶ける特徴がある。不透明性を生かした表現に適しているが，耐久性は高くないため紙以外の描画には適さない。

3　油絵具は，天然の鉱石や土，貝などを顔料として使用し，膠を展色剤とする。顔料自体に接着性はなく，描く際に展色剤を使用して支持体に定着させる。

4　新岩絵具は，ガラスに金属酸化物を加えて化学的にできた人工の鉱石を粉砕，精製した顔料を用い，乾性油を展色剤とする。独特の艶と透明感，盛り上げなどの可塑性があり，緩やかな固化速度が特徴である。

〔問3〕　表現技法に関する記述として最も適切なものは，次の1〜4のうちではどれか。

1　インクや多めの水で溶いた絵具を筆に含ませ，画面上にたらしたり，息を吹きかけて散らしたりする表現技法をスパッタリングという。

2　クレヨンなどの油性の描画材で図柄を描き，上から多めの水で溶いた絵具で彩色し，図柄をはじきだす表現技法をコラージュという。

3　凹凸のある素材の上に紙をのせ，その上からコンテ，鉛筆，クレヨンなどの描画材で，形をこすり出す表現技法をフロッタージュという。

4　色紙，印刷物，布，写真などを好きな形に切り抜いたものや，実物そのものを直接画面に貼り付ける表現技法をバチックという。

〔問4〕　次の記述は，のこぎりの使い方の指導に関するものである。記述中の空欄[　ア　]〜[　ウ　]に当てはまる語句の組合せとして適切なものは，以下の1〜8のうちのどれか。

材を台上に載せ，手や止め木でしっかりと押さえて，[　ア　]をひく位置に合わせ，のこ刃を当ててひき始める。また，ひき始めは，のこ刃の[　イ　]の方で，軽く4～5回，ゆっくりとひいてのこ道を付ける。

両刃のこぎりは，材の木目によって刃を使い分けるようにする。なお，木目を斜めに切断するような場合には，[　ウ　]を使うよう指導する。

1　ア　親指　　イ　先　　ウ　縦びき刃
2　ア　親指　　イ　先　　ウ　横びき刃
3　ア　親指　　イ　元　　ウ　縦びき刃
4　ア　親指　　イ　元　　ウ　横びき刃
5　ア　中指　　イ　先　　ウ　縦びき刃
6　ア　中指　　イ　先　　ウ　横びき刃
7　ア　中指　　イ　元　　ウ　縦びき刃
8　ア　中指　　イ　元　　ウ　横びき刃

〔問5〕　次の作品に使用した版画の版種として適切なものを以下のア～ウから，版種の版とインクの関係を模式的に表した図として適切なものをあとのA・Bからそれぞれ選んだ組合せとして適切なものは，あとの1～6のうちのどれか。

ア　シルクスクリーン　　イ　メゾチント　　ウ　リトグラフ

A　インク　　　　　　　　　B　インク

1　ア－A　　2　ア－B
3　イ－A　　4　イ－B
5　ウ－A　　6　ウ－B

┃ 2023年度 ┃ 東京都 ┃ 難易度 ■■■■ ┃

【8】感じ取ったことや考えたことを基にして表現する活動に関して，次の各問いに答えなさい。

問1　水彩絵の具に関する記述として適切ではないものを，次の①～④のうちから選びなさい。

① 水彩絵の具は顔料とアラビアゴム，グリセリン等を主な原材料としている。

② 透明水彩は展色剤の割合が不透明水彩よりも低くなっている。

③ 重色とは重ね塗りのことである。

④ ドライブラシとは筆のかすれたタッチを生かした表現のことである。

問2　次の記述と図版は，球体の素描(デッサン)に関するものである。[　ア　]～[　エ　]に当てはまる語句の組合せとして最も適切なものを，後の組合せ①～⑧のうちから選びなさい。

　　球体の立体感を表現するためには，球面にできる[　ア　]をよく観察して描く必要がある。球の底の部分は床面からの[　イ　]で明るくなる。[　イ　]を描くと立体感がより良く表現できる。床面にできるのは[　ウ　]である。

　　また，鉛筆で描く場合，指先やガーゼでこすってなじませる方法や，線を平行に引いたり交差させたりして表現する[　エ　]など，さまざま表現方法がある。

図版

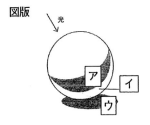

組合せ

	ア	イ	ウ	エ
①	影	逆光	陰	エッチング
②	陰	反射光	陽	ハッチング
③	影	逆光	陰	スクラッチ
④	陽	逆光	陰	スクラッチ
⑤	陰	反射光	影	ハッチング
⑥	陰	反射光	影	エッチング
⑦	影	逆光	陽	ハッチング
⑧	陽	反射光	陰	スクラッチ

問3　次の図版は，<u>1960 年代後半における，美術を美術として成立させるものは何かという考え方のもと，平面か立体かを問わず，用いる色彩や形体の種類を極力少なくした表現</u>に基づいた代表的な作品である。この作品の作者として最も適切なものを，以下の人物①〜④のうちから選びなさい。

　　また，下線部のような美術表現の名称として最も適切なものを，後の語句①〜④のうちから選びなさい。

図版

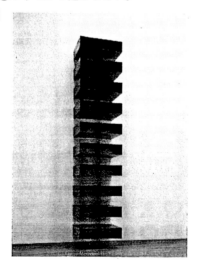

人物
　①　フランク・ステラ　　　②　ドナルド・ジャッド
　③　ロイ・リクテンスタイン　④　ジャクソン・ポロック

38

語句

① ミニマル・アート　②　メディア・アート

③ 抽象表現主義　　④　ポップ・アート

問4　木版画に関する記述として最も適切なものを，次の①～④のうちから選びなさい。

① 彫る版木には柔らかく彫りやすいサクラや，硬く細かい表現ができるホオ，カツラ，シナなどが使われる。

② 彫刻刀は主に切り出し，平刀，三角刀，丸刀の4種類がある。平刀は広い面を彫ることができ，刃をねかせて，ぼかしの表現もできる。

③ 多色刷りの際，かすれをなくすために，かぎ見当と引きつけ見当をつくると良い。

④ 広い面を刷る際，バレンは紙の外側から中心に向かって円を描くように動かすと良い。

問5　次の記述は，カメラや写真撮影について述べたものである。[　]に当てはまる語句として最も適切なものを，以下の①～④のうちから選びなさい。

　写真撮影において，取り込む光の量のことを露出と言います。露出はレンズの[　]とシャッタースピードの組み合わせで調節します。[　]値が大きいと画面全体にピントが合うようになります。

　一方，[　]値が小さくなるとピントの合う範囲は狭まります。

① マクロ　②　広角　③　絞り　④　ISO

問6　銅版画に関する記述として適切ではないものを，次の①～④のうちから選びなさい。

① 銅版画はよく磨いた銅の板に凹んだ溝や傷を作り，その中にインクを詰めプレス機で圧力をかけて印刷する。

② 銅板を直接彫ったりひっかいたりする方法は直接法といい，ドライポイントやエングレーヴィング，メゾチントなどがそれにあたる。

③ エッチングでは腐食液(塩化第二鉄水溶液)に版を入れる時は，描画した面を上向きにして，静かに入れる。

④ 銅版画を刷る際は，紙は湿らせておく。

● 描画・版画

問7 次の記述は，コンスタンティン・ブランクーシの彫刻の考え方
について述べたものである。図版ア～カの中から，この人物の作品
の組合せとして最も適切なものを，後の組合せ①～⑨のうちから選
びなさい。

「事物のリアルな感覚に接近してゆくと，知らず知らずのうちに
単純さに到達する。」彼にとって彫刻とは目に見えるものの細部の
再現ではなく，ものの形の本質を彫り起こすことであった。

図版

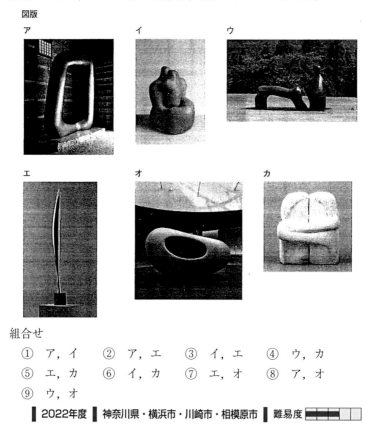

ア　　　　　　　イ　　　　　　　ウ

エ　　　　　　　オ　　　　　　　カ

組合せ

① ア，イ　　② ア，エ　　③ イ，エ　　④ ウ，カ
⑤ エ，カ　　⑥ イ，カ　　⑦ エ，オ　　⑧ ア，オ
⑨ ウ，オ

┃ 2022年度 ┃ 神奈川県・横浜市・川崎市・相模原市 ┃ 難易度 ■■■■□□

【9】図画工作及び美術の表現に関する次の各問に答えよ。
〔問1〕次の図は，欧文書体とそのラインシステムを示したものである。
図中ア・イと，ラインの名称A～Eとの組合せとして適切なものは，

以下の1〜6のうちのどれか。

図

$$\text{ア→} \quad \text{イ→} \quad \mathbf{Typography}$$

A　アセンダーライン　　B　エックスライン
C　キャップライン　　　D　デセンダーライン
E　ベースライン

　1　ア−A　　イ−D
　2　ア−A　　イ−E
　3　ア−B　　イ−D
　4　ア−B　　イ−E
　5　ア−C　　イ−D
　6　ア−C　　イ−E

〔問2〕リトグラフに関する記述として適切なものは，次の1〜4のうちのどれか。

　1　孔版の代表的な技法で，版の孔の部分から絵具を通過させて刷る。この方法は他の版画と異なり，版の図柄と印刷された図柄が左右逆にならない。

　2　平版の代表的な技法で，水と油の反発を利用して，凹凸のない板で刷る。特徴は，描いた筆跡をそのまま表現できることである。

　3　凸版の代表的な技法で，板を彫刻刀で彫り，絵具やインクを置いて凸面の形を刷る。日本では，江戸時代に多版多色刷りの浮世絵版画が流行した。

　4　凹版の代表的な技法で，版の表面に溝や傷などをつくり，凹部に絵具を詰め，プレス機で圧力をかけて刷る。直に版を傷つける直接法と，腐食させて溝をつくる間接法がある。

〔問3〕絵画の技法に関する記述として適切なものは，次の1〜4のうちのどれか。

　1　不透明の油絵具やアクリル絵具を，厚塗りしたり盛り上げたりする技法をスカンブリングという。

　2　下塗りの色がとぎれとぎれに見えるように，下塗りの色の上から不透明な色を薄くかける技法をグラッシという。

　3　明部から暗部への調子の階調を利用して，物体の三次元性を表す技法をキアロスクーロという。

　4　透明な絵具を，すでに乾いた下層の絵具層の上に薄く塗る技法をインパストという。

〔問4〕立体表現の技法に関する記述として適切なものは，次の1～4のうちのどれか。

　1　粘土など可塑性のある素材を，心棒につけて形をつくり出す技法を彫造という。

　2　木や石などの塊を，彫ったり削ったりして，形をつくり出す技法を鋳造という。

　3　加熱した金属を，打ったりたたいたりして，形をつくり出す技法を鍛造という。

　4　溶かした金属を，鋳型に流し込み，形をつくり出す技法を塑造という。

〔問5〕次の作品ア・イと，その作品の構成に用いられた図法A～Cとの組合せとして最も適切なものは，あとの1～6のうちではどれか。

ア

イ

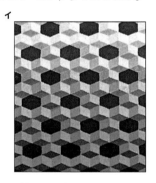

A　斜投影図法　　B　正投影図法　C　等角投影図法

　1　アーA　　イーB

　2　アーA　　イーC

　3　アーB　　イーA

　4　アーB　　イーC

    5　アーC　　イーA
    6　アーC　　イーB

〔問6〕レディ・メイドの手法による作品として最も適切なものは，次
  の1〜4のうちではどれか。

1

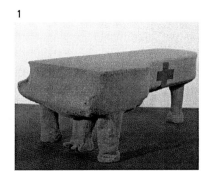

2

3

4

〔問7〕次の作品の表現に関する記述として最も適切なものは，以下の
  1〜4のうちではどれか。

1 描く対象を，輪郭線を用いずに墨や彩色の濃淡で表現する「没骨法」が用いられている。

2 最初に描いた墨が完全に乾いてから，墨を重ねて描くことによって，モチーフの細部や質感を表現する「積墨法」が用いられている。

3 淡墨や中墨で描いた上に濃墨で勢いよく加筆して，淡墨の諧調を引き締める「破墨法」が用いられている。

4 淡墨に濃墨を，水に淡墨をというように，濃さの異なるものをたらしこんで，濃淡のむらをつくる「たらしこみ」が用いられている。

┃ 2022年度 ┃ 東京都 ┃ 難易度 ■■■□□

【10】(1)～(5)の問いに答えよ。

(1) 次の版画の形式，種類，使用する用具や材料等の組合せとして適切でないものを1～4から一つ選べ。

	版形式	版種	用具・材料名等	
1	孔版	シルクスクリーン	スキージー	硝酸水溶液
2	凸版	多色木版	バレン	絵の具
3	凹版	ドライポイント	ニードル	プレス機
4	平版	石版画（リトグラフ）	金属板	油性インク

(2) 彫刻刀の種類のうち「平刀」の用途について，最も適切なものを1〜4から一つ選べ。

1 鋭い直線的な線を彫る場合

2 切り出した後の不要な部分をとり除いたり，石目彫りの表現を行ったりする場合

3 描画部の輪郭を切り出す場合

4 彫り入れた後の不要な部分をさらったり，板ぼかしを行ったりする場合

(3) 紙類を切断する際のカッターの使い方について，適切でないものを，1〜4から一つ選べ。

1 鉛筆を握るような持ち方で，カッターの角度を30〜40度位に傾けて切るとよい。

2 身体の正面中央の見下ろした位置で行い，カッターを持たない手で対象(紙など)を押さえ，押さえている手の方向に引いて切る。

3 切る方向に対象(紙など)を動かしたり，カッターの向きを合わせたりして切り進める。

4 段ボール等を切る場合は，カッターを突き立てた後，少しずつ，刃を押し引きしてのこぎりのような要領で切るとよい。

(4) 作品Aについて，以下の問いに答えよ。

作品A

① 作者および作品名，作品の大きさについて組合せとして適切なものを1〜4から一つ選べ。

	作者	作品名	作品の大きさ
1	アルフレッド・シスレー	グランド・ジャット島の日曜日の午後	65×96cm
2	ポール・シニャック	サン＝マメス六月の朝	65×96cm
3	アルフレッド・シスレー	サン＝マメス六月の朝	206×305cm
4	ジョルジュ・スーラ	グランド・ジャット島の日曜日の午後	206×305cm

② 作品Aに用いられている表現に関する次の記述のうち，正しいものを1〜4から一つ選べ。

1　小さな画面に微細な色点を細かく繰り返し配置するスフマートという技法で表現している。

2　輪郭のぼかしやにじみの技法を用いることで，絵の具の混色の効果を生かした画面を作り出している。

3　画面に小さな色点を隣接して並置し，見る者が視覚混合によって色の混色を感じるようにすることで，絵の具の混色による色彩の濁りを避け，明るく澄んだ画面を作り出している。

4　スタンピングの技法により，細かな色点による画面を作り出している。

(5) 作品Bについて，【　①　】〜【　③　】に入る語句の組合せとして正しいものを1〜4から一つ選べ。

作品B

作品Bは，【　①　】による【　②　】時代の作品である。この作品に用いられている貝がらを嵌め込んだ装飾の仕方は【　③　】という。

---

	①	②	③
1	尾形光琳	江戸	螺鈿
2	尾形乾山	桃山	七宝
3	本阿弥光悦	江戸	蒔絵

4 尾形光琳　　　桃山　　蒔絵

解答・解説

【1】問1 ④　　問2 ⑤　　問3 ⑨　　問4 ②　　問5 ④
問6 語句…⑤　　人物名…①　　問7 ④

解説 問1　ポスターカラーは顔料をアラビアゴムと水で混ぜた不透明水彩絵の具であるため，イは誤り。エの透明水彩絵の具は顔料にアラビアゴム，グリセリンなどを練り合わせた絵の具であるため誤り。なお，記述にある卵を使うのは，古典技法のテンペラ画である。描画材には様々な種類がある。主に顔料と呼ばれる色素と，その顔料を画面に定着させる展色剤(接着剤)からできていると覚えよう。　問2　グリザイユとはフランス語で灰色を意味するが，一般的には灰色か茶色が使われ，モノクロームやセピア色で描かれる古典技法のひとつである。よい点としては色に惑わされずに立体感が出しやすいことがあげられる。現在では，モノクロで描かれた絵の上に，半透明の色をのせる技法がグリザイユ技法と呼ばれている。　問3　掛け軸の部分的な名称を答える難易度の高い問題である。日本の伝統的な美術は暮らしの中で使われるためにつくられてきた。掛け軸は日本家屋で生かされる道具に形を変えて生活の中で使われた。一般的には和室の床の間などに飾り，季節や行事，人の心に寄り添った絵柄をその時々に合わせて掛け替えた。また，コンパクトな巻物になり，収納や保管にも機能性がある。　問4　モザイク画は主に建物の床や壁，工芸品の装飾に施される。過去の試験では，世界文化遺産に登録されているモザイク装飾の代表的な地区や作品が出題されている。特にイタリアのラヴェンナは「モザイクの首都」ともいわれ，街全体がモザイク装飾にあふれている。このほかにトルコ・イスタンブールのアヤソフィアなどもチェックしておきたい。　問5　版画技法では，長らく銅版の出題が多かったが，平版のリトグラフに変わっている。ここでは選択肢①〜⑥の

材料についてそれぞれ解説する。イのアラビアゴム液は主にリトグラフの制作に用いられ，マスキング，製版液としての役割を持つ。液体グランドは銅版の制作で防蝕剤として塗布する液体である。パンドルは天然ダンマル樹脂を主成分とし，油彩画制作の際に調合油のワニスとして使用する。速乾性があり光沢や透明性が出る。　問6　彫刻の技法と作品・作者が掛け合わされた設問である。ほかの分野でもこのような出題傾向を想定して学習しておきたい。コントラポスト以外では，マッスなども出題されることが多い。マッスは彫刻・建築分野の用語で，細部を離れ全体の中で大きな分量として把握される部分のことや，大きな塊として把握される。図版はルネサンス初期のイタリア人彫刻家ドナテッロのブロンズ彫刻「ダヴィデ」像(1440年頃)である。イタリア・フィレンツェのバルジェロ美術館にある。この美術館には，過去に出題された石膏像で知られている「ブルータス」像(ミケランジェロ作)など，彫刻の名作が数多く収蔵されていることから注目して勉強しておくとよい。　問7　正答の図版④は，アメリカ・フィラデルフィア美術館所蔵のポール・セザンヌ(1839〜1906年)作「サント・ヴィクトワール山」(1904年)である。セザンヌは，当初の印象派グループから離れ，既成概念にとらわれない独自の絵画様式を探究した。特にキュビズムの芸術概念の基礎を作ったことでも知られ，19世期から20世期初頭の前衛芸術への架け橋となった。ピカソやマティスらもセザンヌについて「近代美術の父」と述べている。

【2】(1) 3　　(2) 2　　(3) 5　　(4) 1　　(5) 4

解説 (1)　アルブレヒト・デューラーはドイツのルネサンス期の画家・版画家であり，祭壇画などで高い評価を得ていたが，特に銅版画は多くの芸術家に影響を与えた。問題の『メレンコリアⅠ』はデューラーの傑作の一つともいわれている。　(2)　レンブラントは17世紀オランダを代表する画家で，「光の魔術師」などの異名を取った。油彩画だけでなく銅版画家としても有名で，生涯で約300点の版画を作成したといわれる。代表作に『夜警』(油彩画)があり，銅版画『ヤン・アセレインの肖像』『門づけをする楽士たち』等は日本の美術館が所有している。　(3)　長谷川潔は，パリを拠点に活躍した銅版画家。消滅し

かかっていた銅版画技法であるメゾチントを復興させ，独自の技法にまで発展させたことが評価された。主な作品として『南仏古村』などがある。　(4), (5)　エングレーヴィングは，最も古くから行われた銅版画技法で，金属版を直に印刻して描画する方法である。ビュランを使用して直接版面に線を刻み込み，印刷するとシャープな線が得られる。エッチングは，防蝕剤を塗布した版面をニードルでひっかくことで薬剤を剥がす。その後，腐蝕液に浸して剥がした箇所を腐食させて線を描く方法。腐蝕時間の長さで，線の太さが決まるため，強い線の部分から描画し，短時間腐蝕した後に描き足し再度腐蝕するといった方法で，線の強弱をつくる。メゾチントは諧調表現が比較的簡単にできる方法で，油彩画の複製や書物の挿絵などに使われてきた。描画の前に，ロッカーと呼ばれる道具で作り出した「まくれ」にインクが絡むことで黒く印刷できる。また，スクレッパーやバーニッシャーで「まくれ」を削り取り，深さを加減することで，灰色や白色などの階調を作り出すことができる。

【3】問1　2　　問2　A群　3　　B群　4　　問3　2　　問4　3
解説　問1　1　合板は，木材に共通する割れや反り，乾湿による膨張収縮性の欠点が少なく，強度もあり，狂いが少ない優れた材料である。節などの欠点をおさえて，木目を交互に重ね，両方向の強度を均等にしており，強く割れにくい素材である。　3　クレパスとクレヨンが同じようなものだと勘違いしている人も多い。パスは柔らかく伸びがよいため，画面上でも混色がしやすい。また面描きや重ね塗りなど幅広い表現ができる特質を持っている。一方で，クレヨンは硬質で細い線を描くことに向いており，混色や重ね塗りには適していない。
4　油粘土はカオリン等の鉱物粉，植物性油，鉱物性油を混ぜて作った粘土である。自然乾燥で固まらず，何度でも作り直しできる，細部の造形がしやすいといった特徴がある。一方で，水を混ぜて使うことや着色，焼成は原則的に向かない。また，乾燥して固まらないため，保存を目的とした作品にも不向きである。　問2　図版の作品は，パブロ・ピカソが描いた代表作「ゲルニカ」(1937年)である。美術史上において，最も力強い反戦絵画のひとつと専門家より評価される。な

お，B群の1はフランシスコ・ゴヤの作品について書かれている。晩年になって自身の別荘の部屋に描いた14枚の壁画を「黒い絵」シリーズと呼び，そのうちの1点「我が子を食らうサトゥルヌス」(1819〜1823年)は代表作として特に有名である。2はオディロン・ルドンについての説明文。画家人生の前半，自ら「私の黒(ノワール)」と読んだ黒色の作品シリーズは，想像力で生まれた造形，奔放な空想の世界，登場する独特な生きものなどで形成され，ゴーギャンら若い前衛芸術家らからも絶賛された。3はサルバドール・ダリの作品についての説明。「茹でたいんげん豆のある柔らかな構造物(内乱の予感)」(1936年)は，スペイン内乱の6か月前に，ダリが不安を察して描いた予言的作品として知られる。　問3　肢1の記述は小学校第1学年及び第2学年「内容」の「A表現」(1)ア，3の記述は小学校第1学年及び第2学年「目標」の(1)である。4の記述は小学校第3学年及び第4学年「目標」の(1)である。問4　肢1の記述は中学校第2学年及び第3学年「内容」の「B鑑賞」(1)アの(イ)，2は中学校第1学年「内容」の「B鑑賞」(1)イの(イ)である。4は中学校第2学年及び第3学年「内容」の「A表現」，(1)イの(ウ)である。

【4】(1)　ラスコー　(2)　ア　エジプト　イ　メソポタミア　ウ　ギリシャ　エ　パブロ・ピカソ　(3)　正規の芸術教育を受けていない人による，技巧や流行に囚われない自由で無垢な表現

解説 (1)　Aは「ラスコーの洞窟壁画」(後期旧石器時代)である。フランスのドルドーニュ地方ベゼール川河畔付近のラスコー洞窟で，地域の少年によって1940年に発見，1979年には周辺の遺跡群とともに世界文化遺産に登録された。アルタミラの洞窟壁画と並び，この時代を代表する最も有名な絵画とされる。　(2)　ア　この時代，顔や足は横を向き，胴体は正面を向いた独特のスタイルで描かれている。　イ　世界最古の文明であるメソポタミアで生まれた美術もまた世界最古とされる。大きな目やつながった眉毛などの特徴を持つ。　ウ　幾何学様式は古代ギリシャの最初の美術様式。三角形や直線などの幾何学模様を狭義とする。陶器の壺絵に黒いシルエットで装飾された幾何学模様のパターンと，三角の胴体，くびれた腰など独自の特徴をみせる。

エ　Dはパブロ・ピカソの「アヴィニョンの娘たち」である。この作品はアフリカ・オセアニアなどのプリミティブな芸術に影響を受けており，右側の2人の顔にアフリカの仮面などからヒントを得た描写が見て取れる。　(3)　ジャン・デュビュッフェは抽象絵画の動向のひとつ「アンフォルメル」の代表的な作家のひとりに数えられる。砂やタールなどを混合し厚い油絵の具を使った表現が特徴的。現在，世界で関心を集めている「アール・ブリュット」(英訳アウトサイダーアート)の協会設立メンバーとして，作り手にも光を当て，膨大な数の「アール・ブリュット」作品を収集したことでも知られる。

【5】問1　③　　問2　③　　問3　②　　問4　④　　問5　①
問6　図版…③　　人物名…①　　問7　⑤

解説　問1　天然顔料に関する出題である。「辰砂鉱」は水銀と硫黄の化合物(赤色)，「藍銅鉱」(アズライト)は銅鉱石が風化してできる鉱物(青色)，「ラピスラズリ」は数種の鉱物の混合物(群青)，「マカライト」(孔雀石)は藍銅鉱と同じ銅鉱石の一種(緑色)。このほかには鉄の酸化鉱物である黄土色の「褐鉄鉱」(リモナイト)などがある。なお，今日のほとんどの絵の具には合成顔料が使われている。　問2　過去には作品図版と技法を結び付ける出題もあったので，それぞれの技法を用いた代表作品と比較しながら学習しておきたい。この他の技法としては「截金」，「吹抜屋台」，「白描」，「骨法」，「朦朧体」がある。　問3　図版はレオナルド・ダ・ヴィンチの名作「モナリザ」である。「スフマート」＝「モナリザ」と覚えておきたい。なお，ダ・ヴィンチの完成品としての遺作「洗礼者聖ヨハネ」はこの技法が最高潮に達した頃の作品である。ともにパリのルーブル美術館に所蔵される。　問4　筆触分割とは，イメージした色を混色して作るのではなく，ひとつひとつの筆触を隣り合うように配置する技法。隣接する異なった色が網膜上で擬似的に混ざり，別の一つの色のように見せる。主にクロード・モネら印象主義の画家たちが用いた。色彩分割，視覚混合ともいう。問5　版画の手順に関する頻出問題。今回はエッチングについて問われた。　ア　「プレートマーク」とは，版(プレート)の上から圧力をかけて刷り上げる際に，画面の四方に残された版の縁の跡(マーク)のこ

とをいう。凸版画の特徴とされる。　イ　「グランド」(防蝕剤)とは腐蝕を防ぐ膜をつくるエッチングの材料で，アスファルト，蜜ロウ，松脂を混合して作られる。　ウ　「塩化第二鉄液」は有毒ガスが発生しない腐蝕液である。版画の技法は例年必ず問われるので，特徴，手順，道具，材料，作品について，版種を混同せず学習しておこう。

問6　デュシャン(1887〜1968年)は元々画家であったが関心を失い渡米。「アンデパンダン」を組織し，「レディ・メイド」と題した既製品をそのまま，または量産品に署名するだけの作品を発表。物議をかもした。それまで主流であった，目で見る快楽としての美術を「網膜的」と批判し，思考することを楽しむ芸術を提唱した。アイデアやコンセプトを主な構成要素とするコンセプチャル・アートの創始者とされる。主な代表作は「泉」，「自転車の車輪」，「L.H.O.O.G.」，「彼女の独身者たちによって裸にされた花嫁，さえも」(大ガラス)など。20世紀美術に大きな影響を与えた重要人物の一人である。図版①はロバート・インディアナ「LOVE」，②は関根伸夫「位相―大地」，③はマルセル・デュシャン「ボトルラック」，④は草間彌生「南瓜」，⑤はアニッシュ・カプーア「クラウド・ゲート」である。　問7　①は青木繁「海の幸」，②は白髪一雄「黄帝」，③はポール・ゴーギャン「我々はどこから来たのか　我々は何者か　我々はどこへ行くのか」，④はポール・セザンヌ「大水浴図」，⑤はアンリ・マティス「緑の筋のあるマティス夫人」である。マティス(1869〜1954年)は，激しい原色を多用した色彩や荒々しく大胆なタッチの作品を発表し，フォーヴ(野獣)と呼ばれる活動の先駆者となった。代表作は「帽子の女」，「ダンス」，「音楽」，「赤いハーモニー」，「大きな赤い室内」，「ドミニコ会修道院ロザリオ礼拝堂」の内装デザインなどがある。

【6】問1　ア　　問2　ウ　　問3　エ　　問4　ウ

解説　問1　木田金次郎(1893〜1962年)は，北海道洋画壇を代表する作家の1人。漁業を続けながら絵画への情熱を捨てず，地元周辺の自然をダイナミックに描いた。なお，岩内町には木田金次郎美術館がある。問2　Aは「海」(1936年)，Bは「波」(1956年)，Cは「春のモイワ」(1961年)，Dは「ポプラ」(1924年)である。　問3　AとCは水彩絵の具

の特徴である。油絵の具は顔料と乾性油(リンシードやポピー油など)を練って作り，空気中の酸素を取り込んで固まる性質を持っている。堅牢で耐久性に優れ，発色も美しく，重ね塗りや厚塗りに適している。このほかに，アクリル絵の具や日本画絵の具の特性もおさえておくとよいだろう。　問4　クロード・モネは「睡蓮」をモチーフにした作品群を約300点も制作した。ウは「睡蓮の池と日本の橋」(1899年)で，フランス・ジヴェルニーの自宅庭に作った日本風の太鼓橋と睡蓮の池を題材に描いた作品である。アはポール・セザンヌの「サント・ヴィクトワール山」(1887年)，イはジャン＝フランソワ・ミレーの「落穂拾い」(1857年)，エはモーリス・ド・ブラマンクの「赤い木のある風景」(1906年)である。

【7】問1　4　　問2　1　　問3　3　　問4　4　　問5　3

解説　問1　鉛筆の芯は黒鉛，粘土，水を混合し，細い棒状に成形した後に，焼き固めて作られている。この混合物の量により，設問にある9H〜6Bまでの芯の「硬さ」が分けられている。特に，表面が滑らかな紙では，黒鉛の粒子は定着が不安定になる。紙などに定着する成分は含まれないため，フィキサチーフという定着材を吹き付けることがある。　問2　アクリル絵具は耐久性に優れ，紙以外の様々な素材への描写や塗り重ねもでき，発色もよいため，美術の授業では多用される。ただし，速乾性であるため，パレットや筆などの道具をその都度しっかり洗う，制服やジャージに付かないように気をつける，絵具のチューブの蓋をしっかり閉めるなどの注意が必要になる。また，アクリル絵具の色味には，下地が透ける透明色，透けない不透明色，その間の半透明色が存在する。この選び方を間違えると，塗りむらが目立つ，水彩画のような濃淡の表現がしにくい等があるため，指導の際には気をつけたい。　問3　フロッタージュとはフランス語の「frotter」(こする)に由来する。写し取る対象は，身の回りに数多く転がっているため，素材を探す時間では，児童生徒の発見力やアイディアが，そのまま作品に生かされる技法とも言える。教室以外にも木や葉，マンホールや金網，石や砂など様々な素材を対象にすることができ，仲間同士でコミュニケーションをとりながら，豊かな視点や発想を育むことができ

る。注意点としては，紙の材質がある。荒々しい素材に無理矢理こすりつける児童生徒も出てくるため，破れにくい上質紙などを選ぶとよい。一方で厚紙を使うと，下の素材の影響を受けにくく，うまく写し取れないこともある。実際に教員が，色々な紙で実験し，効果がでやすいものを工夫して選ぶことが肝心である。

問4　のこぎりを使う際，児童生徒がよく勘違いしていることは「力がないと切れない」と思い込むこと，切る際に「押す」方向だけを重視し，「引く」方向をおまけのように思い込むこと等があげられる。両刃のこぎりの特徴は両側に2種類の刃がついていること。木目に沿って切る場合は，大きな刃を使うが，これを「縦びき」という。反対側の小さい刃は「横びき」と呼び，木目を横切る，または斜めに切断する場合に使う。なお，のこぎりの置き場所はあらかじめ定めておき，机から落ちたり，立てかけて倒れたり，床に置いてつまずいたりしないよう，安全への配慮が必要である。　問5　作品は，長谷川潔の代表作「時　静物画」(1969年)。長谷川は大正時代に渡仏し，生涯フランスで活動を続けた銅版画家である。特に古い伝統技法であったメゾチントを，超絶技巧のような卓越した技術で復活させ，黒から白への絶妙な階調をつくり出したことで知られる。また，「ビロードのような肌」と形容される独自の黒色に定評がある。メゾチントは，フランス語で「マニエール・ノワール」(黒の技法)と呼ばれ，その美しい黒の世界に特徴がある。この技法は真っ黒な画面に白い濃淡で描いていくようなイメージを持つと分かりやすいかもしれない。手順としては，銅版の上にロッカー(ベルソー)という櫛のような無数の刃のついた道具で，版全体に細かいまくれ(傷)を作り，それをスクレーパーという道具で削る。そして，バニッシャーでこすることにより，白色の濃淡を付けた描画ができる。版に作った細かいまくれの溝にインクが溜まり，黒色の表現ができ，まくれを削り取った部分には，インクがつかず白色になる仕組みである。

【8】問1　②　　問2　⑤　　問3　人物…②　　語句…①　　問4　②
問5　③　　問6　③　　問7　⑤
解説　問1　絵の具は顔料(色素)＋展色剤(顔料を画面に固着させる接着

剤)により形成されるが，透明水彩絵の具(アクアレル)は顔料＋展色剤(濃いアラビアゴム)から成り，不透明水彩絵の具(グワッシュ)は顔料＋展色剤(薄いアラビアゴム)から成る。つまり，透明水彩絵の具のほうが，展色剤の割合が多い。　問2　光が当たっているところの反対側にできる対象物内の暗い部分を陰，床面などに映るのが影である。ハッチングとは斜線やクロスした線を重ねて(クロスハッチング)明暗の段階をつくる手法。　　問3　ミニマル・アートとは，1960年代を中心に見られた最小限の手段で制作する美術運動またはスタイルのこと。図版の作品は，ドナルド・ジャッドによる『無題(No.306)』(1973年)と思われる。　　問4　切り出しは輪郭線をとったり，鋭い線を切り出したりするときなどに用いる。三角刀では鋭い線を彫ることができる。丸刀には細い刃と太い刃があり，太い刃では広い面を彫り出すことなどができる。　　問5　カメラに取り込む光の量を数値化したものが絞り値(F値)である。絞り値を大きくすると絞りが絞られてレンズを通る光の量が少なくなり，絞り値を小さくすると絞りが開かれて逆にレンズを通る光の量は多くなる。絞り値が大きいよりも，絞り値が小さい方がピントの合う範囲は狭くなり，前後が大きくぼやける。

問6　銅版を腐食液に入れる際には，ニードルで削った凹部を塞がないようにして描画面を下向きにセットし，小さく切ったスチレンボードやガラス棒などを用い，版を底から浮かすようにする。　　問7　ブランクーシはルーマニア出身の彫刻家。抽象彫刻の先駆者といわれ，現代彫刻に大きな影響を与えた。図版エは「空間の鳥」(1925〜1926年)，同カは「接吻」(1907〜1910年)である。

【9】問1　4　　問2　2　　問3　3　　問4　3　　問5　2　　問6　2
問7　4

解説　問1　欧文書体は，選択肢にある5つのラインによって構成されている。アのエックスラインとイのベースラインまでが，小文字の高さ(エックスハイト)である。また，小文字がエックスラインより上に突き出た，一番上のラインがアセンダーライン，小文字がベースラインより下に突き出た，一番下のラインがデセンダーラインである。キャップラインは上から2番目のラインで，そこからベースラインまでが

大文字の高さ(キャップハイト)である。 問2 版画は，凸版，凹版，平版，孔版のおよそ4つの技法に大別される。凸版は，版の凸部にインクをつけそれを刷り取る技法で，木版画や紙版画など。凹版は，版の凹部にインクをつめ不要なインクをふき取り，紙の上から圧力をかけて刷り取る技法で，ドライポイントやエッチングなど。孔版は，版面にインクが通り抜ける部分と通り抜けない部分とをつくり，通り抜ける部分を通して紙面にインクを刷り込んでいく技法である。シルクスクリーンやステンシルなど。平版は，親油性と親水性を利用して，平らな面にインクが付く面と付かない面をつくり刷り取る技法で，リトグラフなど。 問3 1はインパスト(厚塗り)，2はスカンブリング，4はグラッシに関する記述である。 問4 1は塑像，2は彫造，4は鋳造に関する記述である。 問5 投影図法とは，三次元の図面を一定の規約に基づいて平面上に表す図法である。斜投影図法は，投影図に平行に置いた物体の形を1つの投影面にななめに表す図法で，多くは45度傾斜させて，奥行きを表現する。等角投影図法は，立体の縦・横・高さの三軸が，120度の等角で交わっているように見える方向に投影して表現する。なお，正投影図法は，平面図，立面図，側面図の3つの図形を組み合わせて立体を表現する。 問6 マルセル・デュシャンによる『自転車の車輪』(1913年)である。デュシャンは，芸術作品とは唯一無二のオリジナリティに価値があるとされてきた従来の考え方に「既製品(レディ・メイド)」などの概念を持ち込んだとされ，他にも男性用便器にサインした『泉』(1917年)などがある。 問7 俵屋宗達による『犬図』(江戸時代・17世紀)である。たらしこみは，俵屋宗達が発案した技法で，先に塗った墨が乾かないうちに異なる濃度の墨を加え，混じりあうときにできる形や濃淡によって，陰影や立体感を与える描き方である。

【10】 (1) 1　　(2) 4　　(3) 2　　(4) ① 4　　② 3　　(5) 1

解説 (1) 孔版は，版に孔をあけ，そこからインクをローラーなどで押し出し，紙に刷り込む方法である。シルクスクリーンは，木枠に細かい網の目のスクリーンを張り，デザインに応じて孔をあけて版を作り，絵柄の孔からインクを押し出すようにして刷り込んでいく。トレーシ

ングペーパーなどを使ったステンシルも，孔版の一つである。

(2)　平刀は，広い面を作るのに向いている。浅く彫ることで，全体をぼかして柔らかな印象の仕上がりもできる。また，彫り残しや微調整などにも使われる。　1は三角刀，2は丸刀，3は切り出し刀である。

(3)　押さえる手を刀の進む方向に置くと，けがをする場合もあるので，安全面も考えながら，しっかりと紙を押さえる。　(4)　①　ジョルジュ・スーラは，新印象主義を創始したフランスの画家である。「グランド・ジャット島の日曜日の午後」は，点描法という新しい画法を用いて描かれた，スーラの代表作品である。なお，「サン＝マメス六月の朝」は，印象派のアルフレッド・シスレーの作品で，ポール・シニャックは，スーラとともに点描画を代表する画家である。　②　絵の具は，混ぜ合わせていくことで色が濁り，明るさが減少する(減法混色)という性質がある。点描法は，絵の具を混ぜずに無数の小さな点を重ねることによって，「光」を表現した技法である。スフマートは，一つの色から他の色へと移る際に，色の境目が分からないように「ぼかす」技法である。スタンピングは，型押しのことで，モダンテクニックの一つである。　(5)　作品Bは，尾形光琳による「八橋蒔絵螺鈿硯箱(やつはしまきえらでんすずりばこ)」である。尾形光琳は江戸時代中期の画家，工芸家である。尾形乾山は陶芸家で，光琳の弟である。また，尾形家は桃山時代，本阿弥光悦と姻戚関係になっている。

彫刻

● 彫刻

要点整理

● 出題傾向

　彫刻も描画と同じように他の領域や分野と比較すると，出題される率は比較的低いものの1つである。それは素材が粘土，木，石とあっても実際に授業で取り扱うには，様々な条件があって，なかなか容易には実施できない面をもっているということ，技術的にはカービングとモデリングに大きく分けられ，それ以外のことは極めて特殊なものに属することなどが原因ではないかと思われる。ただし注意しておかなければならないことは，学習指導要領の問題としては，彫刻のところは特に内容的にはいろいろな要素が多く含まれているため，出題される傾向が強いということである。

【1】次の各文は，西洋近代の彫刻家について説明したものである。[1]
～[5]にあてはまる言葉として，最も適当なものを一つ選び，それ
ぞれ番号で答えよ。

ア [1]は，理想化した表面的な美しさが求められたサロン
の彫刻に対し，彫刻家の制作の痕跡であるノミや指の跡を意
図的に残した作品を制作した。的確な描写力と動勢の感覚で，
生命感や精神性を感じさせる作品を制作し，近現代彫刻の礎
を築いた。代表作に『地獄の門』や『カレーの市民』などが
ある。

イ [1]の助手を務めていた[2]は，やがて[1]の影響
を離れ，力強い構築性に富み，幾何学的な規律をもった作品を
制作した。代表作『弓を引くヘラクレス』は，作者のアルカイ
ズム(擬古主義)への共感が最も高度に発揮された作品である。

ウ [3]は，[2]同様にアルカイズムに関心を抱きつつ，
寓意(ぐうい)にとらわれない女体の有機的な抽象美を探求した。『地中
海』の量感に富むポーズは，それ自体が存在の重厚さを示し，
かつそこにすっぽり開けた空間を明示している。

エ シュルレアリスムから出発した[4]は，実存主義的な問
いかけに対し，美術家としての答えを模索した。『歩く男』な
どでは，筋肉や凹凸など余分な細部をすべてそぎ落としてあ
るが，それでもブロンズ像はなお存在を強く主張している。

オ ルーマニア生まれの[5]は，根源的な形態を求めて『新
生児』や『空間の中の鳥』のような作品を生み出した。初期
においてはキュビスムの影響を受けた。

1 メダルド・ロッソ	2 ジャコメッティ	3 ロダン
4 ムーア	5 ブランクーシ	6 ボッチオーニ
7 ブールデル	8 マイヨール	

2023年度 ┃ 愛知県 ┃ 難易度 ■■■■■■■■

【2】次の各文は，日本に関わる近代から現代の彫刻家について説明したものである。以下の問いに答えよ。

> ア　工部美術学校に招へいされ，イタリアから来日した[　1　]は，解剖学や彫刻技法教授に励むだけでなく，日本人をモデルにしてイタリアの官学風の堅実な手法で，写実に忠実な作品を制作した。
>
> イ　ロダンに触発された荻原守衛と親しく交流した[　2　]は，荻原の急死後，本格的に彫刻家の道を歩み出した。彼の代表作『若きカフカス人』の，切り立つようながっちりとした垂直性と，彫りの深い奥行きのある顔貌の力強い造形性は，それまでの近代日本彫刻には見ることのできない立体的な感覚と，モデルになった人間への鋭いまなざしを浮かび上がらせている。
>
> ウ　高村光雲に師事し，光雲門下の5名で木彫研究を目的とした日本彫刻会を結成した[　3　]は，彩色木彫で知られ，長く活躍した。『鏡獅子』は試作を開始してから20年を経て完成された，彼の彫刻の集大成である。
>
> エ　[　4　]は，彫刻家から出発し，舞台美術家としても活躍したり，和紙を使った照明器具をデザインしたり，遊具なども制作し，北海道の『モエレ沼公園』の基本設計を担当するなど，様々な場面で才能を発揮した。「地球を彫刻した男」と呼ばれた。
>
> オ　『太陽の神話』をはじめ，[　5　]の作品は，風をとらえて回転したり，太陽光を反射してきらめいたりする。しかし，作者が見せようとするのは，作品の動きそのものではなく，それを動かす自然の見えない力である。風力や日差しに反応して，様々な表情を見せる作品は，逆に周囲の自然の豊かな有り様を私たちに気づかせる。

(1)　[　1　]〜[　5　]にあてはまる彫刻家として，最も適当な人物を一人選び，それぞれ番号で答えよ。

　1　イサム・ノグチ　　2　ラグーザ　　3　新宮晋

　　4　フォンタネージ　　5　平櫛田中　　6　中原悌二郎

(2)　アの彫刻家の作品として，最も適当なものを以下の図から一つ選
　　び，番号で答えよ。

(3)　イの彫刻家の作品として，最も適当なものを以下の図から一つ選
　　び，番号で答えよ。

(4)　ウの彫刻家の作品として，最も適当なものを以下の図から一つ選
　　び，番号で答えよ。

(5)　エの彫刻家の作品として，最も適当なものを以下の図から一つ選
　　び，番号で答えよ。

(6)　オの彫刻家の作品として，最も適当なものを以下の図から一つ選
　　び，番号で答えよ。

● 彫刻

5　　　　　　　　　　　　6

【3】次の文章を読んで，問1〜問7に答えなさい。

　　1904年，アメリカ・ロサンゼルスに生まれた[　1　]は，少年期を日本で過ごした後，アメリカに渡り，彫刻家を目指した。

　　フランスをはじめ，ヨーロッパ，アジアで見聞を広げながら，彫刻にとどまらず，舞台美術やランドスケープ・デザインを手がけるなど幅広く活躍した。

　　また，①照明器具などのデザインを手がけたほか，北大路魯山人，猪熊弦一郎，②丹下健三らと交流を深め合った。

　　1988年，[　2　]の設計に携わり，「公園全体がひとつの彫刻作品」という考えのもと，周辺の環境や景観との調和を図りながら，ダイナミックな地形造成によるマスタープランを策定したが，病に倒れ，同年12月に永眠した。

作品A

問1　この文章は，作品Aを表した北海道ゆかりの作家について書かれたものです。空欄1に当てはまる作家として，正しいものを選びなさい。

　　ア　安田　侃　　　　イ　佐藤　忠良　　　ウ　イサム　ノグチ

　　エ　砂澤　ビッキ　　オ　本郷　新

問2　空欄2に当てはまる施設名として，正しいものを選びなさい。

　　ア　モエレ沼公園　　　イ　こどもの国　　　ウ　札幌大通公園

　　エ　旭山記念公園　　　オ　一の宮公園

問3　作家の死後も造成工事が継続された，空欄2の施設の完成年を選びなさい。

　　ア　1990年　　　イ　1995年　　　ウ　2000年　　　エ　2005年

　　オ　2010年

問4　作品Aの作品名として，正しいものを選びなさい。

　　ア　プレイスカルプチャー　　　イ　プレイマウンテン

　　ウ　スライドマウンテン　　　　エ　テトラマウンド

　　オ　オクテトラ

問5　作品Aを表した作家の他の作品として，正しいものを選びなさい。

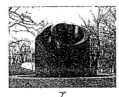

ア　　　　　　　　　　イ　　　　　　　　　　ウ

エ　　　　　　　　　　オ

問6　下線部①に関わって，空欄1の作家が作成した代表的な作品名を選びなさい。

●彫刻

ア　ひかり　　イ　あかり　　ウ　ゆらぎ　　エ　ほのか
オ　きらり

問7　1964年の東京オリンピックに関連する作品のうち，下線部②の
作家が手がけた代表的な作品を選びなさい。

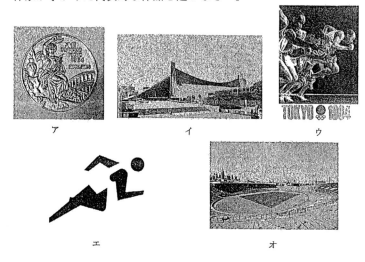

ア　　　　　　　　　イ　　　　　　　　　ウ

エ　　　　　　　　　　　　オ

▌2022年度 ▌北海道・札幌市 ▌難易度 ▆▆▆▆▆□□

【4】次の文は，写真の彫刻作品の作者について説明したものである。
[　1　]～[　5　]にあてはまる言葉として，最も適当なものを一つ選び，
それぞれ番号で答えよ。

[　1　]は画家としての才能に恵ま
れていたが，絵画を嫌い，彫刻を真
実とみなした。従来の彫刻は厳粛さ
と理詰めの感情表現にとらわれてい
たが，彼はこのしがらみから彫刻を
解き放ち，生き生きと舞い上がらせ
た。また，以前にはなかった観念性
と劇的な性質を彫刻に与えたのであ
る。

　彼の作品は，まさに[　2　]様式の典型ともいえよう。数々の傑作は，彼を重用した教会のある[　3　]で見ることができる。

　全盛期の[　1　]は，彫刻と建築，絵画を融合させ，豪奢で劇的な芸術を創造した。その最たるものが[　4　]である。手がけた[　4　]では，等身大を超える大きさの人物や動物の彫像に水のたわむれと光の反射が融合し，まさしくこの世のものとも思えぬほどの絶妙な光景が生まれている。

　フェデリコ・コルナーロ枢機卿からコルナーロ礼拝堂の祭壇の装飾を依頼された彼は，聖テレジアと神との神秘的な結びつきを大作に仕上げた。祭壇の中央には，テレジアの心臓を神の愛の矢で貫こうとする天使の彫像『[　5　]』(写真)がある。

1	ローマ	2	ドナテルロ	3	ギリシャ
4	聖テレジアの法悦	5	庭園	6	噴水
7	バロック	8	ロココ	9	聖テレジアの悲哀
0	ベルニーニ				

┃ 2021年度 ┃ 愛知県 ┃ 難易度 ▰▰▰▱▱

【5】次の文は，日本の仏像について説明したものである。[　1　]～[　5　]にあてはまる言葉として，最も適当なものを一つ選び，それぞれ番号で答えよ。

　写真の仏像は[　1　]寺の半跏思惟像である。片手を頬に当ててうつむくこの半跏像は，端厳美を誇る[　2　]仏の中では異色である。

　[　3　]にとらわれない自然なポーズは人間的で，悟りを得ることが確実な菩薩でさえも我々と同様に苦悩しているように見える。

　半跏思惟像の起源は西北インドの[　4　]地方と考えられているが，東アジア地或にかけて広く存在する。如来や菩薩交脚像の[　5　]として左右に一対で配されたり，金銅仏や石仏の背面に浮彫りや線彫りで表され

たりするものもある。ただし，その尊格や造形は地域によって
微妙に異なっている。

| 1 | ガンダーラ | 2 | 鎌倉 | 3 | 広隆 | 4 | 法隆 | 5 | 脇侍 |
| 6 | バーミヤン | 7 | 飛鳥 | 8 | 中宮 | 9 | 左右対称 | 0 | 白鳳 |

▌2021年度 ▌愛知県 ▌難易度 ■■■□□

【6】次の文は，ある彫刻家とその作品について説明したものである。後
の問いに答えよ。

[1]の残した作品で最も年代の早いのは，安元2(1176)年の
銘がある円成寺(奈良)の『[2]座像』である。檜材の[3]
で，像高は98.8cm。智拳印を結ぶこの像は，像の全身が二等辺
三角形の中に収まる安定のよい形をしている。肉身表現の柔ら
かさ，顔の表情のみずみずしさが，若き日の天才の資質を物語
っている。

[1]は，東大寺の南大門の仁王，すなわち阿吽(あうん)の[4]立
像を，一門の快慶，定覚，湛慶らとともに制作した。高さ8.4m，
重さ4t，部材各3000点の[3]をわずか2か月ほどで完成させた。
南大門の仁王像は，[5]派の造像の記念碑となった。

東大寺俊乗堂の『[6]』も，その抜群のできばえから
[1]の作と考えられる。西方を向いて念仏を唱えながら入寂
する姿を写したもので，老人の顔貌の特徴を余さず捉えながら，
信仰を貫いた人格の威厳を感じさせる。主体的な造形の力を込
めたこの像は，鎌倉リアリズムの傑作である。

また，[1]は，愛知県の岡崎城から北東へ約6km，山懐に
抱かれた静寂な環境のなかにある[7]寺にも作品を残してい
る。旧暦の正月に行われる[7]寺の鬼祭りは，天下の奇祭と
して名高い。宝物殿に安置される三尊像は，『[7]寺縁起』に
[1]と湛慶がつくったとある。3体とも[1]らしい量感に
満ちた堂々たる体躯を表している。

(1) [　1　]にあてはまる彫刻家の名前を，漢字で答えよ。

(2) [　2　]にあてはまる言葉として，最も適当なものを1つ選び，番号で答えよ。

　　1　大日如来　　　2　阿弥陀如来　　　3　薬師如来

(3) [　3　]にあてはまる造像方法として，最も適当なものを1つ選び，番号で答えよ。

　　1　木心乾漆造　　2　一木造　　　3　寄木造

(4) [　4　]にあてはまる言葉として，最も適当なものを1つ選び，番号で答えよ。

　　1　不動明王　　　2　金剛力士　　　3　阿修羅

(5) [　5　]にあてはまる言葉を，漢字で答えよ。

(6) [　6　]にあてはまる言葉として，最も適当なものを1つ選び，番号で答えよ。

　　1　無著菩薩立像　　　2　鑑真和上像　　　3　重源像

(7) [　7　]にあてはまる言葉として，最も適当なものを1つ選び，番号で答えよ。

　　1　日泰　　　2　興福　　　3　瀧山

(8) [　1　]の作品を，次の図から3つ選び，それぞれ番号で答えよ。

1　　　　　　　2　　　　　　　3

● 彫刻

| | 4 | 5 | 6 |

▌2021年度 ▌愛知県 ▌難易度 ███████

【7】次の文章を読んで，問1〜問7に答えなさい。

　　釧路に生まれた彫刻家 ⬚ 1 ⬚ は，少年期に旭川の叔父の養子となった。その後，北海道庁立札幌中学校(現　北海道札幌南高等学校)に入学し，美術教師の影響を受け，画家を志すようになった。

　　17歳で上京した ⬚ 1 ⬚ は ⬚ 2 ⬚ の弟子として修行した ⬚ 3 ⬚ との出会いにより，彫刻に関する関心が高まり，彫刻家の道へ向かう決心を固めた。

　　小説家の芥川龍之介は彼の作品「若きカフカス人」を見て，「誰かこのブロンズ像に惚れる者はいないか。この若者は，まだ生きているぞ。」と言い，その作品は多くの人に讃えられた。

作品C

問1　この文章は，作品Cを表した北海道ゆかりの作家について書かれ
　　たものです。空欄1に当てはまる作家として，正しいものを選びな
　　さい。

　　ア　安田　侃　　　イ　砂澤　ビッキ　　　ウ　中原　悌二郎

　　エ　山内　壮夫　　　オ　阿部　典英

問2　空欄2に当てはまる作家名として，最も適したものを選びなさい。

　　ア　高村　光雲　　　イ　アリスティード・マイヨール

　　ウ　平櫛　田中　　　エ　オーギュスト・ロダン

　　オ　朝倉　文夫

問3　空欄3に当てはまる作家名として，最も適したものを選びなさい。

　　ア　石川　光明　　　イ　荻原　守衛　　　ウ　高村　光太郎

　　エ　新海　竹太郎　　　オ　横江　嘉純

問4　作品Cの作品名として，正しいものを選びなさい。

　　ア　老人　　　　　イ　エチュード　　　ウ　石井鶴三像

　　エ　平櫛田中像　　　オ　墓守老人像

問5　作品Cを表した作家の他の作品として，正しいものを選びなさ
　　い。

ア　　　　　　　　イ　　　　　　　　ウ

エ　　　　　　　　オ

問6 下線部の作品として，正しいものを選びなさい。

　　　ア　　　　　　　　イ　　　　　　　　ウ

　　　エ　　　　　　　　オ

問7 立体作品の表現方法について述べた次の文章を読み，空欄に当
　　てはまる語句として，最も適したものを選びなさい。

> 　立体作品の表現方法としては，木や石などの塊を彫って制
> 作する「彫造」や粘土のような可塑性のある素材を心棒など
> につけて制作する「塑造」のほかにも，レリーフを制作する
> 際に「つち」や「たがね」を使って金属板に文様をつくる
> 「打ち出し」と呼ばれる方法や型に和紙を貼り重ね，立体的に
> 成形する「　　　　」と呼ばれる方法など様々な表現方法が
> ある。

ア　型どり　　イ　指物　　ウ　たたらづくり　　エ　張り子
オ　切子

【8】次の各文は，モダニズムの彫刻家について説明したものである。下
の問いに答えよ。

> ア　[　1　]は，この世界に"モビール"をもたらし，彫刻の歴
> 史を一変させた。また，1950年代終盤から制作されはじめた
> "スタビル"は，地面にしっかりと据え付けられたスチール彫
> 刻で，上からおおいかぶさるようなその形態は動きを感じさ
> せる。
> イ　[　2　]の作品では，人間が白い石膏像に置き換わっている。
> 生身の人間の体に石膏を染み込ませたガーゼの包帯をミイラ
> のように巻き付け，型取りをした。これにより，孤独で名も
> ない人間の日々の暮らしを力強く，きめ細やかに再現した。
> ウ　[　3　]の伝統的価値観を否定した芸術は，周期的な転換を
> 重ね，1960年代には，黒で縁取られた"ジグソー"の様式に
> よる，ポリスチレンの彫刻を制作するなど，美ではなく力強
> さを追い求めた。"アール・ブリュット(生の芸術)"を推し進
> め，子どもや精神病患者の，流派に属さない創造性を引き出
> した。
> エ　[　4　]は，工業製品に強い興味を抱き，それらを集積させ
> たり，燃やしたり，切断したりして変貌させた。切断された
> 楽器や黒焦げの家具は，観る者に衝撃をもたらすと同時に，
> 対象物の真の機能の再評価をうながす。
> オ　[　5　]は，単純さを好み，生物の形や偶然性を愛した。自
> 然の事物のフォルムを取り上げて，その形と内なる精神を完
> 全なものにしようとした。ダダとシュルレアリスムの創設者
> である。

(1)　[　1　]〜[　5　]にあてはまる彫刻家として，最も適当な人物を
　一人選び，それぞれ番号で答えよ。

　1　シーガル　　　2　キース・ヘリング　　　3　コールダー
　4　アルプ　　　5　デュビュッフェ　　　6　ナム・ジュン・パイク
　7　アルマン　　　8　イブ・クライン

(2)　ア〜オの彫刻家の作品として，最も適当なものを次の図から一つ

選び，それぞれ番号で答えよ。

1

2

3

4

5

6

7

8

9

10

▌2020年度 ▌愛知県 ▌難易度 ▌

【9】次の各文は，仏像について説明したものである。以下の問いに答えよ。

ア　[　1　]三尊像では一般に，左(向かって右)に智を司る
　　[　2　]菩薩，右(向かって左)に仏法を行い修行する普賢菩薩
　　が脇侍として配される。

イ [3]如来は，東方瑠璃光浄土の教主で，衆生の病苦や煩悩を癒すなど現世利益的な功徳で知られる。

ウ [4]三尊像では，[5]菩薩・勢至菩薩が脇侍となる。

【仏像各部の名称】

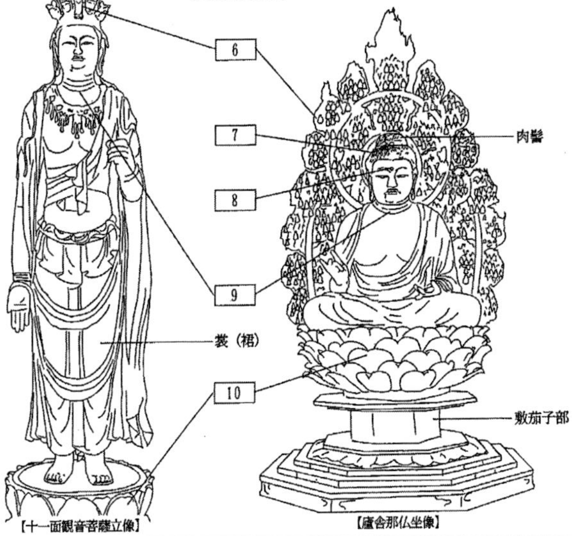

【十一面観音菩薩立像】　【盧舎那仏坐像】

(1) 文中の[1]～[5]にあてはまる言葉として，最も適当なものを一つ選び，それぞれ番号で答えよ。

1 日光　2 月光　3 弥勒　4 薬師　5 大日

6 釈迦　7 観音　8 地蔵　9 阿弥陀　0 文殊

(2) 図の 6 ～ 10 にあてはまる，仏像の各部分の名称として，最も適当なものを一つ選び，それぞれ番号で答えよ。

1 衲衣　2 蓮弁　3 三道　4 螺髪　5 白毫

6 印相　7 化仏　8 天衣　9 垂髪　0 光背

2020年度　愛知県　難易度

【10】次の文章を読んで，問1～問7に答えなさい。

戦後日本の具象彫刻を牽引した札幌生まれの彫刻家[1]は，東京高等工芸学校(現　千葉大学工学部)工芸図案科工芸彫刻部で彫刻を学ぶとともに，[2]に師事した。ロダン，ブールデル

● 彫刻

など西洋近代彫刻の影響を受けながら，[3]を基盤とした造形を探究した。

　1939(昭和14)年には柳原義達ら気鋭の若手とともに新制作派協会(現　新制作協会)彫刻部を創設した。戦争という困難な時代状況のなかで制作に励み，1942(昭和17)年には彫刻論集「彫刻の美」を著した。

　彫刻の社会性，公共性を重要視した[1]は戦後，モニュメンタルな野外彫刻の制作にとりわけ熱意を傾けた。1960年代以降，公共空間の中の芸術に対する社会的な意識の高まりに伴って，[1]の彫刻は日本各地に次々と設置された。

作品E

問1　この文章は，作品Eを表した北海道ゆかりの作家について書かれたものです。空欄1に当てはまる作家として正しいものを選びなさい。

　ア　安田　侃　　イ　流　政之　　ウ　本郷　新
　エ　山内　壮夫　　オ　砂澤　ビッキ

問2　空欄2に当てはまる作家名として，最も適したものを選びなさい。

　ア　佐藤　忠良　　イ　舟越　保武　　ウ　中原　悌二郎
　エ　高村　光太郎　　オ　平櫛　田中

問3　空欄3に当てはまる語句として，最も適したものを選びなさい。

　ア　抽象　　イ　自然　　ウ　写実　　エ　裸婦像

問4　作品Eの作品名として，正しいものを選びなさい。

　ア　母と子　　イ　太陽の母子像　　ウ　遙かなる母子像
　エ　早春賦　　オ　嵐の中の母子像

問5　作品Eを表した作家による他の作品として，正しいものを選びな

76

さい。

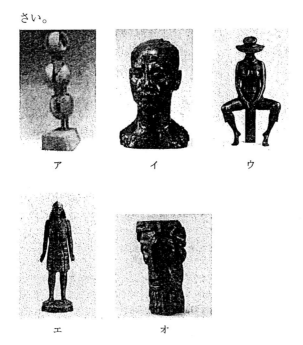

ア　　　　　　　イ　　　　　　　ウ

エ　　　　　　　オ

問6　＿＿＿に関わって，作品Eを表した作家の野外彫刻として，正し
いものを選びなさい。

ア　　　　　　　　　　イ　　　　　　　　　　ウ

エ　　　　　　　オ

問7 粘土の特徴について述べた次の文を読み，(1)〜(3)に答えなさい。

【さまざまな粘土の特徴】

① 固まっても水分を加えてこねると戻るので何度でも使える。

② 固まった後に，彫刻刀で細かい加工ができ，着色もできる。

③ 固まらず繰り返し使える。色つきもある。

---

(1) ①の特徴のある粘土として，最も適したものを選びなさい。
　　ア　油粘土　　イ　土粘土　　ウ　軽量粘土　　エ　紙粘土
　　オ　石粉粘土

(2) ②の特徴のある粘土として，最も適したものを選びなさい。
　　ア　油粘土　　イ　土粘土　　ウ　軽量粘土　　エ　紙粘土
　　オ　石粉粘土

(3) ③の特徴のある粘土として，最も適したものを選びなさい。
　　ア　油粘土　　イ　土粘土　　ウ　軽量粘土　　エ　紙粘土
　　オ　石粉粘土

▌2020年度 ▌北海道・札幌市 ▌難易度 ▆▆▆▆▢▢

解答・解説

【1】1　3　　2　7　　3　8　　4　2　　5　5

解説 ア　代表作『地獄の門』から，フランスの彫刻家オーギュスト・ロダンである。『地獄の門』は未完成だったが，『考える人』はこの『地獄の門』から派生した作品である。　イ　ブールデルは，ロダンのもとで15年間助手をつとめたが，ロダンを追随せず，独自の作品を生み出していく。　ウ　マイヨールはフランスの彫刻家で，座像の裸婦を描いた『地中海』で評価を確立した。ロダン，ブールデルとともに，近代フランスを代表する彫刻家の一人である。　エ　ジャコメッティは，20世紀を代表するスイスの彫刻家で，キュビスムやシュルレ

アリスムなどの影響を受けている。身体を細く引き伸ばした像が特徴である。　オ　ルーマニア出身の彫刻家といえばブランクーシである。主に人の頭部や円柱をモチーフとして，特に鳥の作品を多く残した。

【2】(1)　1　2　　2　6　　3　5　　4　1　　5　3　　(2)　1　　(3)　5
(4)　4　　(5)　2　　(6)　6

解説　作品群の肢1はヴィンチェンツォ・ラグーザの「日本の俳優」(1880〜81年頃)，5は中原悌二郎の「若きカフカス人」(1919年)，4は平櫛田中の「鏡獅子」(1965年)，2はイサム・ノグチの「エナジー・ヴォイド」(1972年)，6は新宮晋の「太陽の神話」(2009年)である。

【3】問1　ウ　　問2　ア　　問3　エ　　問4　オ　　問5　ア
問6　イ　　問7　イ

解説　イサムノグチは日本人の父，アメリカ人の母をもつ日系アメリカ人である。彼の手がけたモエレ沼公園(札幌市)はもともとゴミの埋め立て地であり，その地をアートで再生するというコンセプトの下で進められた。作品Aはモエレ沼公園内にあり，問5のアは札幌大通公園にある「ブラック・スライド・マントラ」である。問7に関して，丹下健三は日本を代表する建築家であり，代表的な建築物の一つとしてイの代々木第一体育館があげられる。なお，オの旧国立競技場の設計は奈良県庁舎などを手がけた片山光生であった。

【4】1　0　　2　7　　3　1　　4　6　　5　4

解説　ベルニーニによる大理石彫刻の噴水，「四大河の噴水」が有名である。これは，現在もローマのナヴォーナ広場で見ることができる。非常に巨大な作品で，共同制作者も存在するが，残された素描によってこの構想がベルニーニによるものであることがわかると言われている。ナイル川(アフリカ)，ガンジス川(アジア)，ドナウ川(ヨーロッパ)，ラプラタ川(アメリカ)の四つの大河を擬人化した人物がそれぞれ巨石の上に座っており，その中心には巨大なオベリスクがそびえていて，キリスト教とローマ・カトリック教会が全世界において勝利をおさめるということを表しているとされる。

● 彫刻

【5】1 3　　2 7　　3 9　　4 1　　5 5

解説 設題の写真にある仏像は，広隆寺の弥勒菩薩半跏思惟像で飛鳥時代作の彫刻であり，創建当時の本尊と伝えられるもので，国宝第1号とされている。また，中宮寺には本尊として菩薩半跏像(伝如意輪観音)(国宝)が祀られており，これも飛鳥時代のものとされている。アルカイックスマイルの典型として高い評価を受けている。他に，東京国立博物館にある法隆寺宝物館にも，複数体の半跏像が展示されている。なお，「半跏」というのは，片脚を組んですわる姿勢のことである。一般的に仏像は，立っていれば立像，すわっていれば坐像，椅子などにすわって両脚を降ろしていれば倚像と呼ばれる。半跏像は，半跏思惟像とも呼ばれる。単に菩薩半跏像もしくは半跏思惟像と呼ばれるのは，地域によって様々な名前で信仰されていたので，その名称が特定できないからである。ちなみにインドでは，釈迦如来が出家する前に思い悩む姿として，半跏思惟像がつくられた。

【6】(1)　運慶　　(2)　1　　(3)　3　　(4)　2　　(5)　慶　　(6)　3
(7)　3　　(8)　1, 2, 4

解説 東大寺南大門の金剛力士像(仁王像)は，鎌倉時代前期に寄木造によってつくられた。門の正面から見て，左側に口を開いた阿形像，右側に口を閉じた吽形像が安置されている。一説では，重さは一体で6トン台後半ある。寄木造とは11世紀前半に完成した木彫技法で，一定の法則(木寄法)にしたがって頭・胴体の主要部分を二つ以上の材を接ぎ合わせてつくる技法のことである。主要部分を一つの材でつくる一木造に対する技法である。一木造には大木が必要であるが，寄木造なら小木で巨像をつくることができる。長い間にこの合わせ目が緩んだり，木材が傷んだりしてきたため，昭和63(1988)年から5年がかりで解体修理が行われた。なおこの解体修理の際に，中から出てきた銘文から，吽形像は湛慶・定覚，阿形像は運慶・快慶が主に担当したということが判明した。なお，東大寺俊乗堂にある重源像は，作品選択肢2にあたる。作品選択肢1は，興福寺の無著・世親像である。作品選択肢4は，高野山の八大童子像の一体である制多迦(せいたか)童子である。

【7】問1　ウ　　問2　エ　　問3　イ　　問4　オ　　問5　オ
　　問6　ア　　問7　エ

解説　問1〜問3　中原悌二郎(1888〜1921年)のゆかりの地である北海道・旭川市には，日本の近代彫刻史に優れた業績を残した氏を記念し，1994年に彫刻専門の美術館である旭川市彫刻美術館が開設された。同美術館のホームページによれば，「現在，街なかにたくさんの野外彫刻作品が置かれていたり，旭川が『彫刻のまち』と呼ばれているのは中原悌二郎の存在が原点となっています」とされている。また，「悌二郎の作品は，当時日本で常識とされていたモデルの外面だけを表現するものとは異なり，内面をも表現した素朴で単純な作品だったため，良い評価を受けませんでした。しかし，次第にその作風が認められ展覧会で入選するようになりました。悌二郎の作品を見たロダンの助手のブールデルは『これが彫刻だ』と言い，……」と紹介している。なお，空欄3の荻原守衛(1879〜1910年)は，長野に生まれ，当初は画家を志して上京し小山正太郎の不同舎で学んでいたが，後のフランス留学中にロダンの作品(特に「考える人」)に感動し彫刻に転じたとされる。以後，ロダンを訪問し直接教えを受けるなどして，現地滞在中に，日本近代彫刻の礎を築いたともいわれる「坑夫」(1907年)を制作した。日本近代彫刻史上の最高傑作ともいわれる「女」(1910)などが代表作である。また，荻原が師事したオーギュスト・ロダン(1840〜1917年)は，「近代彫刻の父」と称されるなど，伝統的な彫刻に革命をもたらした人物とされ，「青銅時代」(1877年)をはじめ，「地獄の門」(1880〜1890年頃)やそこから派生した「考える人」(1880年)，「カレーの市民」(1888年)，「バルザック記念像」(1898年)など多くの作品を遺している。なお，「地獄の門」は現在世界に七つのブロンズが存在するといわれ，そのうちの一つが日本の国立西洋美術館に設置されている。
問4　作品Cは中原悌二郎による「墓守老人像」(1916年)である。
問5　正答はオの「憩える女」(1919年)。なお，イは荻原守衛の「女」である。　　問6　アが「若きカフカス人」(1919年)。オは荻原守衛の「坑夫」である。問4〜問6の中原作品はいずれも旭川市彫刻美術館に収蔵されている。　　問7　正答であるエの「張り子」は，昔ながらの郷土玩具の制作技法としても用いられ，だるまや赤べこなどが代表的

なものである。

【8】(1) 1 3 2 1 3 5 4 7 5 4 (2) ア 9
イ 4 ウ 5 エ 6 オ 3

解説 作品選択肢9 アレクサンダー・コールダーによる「ファブニール・ドラゴンⅡ」(1969年)である。 作品選択肢4 ジョージ・シーガルによる「ロバート&エセル・スカルの肖像」(1965年)である。
作品選択肢5 ジャン・デュビュッフェによる「使者たち」(1975年)の2体である。 作品選択肢6 アルマンによる「Office Fetish」(1984年)である。 作品選択肢3 ジャン・アルプによる「雲の羊飼い」(1953年)である。

【9】(1) 1 6 2 0 3 4 4 9 5 7 (2) 6 7
7 4 8 5 9 3 10 2

解説 (1) 釈迦三尊像の釈迦如来の脇侍に配される文殊は，右手に智恵剣・左手に経巻か青蓮華を持って獅子に乗り，普賢は合掌して象に乗る姿とするものが多い。なお両菩薩は左右位置を変えることもあるという。また，飛鳥時代の作である法隆寺釈迦三尊像では，良薬で衆生を救ったという薬王・薬上両菩薩を従えるとされる。薬師如来に関しては，日本では飛鳥時代から信仰が始まり，平安初期以降の多くの像は与願印をした左手に薬師如来の特徴となる薬壺を捧げ持つという。なお，薬師三尊像では日光・月光両菩薩を脇侍とする。釈迦三尊像の文殊・普賢菩薩，薬師三尊像の日光・月光菩薩も含め，先に示された方が左脇侍(中尊にとって左，すなわち向かって右)，続いて示された方が右脇侍となるという。 (2) 盧舎那仏坐像は，毘盧遮那如来とも言われる。太陽神をもとに考え出された如来で，現世に現れた釈迦如来は仏の仮の姿で，その本身として宇宙に遍く満ちる真実の仏とされるという。

【10】問1　ウ　　　問2　エ　　　問3　ウ　　　問4　ウ　　　問5　オ

　　問6　イ　　　問7　(1)　イ　　　(2)　オ　　　(3)　ア

解説　問1～4　本郷新は1905年に札幌に生まれ(1980年没)，その後高村光太郎に師事し，のち佐藤忠良や舟越保武らとともに新制作派協会(現新制作協会)彫刻部を創設した。旭川の自由公園には「風雪の群像」(1970年)が設置されている。設題にある作品E「遙かなる母子像」(1979年)は，翌年に亡くなった本郷にとっては最後の完成した作品になる。これは木彫(クルミ・チーク)によるもので，本郷新記念札幌彫刻美術館に所蔵されている。なお，この美術館は1981年に札幌彫刻美術館として開館したが，2007(平成19)年より公益財団法人札幌市芸術文化財団の運営となり「本郷新記念札幌彫刻美術館」と改称された。問5　本郷新の作品はオの「瀕死のキリスト」(1941～1948年)で，素材は木(クス)，本郷新記念札幌彫刻美術館に所蔵されている。　問6　正答はイのブロンズによる「石川啄木像」(1958年)で，函館市大森浜に設置されている。なお，台座には「潮かおる北の浜辺の砂山のかの浜薔薇(はまなす)よ　今年も咲けるや」の歌が刻まれている。　問7　アの油粘土とは，カオリン等の鉱物粉とワセリン，ひまし油，植物性油，鉱物性油を混ぜて作られたもの。自然乾燥により固くならないため何度でも作り直すことができるが，逆に乾燥・硬化しないので保存用の作品作りにはあまり適していない。イの土粘土とは，粘土層から掘り出した粘土に少量の砂を混ぜて作られたもので，原料によって焼成できるものとそうでないものがある。自然乾燥により固くなるが，水を加えることでまた柔らかくなる。可塑性に優れ，立体造形に適しているが，収縮率が高いため芯材を使用する場合，ヒビが入りやすい。保存の際には，乾燥に留意し適度な水分量を保持させる。ウの軽量粘土とは，微小中空球体樹脂とパルプや繊維をまぜたものとされる。粘土が手につかず，また非常に軽くて柔らかい。通常の紙粘土同様，自然乾燥により固まる。ただし，耐久性は低く，強い力を加えると破損してしまうため，保存の際には留意する必要がある。エの紙粘土とは，炭酸カルシウムやのり剤を主原料として，それにパルプを混ぜたもの。ひび割れが起こりにくく，芯材にもよくつき，可塑性にも優れているためたいへん使いやすい粘土といわれている。自然乾燥により固くな

るが，耐久性はそれほど高くない。オの石粉粘土とは，無機粉体(石粉)を主素材としているもの。手にべとつかず粘り気もあり，ヤスリがけをして表面をきれいに磨いたり，削ってまた盛りつけたりすることもできる。

デザイン

要点整理

　デザインの領域では作図やレタリングなどの実技問題が出題される点において，他の領域とは異なる特質をもっている。レタリングは出題されるもののほとんどが明朝体であるから，主な部分の書体について事前に十分練習しておく必要がある。作図に関してはマークのデザインや平面構成などが比較的多いが，アニメーションなども出題されている。デザインの領域で特徴的にいえることは，用語には外来語が多く，カタカナで記されるものがたいへん多い。それらは翻訳語になっているものもあるが，原語のままカタカナで記されて出題されるものが多いので，間違いのないように注意しなければならない。

実施問題

【1】「伝える，使うなどの目的や機能を基にして表現する活動」について，次の各問いに答えなさい。

問1　次の記述は，金工に使用される金属について述べたものである。この素材として最も適切なものを，以下の①～⑦のうちから選びなさい。

　　銅と亜鉛の合金で，耐食性，切削性が高いため，鋳金や鍛金に適している。楽器や工芸品に用いられ，真鍮ともいう。

① 錫　　　　　② 青銅　　③ 赤銅　　　④ 四分一
⑤ アルミニウム　⑥ 黄銅　⑦ チタン

問2　次の図版は，編組工芸のある編み方を表したものの一部である。図版の編み方の名称として最も適切なものを，以下の①～⑥のうちから選びなさい。

図版

① 六つ目編み　② 矢羽編み　③ 矢来編み
④ 二本縄編み　⑤ 掛編み　　⑥ 網代編み

問3　次のア～ウの記述は，アニメーションの装置について述べたものである。その記述と装置の名称の組合せとして最も適切なものを，以下の①～⑧のうちから選びなさい。

ア　円筒状の装置の中に連続した動きの絵を入れて，回転させながらスリットを通して中をのぞくと絵が動いて見える。

イ　表と裏に違う絵を描き，両側のねじったひもを引っ張って紙を

高速で回転させると二つの絵が一つに重なって見える。

ウ　多角柱の鏡が中央に取り付けられた円筒形の装置の内壁に連続して変化する絵を設置する。これを回転させると鏡の中に動画が見える。

	ア	イ	ウ
①	フェナキスティスコープ	プラクシノスコープ	ソーマトロープ
②	ゾートロープ	ソーマトロープ	プラクシノスコープ
③	プラクシノスコープ	ゾートロープ	フェナキスティスコープ
④	ソーマトロープ	フェナキスティスコープ	ゾートロープ
⑤	ゾートロープ	ソーマトロープ	フェナキスティスコープ
⑥	フェナキスティスコープ	プラクシノスコープ	ゾートロープ
⑦	ソーマトロープ	ゾートロープ	プラクシノスコープ
⑧	プラクシノスコープ	フェナキスティスコープ	ソーマトロープ

問4　以下の記述は，図版の建築物について述べたものである。この建築物の作者として最も適切なものを，後の①～⑥のうちから選びなさい。

図版

訪れた人を柔らかく包み込む「グローブ」と呼ばれるドーム状の覆いが特徴。空気の流れをコントロールし，また昼間は上部から自然光を取り込み，夜はLED照明がともされランプシェードとなる。

①　丹下　健三　　②　青木　淳　　③　伊東　豊雄
④　安藤　忠雄　　⑤　坂　茂　　⑥　藤森　照信

問5　次の記述は，斜投影図法について述べたものである。[　　]に当
　　てはまる語句として最も適切なものを，以下の①～④から選びなさ
　　い。
　　　平行で正確な形状の正面図に対し，2分の1の縮尺で奥行を描く図
　　法を[　　]図法という。
　　①　カバリエ投影　　②　ミリタリ投影　　③　キャビネット投影
　　④　アイソメトリック
問6　以下の記述は，図版のポスターについて述べたものの一部であ
　　る。このポスターの作者として最も適切なものを，後の①～⑥から
　　選びなさい。

図版

　　　作者は琳派や浮世絵など日本の伝統的な美術から影響を受けた。
　　このポスターは，俵屋宗達が描いた鹿の図の造形を，現代のポスタ
　　ーに取り入れて表現している。
　　①　杉浦　非水　　②　亀倉　雄策　　③　永井　一正
　　④　田中　一光　　⑤　松永　真　　　⑥　山城　隆一
問7　次の記述ア，イは，木材の主な加工法について述べたものであ
　　る。ア，イの記述と加工法の組合せとして最も適切なものを，以下

の①〜⑥から選びなさい。

ア　蒸気などで水分と熱を加え，治具(じぐ)を使い成形する技法

イ　旋盤(せんばん)や轆轤(ろくろ)で回転させながら，木材の表面に刃物を当てて形を削り出す技法

	ア	イ
①	挽物(ひきもの)	刳物(くりもの)
②	曲物(まげもの)	刳物(くりもの)
③	刳物(くりもの)	寄木(よせぎ)
④	曲物(まげもの)	挽物(ひきもの)
⑤	刳物(くりもの)	挽物(ひきもの)
⑥	挽物(ひきもの)	寄木(よせぎ)

問8　次の記述は，PCCS(日本色研配色体系)について述べたものである。12種類のトーンとして適切ではないものを，以下の①〜⑧のうちから選びなさい。

　　明度と彩度が似ている色同士をグループに分けて，12種類のトーンとして分類している。トーンは雰囲気でまとめた色のグループのことで，色調とも訳される。各トーンには，その配色から得られる心理的な効果をイメージできる言葉が割り当てられている。

① ストロング　　② ダル　　　　③ ブライト

④ ライト　　　　⑤ ディープ　　⑥ ビビッド

⑦ ソフト　　　　⑧ クール

‖ 2024年度 ‖ 神奈川県・横浜市・川崎市・相模原市 ‖ 難易度 ▰▰▰▱▱

【2】次の各文は，日本の近代建築について説明したものである。以下の問いに答えよ。

> ア　国立西洋美術館は，[　1　]が設計した日本で唯一の建物である。2016年に世界文化遺産に登録されている。
>
> イ　中銀カプセルタワービルは，1960年代に「メタボリズム」を提唱した[　2　]らしい，「新陳代謝」を象徴する建物として日本のみならず世界的な注目を集めた。

ウ　香川県立体育館は，香川県庁舎と並び，[　3　]が手掛けた代表作で，4本の巨大な柱で吊り天井の大屋根を支える構造を採用している。香川県立体育館が完成した1964年は日本で初めてオリンピックが開かれた年である。

エ　東京文化会館は，建築の仕様や技術を重視する[　4　]の理念が反映されている。[　4　]は[　1　]に師事し，モダニズム建築を日本で定着させるために重要な役割を果たした。

(1)　[　1　]～[　4　]にあてはまる建築家として，最も適当な人物を一人選び，それぞれ番号で答えよ。

1　荒川修作　　2　磯崎新
3　丹下健三　　4　フランク・ロイド・ライト
5　黒川紀章　　6　前川國男
7　安藤忠雄　　8　ル・コルビュジェ

(2)　エの建築物として，最も適当な図を一つ選び，番号で答えよ。

1

2

3

4

【3】次の各文は，視覚伝達デザイン全般について説明したものである。
[1]〜[5]にあてはまる言葉として，最も適当なものを一つ選び，それぞれ番号で答えよ。

ア　紙加工の規格サイズA列は[1]の工業規格であり，国際標準化され，各国で使われている。一方，北米ではレターサイズを基準とした規格サイズが標準化されている。

イ　1987年，日本の非常口マークがISO 6309として国際標準となった。このマークをデザインしたのは愛知県出身の[2]である。

ウ　人々の交流や行動をより円滑にするための国際的な絵ことばを創案しようとする試みが，1960年代以降，世界的に盛んとなった。日本では，1964年の東京オリンピックにおいて会場や競技種目のためのピクトグラムの展開を推進した。このような情報伝達を，[3]・コミュニケーションという。

エ　デザインワークに使用される写真には，伝えるという目的に，より適した表現力が求められる。被写界深度は撮影したいものをどの程度明瞭に見せるかに関係する。絞りの設定は，絞りをあければ被写界深度は[4]なり，ピントの合った対象前後のぼけ量が大きくなる。

オ　広く一般的に使われているオフセット印刷は，[5]から発展，進化した経済性の高い印刷技術である。

1　ドイツ　　　　2　イギリス　　　　3　廣村正彰
4　太田幸夫　　　5　浅く　　　　　　6　深く
7　バーバル　　　8　ノンバーバル　　9　リトグラフ
0　シルクスクリーン

| 2023年度 | 愛知県 | 難易度 |

【4】次の(1)〜(3)の問いに答えよ。
(1)　「ピクトグラム」の語句の意味とそれがもたらす効果を説明せよ。
(2)　「ヒロシマ・アピールズ」というプロジェクトで制作された作品A〜Cについて，各問いに答えよ。

① 作品A〜Cの作者名をア〜オより選びそれぞれ答えよ。

作品A

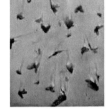
作品B

作品C

ア　田中　一光　　イ　佐藤　晃一　　ウ　亀倉　雄策

エ　松永　真　　　オ　永井　一正

② 作品A〜Cに共通する「伝える目的や条件」を答えよ。

(3) 作品Dについて各問いに答えよ。

作品D

① 作者名　　②　版画の種類

③ 作品Dをどのように生徒に説明するか。

　　作者の作風に触れながら簡潔に述べよ。

┃2022年度┃大阪府・大阪市・堺市・豊能地区┃難易度 ■■■□□

【5】次の各文は，デザインに関係する言葉について説明したものである。

　[　1　]〜[　5　]にあてはまる言葉として，最も適当なものを一つ選び，

それぞれ番号で答えよ。

ア　[　1　]・デザインは，主に機械生産による製品のデザインである。科学技術，工業技術によって生活に必要なものを生産している。

イ　[　2　]比とは，近似値1：1.414(1：$\sqrt{2}$)の比で表される比率である。この比率は，日本の伝統的な建造物の比率によくみられ，法隆寺の金堂や五重塔などもこの比率で造られている。そのようなことから，日本人には親しみのある比率といわれ，「大和比」とも呼ばれている。

ウ　[　3　]比とは，近似値1：1.618(約5：8)の比で表される比率である。この比率は，古代ギリシャ時代から「美しい比率」として扱われており，パルテノン神殿など，美しいとされている建築物や美術作品の多くに取り入れられてきた比率である。

エ　[　4　]とは，写真同士の関係性で状況を暗示させる技法である。さまざまなカット(写真)の組合せで，多様な意味合いを生じさせる技法である。

オ　[　5　]とは，写真の不要な部分を削除し，写真に含まれる情報を整理する作業のことである。同じ写真であっても，[　5　]次第で読み手に与える印象は大きく変わる。

1	モンタージュ	2	サークル	3	黄金
4	インダストリアル	5	トリミング	6	白銀
7	白金	8	エクステリア		

2022年度 ▌ 愛知県 ▌ 難易度 ■■■□□

【6】伝える，使うなどの目的や機能を基にして表現する活動に関して，次の各問いに答えなさい。

問1　次の図版は，ある書体の部分を組み合わせて構成した図案である。ここで使われている書体の特徴として適切ではないものを，以下の①～⑤のうちから選びなさい。

図版

① 横の線が細く，縦の線が太い，読みやすさを優先したデザインだ。

② 横の線の右端に「うろこ」をつけるのが特徴だ。

③ 明治時代にサンセリフ体というアルファベットの書体を参考にして作られた。

④ 中国の明の時代に様式化された書体だ。

⑤ はねやはらいが，筆で書いた感じを様式化した書体だ。

問2 次の記述は，カラー印刷の仕組みについて述べたものである。[1]，[2]に当てはまる語句として最も適切なものを，以下の①〜⑥のうちからそれぞれ選びなさい。

　写真を一般的な方法でカラー印刷する場合は，写真をシアン，マゼンタ，イエロー，ブラックの4色の版に分解する。それぞれの色の版を作成し，順に刷ることで，写真の色彩を再現することができる。それぞれの版は[1]と呼ばれる小さな点の粗密で色の濃さを調整して図を表す。[1]が重なっている部分では減法混色が，隣り合う[1]同士では[2]が生じている。

① 色点　　　② 網点　　③ 小点　　④ 並置混色

⑤ 回転混色　　⑥ 補色混色

問3 次の記述は，図版の建築について述べたものである。この建築の作者として最も適切なものを，下の①〜⑥のうちから選びなさい。

　大きな地震で崩壊した，街のシンボルであり，心のよりどころで

あった教会の代わりに，調達しやすく，コストの安い再生紙を使った紙管を利用してつくられた仮設の教会は，多くの人に勇気や希望を与えている。

図版

① 安藤　忠雄　　② 伊東　豊雄　　③ 内藤　廣
④ 坂　茂　　　　⑤ 藤森　照信　　⑥ 隈　研吾

問4　次の記述は，図版のプロダクトデザインについて述べたものである。この作品名として最も適切なものを，後の①〜⑤のうちから選びなさい。

　あぐらがかける大きなだ円形の座面と，座面の高さが低いこの椅子は，畳の上に置いても足が太く畳を傷めない。日本のリラックスを形にした椅子である。

図版

① アーロンチェア　　② LC4シェーズロング
③ エッグチェア　　　④ スポークチェア
⑤ ロースツール

問5　次の記述は，図版のポスターについて述べたものである。この
　　図版のポスターの作者として[　　]に当てはまる最も適切なものを，
　　後の人物①〜⑥のうちから選びなさい。

　　　また，図版の作者と同じ作者の作品として最も適切なものを，後
　　の作品①〜⑥のうちから選びなさい。

　　　弾が逆を向いた明快な構図の反戦ポスター。何日間もポスターの
　　アイデアを考えていた[　　]は，爆撃機が爆弾を投下するスケッチ
　　を偶然にも逆さまに見たことで，このアイデアがひらめいたという。

図版

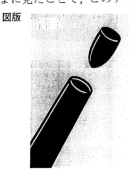

人物
　　①　田中　一光　　②　亀倉　雄策　　③　粟津　潔
　　④　福田　繁雄　　⑤　青葉　益輝　　⑥　永井　一正

作品　①　　　　　　　　　　②　　　　　　　　　　③

問6　次の図版ア〜カは，様々な文様を表したものである。この図版と文様名の組合せとして最も適切なものを，以下の組合せ①〜⑧のうちから選びなさい。

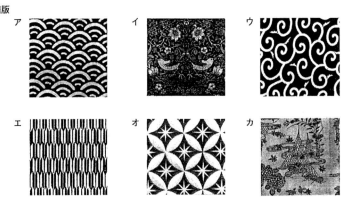

組合せ

	ア	イ	ウ	エ	オ	カ
①	青海波	矢絣	唐草	いちご泥棒	七宝	網干
②	網干	唐草	青海波	七宝	いちご泥棒	矢絣
③	いちご泥棒	網干	七宝	唐草	矢絣	青海波
④	唐草	いちご泥棒	青海波	網干	矢絣	七宝
⑤	矢絣	七宝	網干	青海波	いちご泥棒	唐草
⑥	青海波	いちご泥棒	唐草	矢絣	七宝	網干
⑦	七宝	青海波	唐草	いちご泥棒	網干	矢絣
⑧	青海波	唐草	網干	矢絣	七宝	いちご泥棒

┃ 2022年度 ┃ 神奈川県・横浜市・川崎市・相模原市 ┃ 難易度 ■■■□□

【7】次の各文は，デザインについて説明したものである。[1]〜
　　[5]にあてはまる言葉として，最も適当なものを一つ選び，それぞ
　　れ番号で答えよ。

> ア　[1]とは，デザインされた文字を書くこと，あるいはそ
> 　れを書く技法をさすデザイン用語である。
> イ　[2]とは，狭義に考えれば印刷・表示用の書体を目的に
> 　合わせて選択し，読者が理解しやすくかつ視線を妨げること
> 　なく効果的に組む技術である。
> ウ　[3]とは，その意味するものの形状を絵文字として表し，
> 　意味や概念を理解させる非言語によるコミュニケーション・
> 　ツールである。
> エ　和文書体のデザインは，大きく分けて[4]系と[5]系
> 　の2種類ある。欧文言体にも[4]系に相当するセリフ体と，
> 　[5]系に相当するサンセリフ体があり，和文書体と組み合
> 　わせて使用する場合は，[4]系とセリフ，[5]系とサン
> 　セリフのように組み合わせて使うのが一般的である。

　1　ピクトグラム　　2　タイポグラフィ　　3　レタリング
　4　レイアウト　　　5　ゴシック　　　　　6　明朝
　7　フォント

| 2021年度 | 愛知県 | 難易度 ▮▮▮▯▯

【8】伝える，使うなどの目的や機能を基にして表現する活動に関して，
　　次の各問いに答えなさい。
　問1　次の記述は，分光について述べたものである。[1]，[2]
　　　に当てはまる語句として最も適切なものを，以下の①〜⑨のうちか
　　　らそれぞれ選びなさい。
　　　　太陽光(白色光)をプリズムに通すと，波長の長い順に赤，[1]，
　　　黄，緑，青，青紫，紫に分光される。このひとつひとつが単色光で
　　　あり，帯状に並べたものをスペクトルという。人間が色として認識
　　　できる光は[2]と呼ばれる。
　　　①　紅　　②　橙　　　③　浅葱　　　④　瑠璃

⑤　桜　　⑥　赤外線　　⑦　紫外線　　⑧　可視光線

⑨　X線

問2　次の記述は，図版の椅子をデザインした日本のデザイナーについて述べたものである。[　　]に当てはまる人物として最も適切なものを，後の①～④のうちから選びなさい。

　　日本のデザイナーも1950年代から欧米に進出してデザイン活動を展開し，その成果は欧米でも次第に注目されるようになった。1964年にはニューヨーク近代美術館のコレクションに，[　　]の籐椅子が選定された。

図版

①　渡辺　力　　②　剣持　勇　　③　柳　宗理

④　豊口　克平

問3　次の記述は，ヘルプマークについて述べたものである。ヘルプマークのデザインとして最も適切なものを，後の図版①～④のうちから選びなさい。

　　援助や配慮を必要としていることが外見からはわかりにくい人がいる。かばんなどにつけておくことで，周囲から援助を得やすくなるように作成されたマークである。

図版

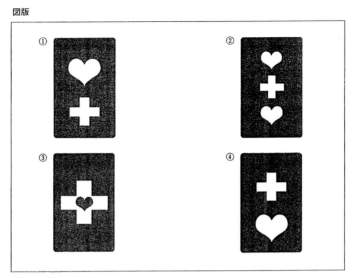

問4　次の図版ア〜カは，木彫工芸の技法である。この図版と技法の組合せとして最も適切なものを，以下の①〜⑨のうちから選びなさい。

図版

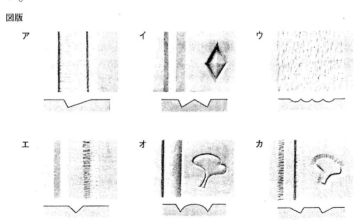

	ア	イ	ウ	エ	オ	カ
①	菱彫り	かまぼこ彫り	浮き彫り	石目彫り	薬研彫り	片切り彫り
②	石目彫り	片切り彫り	薬研彫り	かまぼこ彫り	浮き彫り	菱彫り
③	片切り彫り	浮き彫り	薬研彫り	菱彫り	かまぼこ彫り	石目彫り
④	浮き彫り	薬研彫り	かまぼこ彫り	片切り彫り	菱彫り	石目彫り
⑤	片切り彫り	菱彫り	薬研彫り	石目彫り	かまぼこ彫り	浮き彫り
⑥	かまぼこ彫り	浮き彫り	片切り彫り	菱彫り	石目彫り	薬研彫り
⑦	片切り彫り	菱彫り	石目彫り	薬研彫り	かまぼこ彫り	浮き彫り
⑧	薬研彫り	石目彫り	菱彫り	浮き彫り	片切り彫り	かまぼこ彫り
⑨	菱彫り	片切彫り	石目彫り	薬研彫り	浮き彫り	かまぼこ彫り

問5　次の記述は，図版の作品について述べたものである。この作者
　として最も適切なものを，後の①〜⑤のうちから選びなさい。

　　作者は「この作品は100年後に完成するだろう」と語っている。
　彫刻作品であると同時に，上って滑り降りることのできる遊具でも
　あり，子供たちのお尻がだんだんと御影石を磨いていくからだ。

図版

　①　アレクサンダー・カルダー
　②　ダニ・カラヴァン
　③　イサム・ノグチ
　④　マドリン・ギンズ
　⑤　荒川　修作

問6　次の記述は，アール・ヌーヴォーについて述べたものである。
　この時代に制作された図版アとイの作者として最も適切なものを，
　後の①〜⑧のうちからそれぞれ選びなさい。

　　アール・ヌーヴォーは19世紀末から20世紀初頭にかけてヨーロッ
　パを中心に起こった芸術運動で，「新しい芸術」という意味である。

造形の特徴は植物や動物をモチーフにした有機的な曲線を使った表現で，建築・家具・工芸・ポスター・装身具などがつくられた。

図版

ア

イ

作者名 →

① ルイス・コンフォート・ティファニー
② ルネ・ラリック
③ ドーム兄弟
④ エミール・ガレ
⑤ A. M. カッサンドル
⑥ アルフォンス・ミュシャ
⑦ アンリ・ド・トゥールーズ＝ロートレック
⑧ エクトール・ギマール

問7　次の図版ア〜オは，日本の伝統的工芸品である。その産地との組合せとして最も適切なものを，以下の①〜⑧のうちから選びなさい。

● デザイン

図版

ア

イ
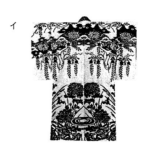

ウ

エ

オ

	ア	イ	ウ	エ	オ
①	秋田県	東京都	沖縄県	北海道	岡山県
②	北海道	沖縄県	岡山県	秋田県	東京都
③	沖縄県	北海道	東京都	岡山県	秋田県
④	北海道	沖縄県	東京都	岡山県	秋田県
⑤	沖縄県	北海道	岡山県	秋田県	東京都
⑥	東京都	岡山県	秋田県	沖縄県	北海道
⑦	岡山県	秋田県	北海道	東京都	沖縄県
⑧	秋田県	岡山県	沖縄県	東京都	北海道

▌2021年度▌神奈川県・横浜市・川崎市・相模原市▌難易度 ▉▉▉▉□□

解答・解説

【1】問1　⑥　　問2　⑥　　問3　②　　問4　③　　問5　③
問6　④　　問7　④　　問8　⑧

解説　問1　ペーパーナイフやキーホルダー，燭台作りなどに用いられる真鍮の別名を問われている。黄銅は，金に似た金色や黄色の金属と

104

して，五円硬貨や仏具，インテリア品，鍵，機械，水道設備などに幅広く使われている。金などに比べ安価で比較的加工が容易であり，鉄などのように全体が腐食することなく，水にも強い。また，近年，新型コロナウイルスの環境中の生存期間を調べた調査(米国・CDC)で，空気，紙，プラスチックなどに比べ，銅合金の表面のウイルス生存率が低いというデータも発表され，抗菌効果，繁殖防止などの特徴も注目される。なお，①錫は，白銀色で軟らかく展延性のある金属，②青銅(ブロンズ)は銅を主成分として錫を含む合金，③赤銅は，銅に金3〜5%，銀1%程度を加えた銅合金，④四分一は銅と銀の合金である。四分一はその中で銀の比率が4分の1であることから名付けられた。⑤アルミニウムは数百年前から使われるようになった歴史が浅い金属でボーキサイトという鉱石を原料に作られる。⑦チタンはチタン鉱物からなる銀白色の金属。軽く，強く，錆びにくいという特徴をもつ。これまで金属工芸分野の出題は，技法の特徴を問う出題が多く，金属素材そのものの知識を問う問題は珍しい。今後，工芸素材の出題傾向に含まれてくる可能性もあるため，傾向と対策には要チェックが必要だ。

問2　編組工芸とは，竹や籐などのつるや麦わらなどを素材とし，編む，組むなどして制作される工芸品。授業では籐やクラフトテープで編むカゴや鍋敷などで学習する機会のある分野だ。各種の編み方を規則的に繰り返す制作のため，絵画や彫刻やデザインに苦手意識を持つ生徒が生き生きと活躍することもある。授業の年間計画では，いろいろな分野で良さを発揮できる場面を試行錯誤して取り入れて欲しい。

問3　アニメーションの歴史をたどる際に必ず出てくる，アニメーション装置の出題となった。特に，アニメーションや映像分野に関しては文章だけでなく，実物の画像や動画，効果をしっかり経験し理解しておく必要がある。これについては，東京都写真美術館の教育普及プログラム「図工・美術×アニメーション」の公式サイトを併用して学習することをお勧めしたい。回転アニメーションの歴史や，実際の授業案，活用方法などが分かりやすく紹介されている。なお，エジソンが最初のアイディアを考案したキネトグラフは初の映画鑑賞装置として知られ，木箱をのぞき込みながら映像を見る装置である。アニメだけでなく，映像の装置についても今後の出題が考えられることから，

要チェックである。　問4　図版は，岐阜県にある岐阜市立中央図書館である。2015年に「みんなの森　ぎふメディアコスモス」として完成され，図書館，市民活動交流センター，ホール，ショップ，カフェなどが一体となった市民のための施設として活用されている。天井は岐阜県産の東濃檜を格子状に重ね，波打つ形状が特徴的で，各ブースの頭上に吊るされた11個の「グローブ」は，岐阜県内のテントの会社によって手掛けられている。設計した伊藤豊雄(1941年〜)は，建築界のノーベル賞と呼ばれるプリツカー賞を受賞するなど，世界的に活躍する日本の建築家のひとりである。代表作は「せんだいメディアパーク」，「多摩美術大学図書館」，「横浜風の塔」，「シルバーハット」など多数。このほか選択肢にあげられている5名の建築家も，出題されてもおかしくない日本を代表する建築家である。出題傾向を考え，代表作や作風などを勉強しておきたい。　問5　製図法の立体図法からの出題となった。①カバリエ投影図は，投影線が投影面に対して斜め45度の傾きをもつ図のこと，②ミリタリ投影図は，投影方向に対し斜めにおかれた投影面への平行投影，④アイソメトリックは，日本語では等角投影法と呼ばれる。斜め上から対象物を見下ろすような視点で描かれる図のことで，インテリアの俯瞰図などでもよく使われる。　問6日本のグラフィックデザイン史で，特に頻出のポスター作品とその作者について問われた。琳派の影響を受けたデザインといえば，一択で田中一光(1930〜2002年)を選ぶことになる。このほか日本古典芸能ポスターも有名で，初期の無印良品やセゾングループディレクションも手掛けたことで知られる。強い色彩と独特の琳派的感覚が特徴のグラフィックデザイナーである。選択肢の5人はいずれも日本を代表するグラフィックデザイン界の巨匠である。　問7　木工芸の代表的な技法について問われている。誤肢の刳物は，ノミやカンナなどの道具を用い，手で木をくりぬき，形を削り出す技法であり，寄木は，神奈川県の伝統工芸品に指定される寄木細工で知られる，色や木目の異なる木片を組み合わせて模様を表した細工のこと。出題にはないが，金属の釘を使わずに板状の木を組み合わせてつくる指物などもおさえておきたい。問8　色彩分野の出題では，日本で開発された体系のPCCSと国際的な表示方法のマンセル表色系，オスワルト表色系などが頻出である。

PCCSのトーンマップには，ペール，ライト，ブライト，ライトグレイッシュ，ソフト，ストロング，ビビッド，グレイッシュ，ダル，ディープ，ダークグレイッシュ，ダークの12種類がある。ファッション，インテリアなど様々な色の配色や組み合わせなどに活用されるほか，色彩検定などの問題でも頻出傾向にある。

【2】(1) 1 8　2 5　3 3　4 6　(2) 3

解説 問題文アは「日本で唯一の建物」とあることから，外国人の建築家をイメージできるだろう。1の正肢であるル・コルビュジェは，フランク・ロイド・ライトと同様，「近代建築の三大巨匠」の1人と呼ばれることもあり，日本の国立西洋美術館のほかに，サンスカル・ケンドラ美術館(インド)なども手がけた。そのル・コルビュジェに師事したのが前川國男であり，(2)の東京文化会館やケルン市立東洋美術館などを手がけた。なお，前川國男に師事したのが丹下健三，丹下健三に師事したのが磯崎新や黒川紀章である。

【3】1 1　2 4　3 8　4 5　5 9

解説 ア　紙加工のサイズの工業規格は，日本では主にA列とB列が用いられている。ドイツで規格されたA列は，面積が$1m^2$で短辺と長辺の比を$1：\sqrt{2}$とした紙をA列0判として，長辺を半減するごとにA1，A2，A3，…と定められた。現在では，国際標準化機構(ISO)の国際規格となっている。一方，B列は日本独自の規格で，B0の面積は$1.5m^2$で，A0の1.5倍という関係になっている。　イ　太田幸夫は，愛知県刈谷市出身のサインデザイナーである。ピクトグラムを中心に企業のCI(コーポレートアイデンティティ)，公共案内サインなどを手がける。　ウ「ノンバーバル」は，言葉以外のコミュニケーション要素のことで，表情，身振り手振り，声のトーン，服装，インテリアなどがある。相手の心情や本音を読み取ったり，自分の熱意を伝えたりする上で非常に有効である。　エ　被写界深度とは，ピントの合う範囲のことである。レンズの絞り値が小さくなる(絞りをあける)ほど，被写界深度は浅くなり，絞り値が大きくなる(絞りを絞り込む)ほど，被写界深度は深くなる。また，レンズの焦点距離が長くなるほど，被写界深度は浅くなり，

短くなるほど被写界深度は深くなる。　オ　18世紀末にリトグラフ(石版印刷)が発明されると，そのときにインキを練るための台として使っていた石灰石を利用して，水と油の反発を利用した平版印刷が生み出された。水が直接紙につかないようにするために，版につけたインキを，いったんゴムの胴に転写してから紙に印刷することから，オフセット印刷と呼ばれている。

【4】(1)　・語句の意味…絵文字(標識)のことをいい，伝えたい情報を図形だけで表現したもの。　　・効果…図形を見ただけで直感的に内容を伝えることができる。　　(2)　①　A　ア　　B　ウ　　C　エ　②　「ヒロシマ・アピールズ」をキャッチフレーズに，核兵器廃絶を願い，原爆を投下された広島の心を，言葉の壁を超えて語り続けることを目的にポスターを制作することで，国内外問わず広く伝える。(3)　①　アルフォンス・(マリア)・ミュシャ　　②　リトグラフ(石版画)　　③　作品Dは，紙巻きたばこ用の紙を製造販売する会社の宣伝ポスターとして描かれた作品。花や草木，円や曲線，女性といったモティーフにより美しい画面構成が作者の特徴で，この作品においても巻き髪や文案の書体等曲線で表現されており，抑えた色調が魅力的。

解説 (1)　ピクトグラムは視覚記号の一種で，「絵文字」や「絵ことば」のことである。表現対象とする事物や情報から視覚イメージを抽出して抽象化し，文字以外のシンプルな図記号によって表現したものである。言語の制約がない視覚言語として注目されている。日本では，昭和39(1964)年の東京オリンピックを契機に導入され，公共機関を中心として，身の回りに広く普及している。　　(2)　昭和58(1983)年，広島国際文化財団と日本グラフィックデザイナー協会は，核兵器廃絶や平和の尊さを，グラフィックデザインを通して世界に呼びかける共同プロジェクトとして，「ヒロシマ・アピールズ」をスタートさせた。作品Aは田中一光による「一羽の白い鳩」(第6回　1988年)，作品Bは亀倉雄策による「燃え落ちる蝶」(第1回　1983年)，作品Cは松永真による「NO MORE HIROSHIMA」(第10回　2007年)である。　　(3)　アルフォンス・ミュシャはチェコの画家で，アール・ヌーボーの代表的存在である。作品Dは，「ジョブ」(1896年)である。リトグラフは平版の一

種で，石版画とも呼ばれる。水と油が混ざらない性質を利用して，平らな石の上に描画し印刷する技法である。

【5】1　4　　2　6　　3　3　　4　1　　5　5

解説　1　解答参照。　2，3　西洋では黄金比，日本では白銀比が最も安定する比率といわれている。なお，一般的に使用される紙の縦横の長さの関係は，どの規格(A4，B5など)も白銀比に基づいている。
4　モンタージュは，映画関連では基礎技術にあたるため，編集そのものを指すことがある。　5　問題にある通り，トリミングは「切り取って整える」ことで，写真だけでなく，美容や食肉などの業界でも使われる。特に写真では，切り取り方で印象や意図が大きく変わることがあるので，トリミングを行う際は注意が必要である。

【6】問1　③　　問2　1　②　　2　④　　問3　④　　問4　④
問5　人物…④　　作品…④　　問6　⑥

解説　問1　図版の書体は「明朝体」である。もとは中国の明の時代に様式化された書体のことで，日本では明治時代に普及した。特徴としては，①横画が細く，縦画が太いこと，②横画や曲がり角に三角形の山形(ウロコ)をつけること，③はねたり，はらったり，筆で書いた感じを様式化したことなどがあげられる。読みやすく，長い本文などに向いているとされている。一方，サンセリフ体は，明朝体に見られるような文字の端のはねや飾りがない書体で，すべての点画がほぼ同じ太さでデザインされており，力強く，見出しなどの表現に向いている。サンセリフ体をもとにして「ゴシック体」が作られた。　問2　色料の三原色であるシアン(緑みの青)，マゼンタ(赤紫)，イエロー(黄)を混ぜると明度が低くなり黒に近づく。このような混色を減法混色という。また並置混色とは，二色以上の色を小さな点として上下左右にわたり交互にびっしり並べたものを遠くから見ると，それらの中間の色(平均的な色)として見える混色のこと。たとえば，赤と黄を細かく並べると，遠くからはオレンジに見える。　問3　図版の建築物は，2011年2月の地震で被災したニュージーランドのクライストチャーチ大聖堂の代わりとなる仮設の大聖堂である。建築家・坂茂氏は，紙管を用いた「紙

の建築」で知られ，国内外の災害地に仮設住宅などを建設し，多くの被災者を支援している。　問4　スポークチェアは，家具デザイナーの豊口克平がイギリスのウィンザーチェアをもとにデザインしたもので，1963年に初めて発売された。　問5　福田繁雄は，トリックアートで知られるグラフィックデザイナーである。図版の作品は「VICTORY 1945」，作品の④は，第3回ヒロシマ・アピールズ展のポスターである「地球」(1985年)。　問6　ア「青海波」は，同心円の一部が扇状に重なり，波のように反復させた文様。　イ「いちご泥棒」は，近代デザインの父と呼ばれるウィリアム・モリスによる。　ウ「唐草」は，シルクロード経由で日本に伝来したとされ，蔓が四方に延びていく様子から，長寿や繁栄の意味合いのある縁起柄といわれる。エ「矢絣」は，弓矢の矢羽根をモチーフにした図案。　オ「七宝」は，別名：輪違(わちがい)ともいわれるもので，同じ円の円周4分の1ずつを重ねて繋ぐ文様。　カ「網干」は，魚網を三角錐状(さんかくすいじょう)に干す様子を文様化したもの。

【7】1　3　　2　2　　3　1　　4　6　　5　5

解説　ピクトグラムとは，ピクトグラフとも言われ，絵文字や絵言葉などと訳される。言語の違いにかかわらず，内容を直観的に伝えることができるため，国際的な場や公共空間で使用されることが多い。タイポグラフィという言葉は，本来は植字や文字組みなどの活版技術のことを意味していた。レタリングにおいては，視覚的効果を考えて文字がデザインされる。レイアウトとは，例えばポスターなどを作成する際に，イラストや文字などを所定の範囲内に効果的に配置することとである。フォントとは，活字ないしコンピュータで用いる，デザインに統一がある一揃いの文字のことである。

【8】問1　1　②　　2　⑧　　問2　②　　問3　④　　問4　⑦問5　③　　問6　ア　④　　イ　⑥　　問7　④

解説　問1　光には粒子と波の性質があり，光を波としてみた場合，波の山から山または谷から谷までの距離を波長と呼ぶ。この光は波長により分類され，波長が380nm〜780nmの光は，人間の目が認識するこ

とができる可視光線と呼ばれる。波長が380nmより短い光は紫外線，波長が780nmより長い光は赤外線と呼ばれ，人間の目では認識することはできない。また分光とは様々な波長が含まれている光を波長成分に分けることで，プリズムがその例として挙げられることが多い。プリズムは，プリズム内の波長による屈折率の差を利用して光を分光しており，波長が短くなるに従い屈折率が大きくなり，光が曲がる角度(屈折角)が大きくなる。　問2　剣持勇は，ジャパニーズモダンと呼ばれるデザインの基盤をつくったデザイナーの一人で，図版の作品は，剣持が1960年にホテルニュージャパンのラウンジの為にデザインしたラウンジチェアである。1964年には日本の家具として初めてニューヨーク近代美術館(MoMA)のパーマネントコレクションに加えられた。

問3　ヘルプマークとは，東京都福祉保健局によって作成されたマークで，義足や人工関節を使用している方，内部障害や難病の方，または妊娠初期の方など，外見から分からなくても援助や配慮を必要としている方々が，周囲の方に配慮を必要としていることを知らせることで，援助を得やすくなるよう，作成された。　問4　ア　片切り彫りとは切り出しで仕切り(切り込み)を入れ(約60°)，逆方向から平刀や丸刀や三角刀などで斜めに彫る(約30°)という技法のこと。　イ　菱彫りとは菱合い彫りとも呼ばれ，切り出しで模様の線の内側を仕切り，中央からその線に向かって斜めに彫り中央に三角の山をつくり出すという技法。　ウ　石目彫りとは大きめの丸刀の刃の丸みで模様をつける技法。彫った形がお城の石垣のように見えることからこの名がついたという。　エ　薬研彫りとは，切り出しで中央に仕切りを入れ，平刀や丸刀で仕切りに向かって両側から斜めに彫る技法である。　オ　かまぼこ彫りとは仕切り線に対して片面を削るようになだらかに掘り下げ，または浮き彫りでできた形の中央の山を丸く削るという技法である。　カ　浮き彫りとは三角刀で線彫りし，その上から仕切りを入れ，片切り彫りで彫り出すという技法のことである。　問5　図版の作品は，イサム・ノグチによる「ブラック・スライド・マントラ」で，札幌市の大通公園に設置されている。　問6　図版アはエミール・ガレによる「ひとよ茸ランプ」(1900〜1904年)，イはアルフォンス・ミュシャによる「ジスモンダ」(1894年)である。　問7　ア「二風谷アット

ゥシ」(北海道沙流郡平取町)である。アットゥシは，オヒョウなどの樹皮の繊維で織られる織物で，アイヌの伝統的な衣服として着用されてきた。　イ　「琉球びんがた」(沖縄県首里市周辺)という染め物である。その起源は14世紀から15世紀の琉球王朝時代にまで遡り，王族や士族などの女性が礼装として着用していたとされる。　ウ　「江戸切子」(東京都)である。江戸時代末期である1834年頃生まれたとされる江戸切子は，明治期にはイギリスから指導者を招いて現代に伝わる技法を確立させ，大正期にはガラス素材の研究や研磨の技法を確立させるなどして，品質の向上を図ってきた。　エ　「備前焼」(岡山県)である。日本六古窯のひとつに数えられる焼き物で，最大の特色は焼成法にあり，成形した素地に釉薬を掛けずに窯詰めし，長期間(7〜12日間)窯焚きし続ける。　オ　「曲げわっぱ」(秋田県大館市)である。江戸時代，当時の大館城主佐竹西家が，領内の豊富な森林資源を利用して窮乏を打開するため，下級武士たちに副業として製作を奨励したことが起源とされている。

色彩

要点整理

出題傾向

　色彩は学習指導要領ではデザインの領域に含めて学習するようになっているが，ここではいちおうデザインとわけて示すことにした。それは出題される率が高いとともに問題例も多いためである。またデザインと切り離して，まとめて学習するほうが整理も容易であり，混乱をおこす心配もない。しかし，色彩は理論体系によってそのシステムも違えば色名も違っている。どの体系によるかは学習指導要領でも全く触れてはいない。中学・高校で学習する内容は，どのシステムでも大きな差異のない程度の内容であり，基礎的な理論の範囲である。出題傾向としては色の三要素，色立体，色の混合，色の対比などが比較的多く出題されている。

【1】次の各文は，色彩について説明したものである。[　1　]～[　5　]
にあてはまる言葉として，最も適当なものを一つ選び，それぞれ番号
で答えよ。

ア　色光の表示は，3原色のRGBで表記される。一般的にはR(レ
　　ッド)G(グリーン)B(ブルー)をそれぞれ256段階の割合とし，そ
　　の割合を使って色を表示する。RGBがすべて0だと[　1　]にな
　　る。混色していくと[　2　]と呼ばれている。
イ　色材，特に印刷インクの表示は，4原色のCMYKで表記され
　　る。C(シアン)M(マゼンタ)Y(イエロー)K(ブラック)をそれぞ
　　れ％で表示する。これは印刷インクを混ぜる割合であり，そ
　　のまま印刷の指示として利用することができる。混色してい
　　くと[　3　]と呼ばれている。
ウ　色を記号や数値で表現するには各種の方法があるが，その
　　うち体系的に整理されたものを表色系という。工業やデザイ
　　ンの世界でよく使われるのがマンセル表色系で，日本でも
　　[　4　]による表示方法としてJISに規格化されており，[　5　]，
　　明度，彩度で色を表す。

1　白　　　2　黒　　　3　透明
4　階調　　5　色相　　6　三属性
7　系統色名
8　明るさが減っていくため減法混色
9　明るさが増していくため加法混色

┃ 2024年度 ┃ 愛知県 ┃ 難易度 ■■■□□

【2】〔問1〕　次の記述は，色彩体系に関するものである。記述中の空欄
[　ア　]～[　ウ　]に当てはまるものの組合せとして適切なものは，以
下の1～4のうちのどれか。

> 顕色系の代表的な色彩体系である[　ア　]は，日本において
> もJISに採用されており，これを基に開発された日本独自の色
> の体系にPCCSがある。また，混色系の代表的な色彩体系には
> [　イ　]がある。これは，理想的な白，黒，純色を設定し，物
> 体色の色票を配列したものである。他にも国際照明委員会が
> 定めたCIE表色系があり，これは[　ウ　]の原理に基づき，全
> ての色はRGBの混色により成り立っているという考え方から，
> 任意の色をRGBの混合量により表示することができるとする
> 物理的測定方法である。

1　ア　オストワルトシステム　　イ　マンセルシステム
　　ウ　加法混色
2　ア　オストワルトシステム　　イ　マンセルシステム
　　ウ　減法混色
3　ア　マンセルシステム　　　　イ　オストワルトシステム
　　ウ　加法混色
4　ア　マンセルシステム　　　　イ　オストワルトシステム
　　ウ　減法混色

〔問2〕　次の作品の作者として適切なものは，以下のA群の1〜4のうち
　　のどれか。また，その作者に関する記述として適切なものは，あと
　　のB群の1〜4のうちのどれか。

【A群】
1　アンドレ・ドラン　　　　　　2　アンリ・マティス
3　モーリス・ド・ヴラマンク　　4　ラウル・デュフィ

【B群】
1　フォーヴィスム運動のリーダー的役割を果たしたが，フォーヴ
　　的な画風からすぐに脱し，均衡のとれた，純粋で晴朗な芸術を目

指した。シンプルな色面と形態の調和を追求し，最晩年の1940年
頃以降，切り絵の制作に傾倒して新たな境地を開いた。

2　ゴッホに深く傾倒し，フォーヴィスム形成に大きな役割を担っ
た。1910年頃セザンヌの造形に影響を受け，キュビスムに向かう
が，その後，暗い色彩，激しい筆触で，フランス的表現主義とも
いうべき風景画を制作した。

3　セザンヌ芸術の重要性を早くから認識した作家で，1903年から
1914年頃の作品にはその感化が各所にうかがえる。1905年から
1906年には典型的なフォーヴィスムの作家であったが，第一次世
界大戦後は主題，様式ともにより伝統的なものに回帰していった。

4　1905年頃フォーヴィスムに転じ，以後，明るい色彩と軽快なリ
ズムによる独自の画風を確立した。挿絵をはじめ，水彩画，版画
も多数制作し，1937年パリの万国博覧会の際，電気館のために大
壁画を描いた。

〔問3〕　中学校学習指導要領美術の「各学年の目標及び内容」の〔第1
学年〕の「内容」の「A表現」において，身に付けることができる
よう指導するとされている事項に関する記述として適切なものは，
次の1～4のうちのどれか。

1　目的や機能との調和のとれた洗練された美しさなどを感じ取り，
作者の心情や表現の意図と創造的な工夫などについて考えるなど
して，美意識を高め，見方や感じ方を深めること。

2　身近な地域や日本及び諸外国の文化遺産などのよさや美しさな
どを感じ取り，美術文化について考えるなどして，見方や感じ方
を広げること。

3　構成や装飾の目的や条件などを基に，対象の特徴や用いる場面
などから主題を生み出し，美的感覚を働かせて調和のとれた美し
さなどを考え，表現の構想を練ること。

4　使う目的や条件などを基に，使用する者の立場，社会との関わ
り，機知やユーモアなどから主題を生み出し，使いやすさや機能
と美しさなどとの調和を総合的に考え，表現の構想を練ること。

〔問4〕　高等学校学習指導要領芸術の「美術Ⅱ」の「内容」の「A表現」
において，身に付けることができるよう指導するとされている事項

に関する記述として適切なものは，次の1～4のうちのどれか。

1　自然や自己，生活などを見つめ感じ取ったことや考えたこと，夢や想像などから主題を生成すること。

2　自然や自己，社会などを深く見つめ感じ取ったことや考えたことなどから主題を生成すること。

3　造形的なよさや美しさを感じ取り，発想や構想の独自性と表現の工夫などについて多様な視点から考え，見方や感じ方を深めること。

4　映像メディアの特性を生かして独創的な主題を生成し，主題に応じた表現の可能性や効果について考え，個性を生かして創造的な表現の構想を練ること。

┃2023年度┃東京都┃難易度━━━━

【3】次の各文は，色彩について説明したものである。[　1　]～[　5　]にあてはまる言葉として，最も適当なものを一つ選び，それぞれ番号で答えよ。

> ア　[　1　]混色での三原色は赤，[　2　]，青で構成される。三原色の色光を重ねていくと，より明るくなり，白色光に近づく。
>
> イ　[　3　]混色での三原色は，シアン，マゼンタ，イエローで構成される。この三原色を混色していくと，鮮やかさを失い，暗く濁っていく。
>
> ウ　[　4　]調和とは，明度，彩度に変化をつけた[　5　]の色相の配色。単純であるが，全体の色調を印象付けやすい。

1　緑　　　2　黄　　　3　紫　　　4　一つ　　5　たくさん
6　対比　　7　同一　　8　補色　　9　加法　　0　減法

┃2019年度┃愛知県┃難易度━━━━

【4】次の各文は，色彩について説明したものである。[　1　]～[　5　]にあてはまる言葉として，最も適当なものを一つ選び，それぞれ番号で答えよ。

ア　同じ色相の色でも薄い色，鮮やかな色，にぶい色，暗い色などがある。このような色の調子を[　1　]という。[　1　]の同じ色は明度や彩度が近く，色の感じも似ているところがある。

イ　同じ色でも，周囲の色によって違った感じに見えることがある。これを色の[　2　]という。

ウ　寒暖の感じは，色相と関係が深い。寒い・暖かいといった感じでそれぞれ寒色，暖色といい，どちらともいえない緑や紫などは[　3　]色という。

エ　同じ大きさの色面でも，一般に[　4　]系で明度や彩度の高い色は膨張して大きく感じたり，前に進出したりして見える。また，[　5　]系の色は収縮したり，後退したりして見える。

1　中性　　2　トーン　　3　補色　　4　暖色　　5　主調
6　対比　　7　同一　　8　寒色　　9　類似　　10　中間

┃2018年度┃愛知県┃難易度■■■■■□□

【5】感じ取ったことや考えたことを基にして表現する活動に関して，次の各問いに答えなさい。

問1　次の記述は，色の心理的現象について述べたものである。[　　]に当てはまるものとして最も適切なものを，以下の①～⑤のうちから選びなさい。

　　ヘルムホルツによれば[　　]は原色感覚物質の枯渇のために起こる現象である。例えば赤を見つめていると赤の感覚物質が枯渇し，相対的に緑と青の感覚が強くなる。そこで白色を見ると，補色の青緑に見える。

　　ヘリングは反応の可逆性で説明する。光によって視物質に分解合成反応が起こるが，これは可逆反応であるから，直ちに反対過程が起こる。分解した物質は合成し，合成した物質は分解しようとする。例えば赤を分解反応とすれば，その合成反応は赤の反対色のヘリング緑(青緑)となる。赤色光があるうちは分解が続き，赤色光がきれると合成過程が残って，それが青緑の陰性[　　]となる。そしてもとのバランス状態になると，[　　]は消える。

　　①　同化　　②　透明視　　③　残像　　④　色相　　⑤　対比

問2　次の記述は，新印象派の絵画の色彩表現について述べたものである。[　1　]，[　2　]に当てはまるものとして最も適切なものを，下の①〜⑥のうちからそれぞれ選びなさい。

　[　1　]らの新印象派は原色の絵の具の点々で絵を画く点描派で，その[　2　]的手法は，「光を描く」といわれた印象派にふさわしい。[　1　]の代表作である「グランド・ジャット島の日曜日の午後」が有名である。

「グランド・ジャット島の日曜日の午後」

①　モネ　　　　②　減法混色　　　③　加法混色　　　④　スーラ
⑤　セザンヌ　　　⑥　無彩色

問3　次の記述は，20世紀の彫刻の表現活動について述べたものである。[　　]に当てはまるものとして最も適切なものを，以下の作家①〜④のうちから選びなさい。

　また，下線部(ア)，(イ)の作家の作品として最も適切なものを，後の図版①〜④のうちからそれぞれ選びなさい。

　　近代彫刻の歴史において，[　　]の存在はやはりきわめて大きい。

　　20世紀の彫刻は，[　　]が達成した力強い生命表現と大胆な造形性を出発点としながら，さまざまな方向にその探究を進めて行くことになる。

　　かつて[　　]の助手でもあったアントワーヌ・ブールデルは，[　　]のたくましい表現力とモニュメンタルな構想力を最もよく受け継いだ彫刻家と言ってよい。

　さらには，根源的な形態を求めて見事な作品を生み出したルー
マニア生まれの(ア)コンスタンティン・ブランクーシ，シュルレ
アリスムや幻想的表現主義につながる彫刻家としては，(イ)アル
ベルト・ジャコメッティなどがいる。

作家

　①　ミケランジェロ　　②　ロダン　　③　ティンゲリー
　④　ベルニーニ

図版

問4　次の記述は，20世紀半ばから後半の美術の表現活動について述
　べたものである。下線部(ア)，(イ)の表現様式の作品として最も適
　切なものを，以下の図版①〜④のうちからそれぞれ選びなさい。

　1950年代が「(ア)アンフォルメル絵画」や「アクション・ペイン
ティング」に代表される抽象表現主義の時代であったとすれば，
1960年代は，それに対する反発が，アメリカにおいてもヨーロッパ
においても，明確なかたちで登場して来た時代と言ってよい。それ
は一方では，「抽象」的表現に対して改めて現実的なイマージュや
オブジェを作品のなかに——もちろんかつての現実再現的写実主義
とは違ったやり方で——取り戻そうとする「(イ)ポップ・アート」
や「新しい写実主義」の流れとなった。

図版

①

②

③

④

問5　次の記述は，日本の現代美術の表現活動について述べたもので
　　　ある。下線部(ア)の作家の作品として最も適切なものを，後の図版
　　　①～④のうちから選びなさい。

　　　　また，文中の[　　]に入る人物名として最も適切なものを，後の
　　　人物①～④のうちから選びなさい。

　　　　　前衛運動の発信点となったものとして，昭和27年に始まる日本
　　　国際美術展(東京ビエンナーレ)や，日本美術会と読売新聞社主催
　　　の二つのアンデパンダン展がある。

　　　　　読売新聞社のアンデパンダン展では，より自由な発表が行なわ
　　　れ，ここからは(ア)高松次郎や赤瀬川原平，篠原有司男らその後の
　　　現代美術の代表的な芸術家とされる人たちが輩出した。また，こ

れらの人たちの紹介者であり，かつ，指導者的な立場でもあった
人物として，[　　]がいる。詩人であった彼を中心として昭和26年
に生まれた「実験工房」は美術のみならず武満徹ら音楽家や文学
者を含めた総合芸術への実験が行われた意欲的な団体であった。

図版

① 　　②

③ 　　④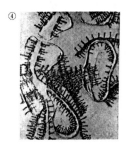

人物

① 正岡　子規　　② 瀧口　修造　　③ 俵　万智
④ 中原　中也

| 2016年度 | 神奈川県・横浜市・川崎市・相模原市 | 難易度 ■■■□□ |

解答・解説

【1】1　2　　2　9　　3　8　　4　6　　5　5
　解説　色光の考え方とインクなどの考え方はよく比較されるので，混同
に注意しながら学習するとよい。色光の場合，0だと光がないことか

ら黒，混色するとそれだけ光量(明るさ)が増すことから白に近づく。インクなどは白色光に照らされることが条件となるので，割合が0ならば白，混色するとそれだけ明るさが減少するため黒に近づくと考えるとよい。空欄5の色相とは赤・黄・緑・青など，色を特徴づける色みのことを指す。

【2】問1　3　　問2　A群　2　　B群　1　　問3　3　　問4　2

解説　問1　マンセルシステムは米国の美術教育者・画家であったアルバート・マンセルによって考案された。色の三属性によって物体色を表示する典型的な表色体系である。美術室に置かれた，円い表の中に色が配された「色相環」でおなじみである。「マンセル表式系」は世界で最も普及している色のシステムであるといってよい。なお，オストワルトシステムはドイツの科学者でノーベル化学賞を受賞したオストワルトが，晩年になってから色彩に興味を持ち，1923年に創案したことで知られる。色彩の調和を目的に作られた混色系の表色系である。原色に対しあらかじめ混ぜる色を決め，その混ぜた色の割合を変えていくことによって色を表現していく。ウの加法混色とは光の三原色である赤(R)・緑(G)・青(B)を，混合して他の色光を作るカラーシステム。ディスプレイなどで色を表現する仕組みに用いられる。3つの色を混ぜ合わせると白色になることは頻出なので，覚えておきたい。

問2　図版の作品は，アンリ・マティス(1869～1954年)が描いた代表作「ダンスⅡ」(1910年)である。図版は白黒で見えないが，人物は赤色でしっかりと描かれ，背景には対照的な青と緑が配されている。プリミティブ・アートに影響を受け，芸術の初期衝動を反映した作品で，古典的なフォービズムのスタイルがとられている。この1年前に制作された「ダンスⅠ」ともにマティスの代表作といえる。なお，B群2はモーリス・ド・ヴラマンクについて，3はアンドレ・ドラン，4はラウル・デュフィについての記述である。　　問3　肢1の記述は中学校第2学年及び第3学年「内容」の「B鑑賞」(1)アの(イ)，2は中学校第1学年「内容」の「B鑑賞」(1)イの(イ)である。4は中学校第2学年及び第3学年「内容」の「A表現」，(1)イの(ウ)である。　　問4　肢1は高等学校美術Ⅰ「内容」の「A表現」(1)絵画・彫刻アの(ア)，3は高等学校美術Ⅱ

色彩 ●

「内容」の「B鑑賞」(1)鑑賞アの(ア)，4は高等学校美術Ⅲ「内容」の「A表現」(3)映像メディア表現アの(ア)である。

【3】1 9　2 1　3 0　4 7　5 4

解説 他の色を混ぜてもつくることのできない色を三原色といい，絵の具などの色料の三原色はシアン(緑みの青)，マゼンタ(赤紫)，イエロー(黄)で，これらを混ぜると明度が低くなり黒に近づく。これを「減法混色」という。また，色光の三原色，すなわち黄みの赤(Red)，緑(Green)，青紫(Blue)を全て混ぜると白になる。つまり，光では色を重ねるごとに明度が高くなり白色に近づくが，これを「加法混色」という。なお，色は大きく分けて，無彩色と有彩色に分けられる。無彩色とは，白，黒，灰色など色みをもたない色のことで，明るさ(明度)によって区別される。また有彩色とは，赤，青，黄…などのように色みのある色のことをいう。さらに色には，色相(赤みの色，青みの色などの有彩色の色みのこと)，明度(明るさの度合いのことで，すべての色の中で白がもっとも高く，黒がもっとも低い)，彩度(色の鮮やかさの度合いのこと)の三つの性質がある。ただし無彩色は明度のみで色相と彩度はない。なお，有彩色を色みの似ている順番に並べると一つの輪になるが，この輪のことを「色相環」という。同一調和とは，いわゆる同一色相における配色のことであるが，この場合，トーン(色調。明度と彩度を合わせた色の概念ともいわれる)も同一だと全く同じ色になってしまう。したがって，同一色相配色の場合はトーンに変化を付けるのが一般的である。例えば，鮮やかな色調のビビッドトーン＋薄い色調のペールトーンなどである。

【4】1 2　2 6　3 1　4 4　5 8

解説 色は大きく分けて無彩色と有彩色に分けられる。無彩色とは，白，黒，灰色など色みをもたない色のことで，明るさ(明度)によって区別される。また有彩色とは，赤，青，黄，…などのように色みのある色のことをいう。さらに色には色相(色合いの種類のこと)，明度(明るさの度合いのこと。すべての色の中で白が最も高く，黒が最も低い)，彩度(色の鮮やかさの度合いのこと)の3つの性質がある。ただし無彩色は

125

明度のみで色相と彩度はない。なお，有彩色を色みの似ている順番に並べると1つの輪になるが，この輪のことを色相環という。アの正答である「トーン」には，主として薄い色調のペールトーン，鮮やかな色調のビビッドトーン，にぶい色調のダルトーン，暗い色調のダークトーンがある。またイの正答である「対比」には，明度対比(同じ明度の色も暗い背景の中では明るく，明るい背景では暗く感じて見えること)，色相対比(同じ色相の色も，背景の色相の違いで色相の感じが違って見えること)，彩度対比(同じ彩度の色も，低彩度の背景の中では鮮やかさを増し，高い彩度の中ではにぶく見えること)などがある。なお，3の「補色」とは，色相環で向かい合う位置にある2つの色の関係のこと(例えば「黄」と「青紫」など)で，補色の色同士を混ぜると無彩色に近い色になるとされる。なお，ほかの色を混ぜてもつくることのできない色を3原色といい，絵の具などの色料の3原色はシアン(緑みの青)，マゼンタ(赤紫)，イエロー(黄)で，混ぜると明度が低くなり黒に近づく(減法混色)。また色光の3原色はレッド(赤)，グリーン(緑)，ブルー(青)で，光の色はこの3色を掛け合わせることでつくられる。色光では色を重ねるごとに明度が高くなり白色に近づく(加法混色)。

【5】 問1 ③　 問2 1 ④　 2 ③　 問3 作家…②　 (ア) ①
(イ) ④　 問4 (ア) ③　 (イ) ②　 問5 図版…②
人物名…②

解説 問1　残像には，強い光を見た直後に背景の中に同じ明暗関係の知覚像が見える「正の残像(陽性残像)」と，直前に見た色の補色に近い色や，明暗が反転して見える「負の残像(陰性残像)」がある。なお補色とは，色相環で向かい合う位置にある2つの色の関係のこと。赤と青緑，黄色と青紫など。色相とは「色の三属性(色相・明度・彩度)」の一つで，赤み・黄み・青みといった色あい(色み)のこと。明度は色の明暗の度あい，彩度は色みにおける色の鮮やかさを意味する。色相がなく，よって彩度も表現できない白や黒，灰色などは無彩色といい，色相をもつ色を有彩色という。①の同化，⑤の対比はいずれも色彩錯視の一種である。　 問2　加法混色とは「色光の三原色」すなわち「黄みの赤(Red)，緑(Green)，青紫(Blue)」による光の混色のことで全

て混ぜると白になる。減法混色とは「色料の三原色」すなわち「緑みの青(シアン)，赤紫(マゼンタ)，黄(イエロー)」による絵の具などの色材による混色のことで全て混ぜると暗い灰色になる。　問3　解説参照。　問4　③はジャン・フォートリエの「人質」，②はリチャード・ハミルトンの「一体何が今日の家庭をこれほど変え，魅力的にしているのか」である。なお，アンフォルメルとは1940年代末から50年代にかけての前衛美術運動で，「厚塗りの画家」フォートリエがその先駆者の一人とされる。ポップアートとは，実質的にイギリスとアメリカの消費社会，大衆文化等を背景とした両国の美術といえ，1950年代末から60年代にかけて最盛期を誇った。総じてクールでドライ，即物的，没個性的ともいわれる。　問5　解説参照。

工芸

要点整理

● 出題傾向

　材料，用具，技法に関する出題としては，版画とともに最も多いのが工芸である。材料の木，土，金属によって使用する用具が異なることは言うまでもないが，技法が多岐にわたるので，学習する場合にどのように整理をして臨んだらよいか迷うところである。ただ単に問題を消化して実力をつけようと考えるよりも，材料別にまとめ，次に使用する用具について，それがどのような目的で使われるものかを理解しながら，同時に基礎的な技法について学習するのがよいであろう。実習した経験のあるものならば，それ程難しいとも思われない問題でも，文字を通してのみの理解では，なかなか解りにくい点も多い。最近の出題傾向としては，実際の授業に際して，黒板にどのような図を板書するかといった実技に近い問題もある。そのような新しい傾向の問題についても十分に学習してもらいたい。

実施問題

【1】図画工作及び美術の表現に関する次の各問に答えよ。

〔問1〕　次の図は，ある版の形式を模式的に表したものである。この版の形式として適切なものは，以下の1〜4のうちのどれか。

図

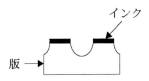

1　凸版　　2　凹版　　3　平版　　4　孔版

〔問2〕　画材に関する記述として適切なものは，次の1〜4のうちのどれか。

1　色鉛筆の芯は，顔料や染料などにワックス，タルク，糊を加え焼成させてつくる。消しゴムでは消えにくく，揮発油に全く溶けない。

2　墨は，油煙や松煙の煤と膠によって作られる。形状の種類には固形墨，練り墨，液状の墨がある。

3　カラーインクは，透明感のある鮮明な発色が特色である。混色や重ね塗りも自由にできる。更に，染料を使用しているため耐光性に優れ，長期保存に向いている。

4　パステルは，顔料を成形剤で棒状に固めたものである。色数が豊富で色彩が美しい。粘土を加え硬くしたハードパステルと，固着力が強いソフトパステルがある。

〔問3〕　次の記述は，ある表色系に関するものである。この表色系として適切なものは，以下の1〜4のうちのどれか。

色相と明度，彩度を骨格にしているが，色相は24色相構成で，明度はマンセル明度を採用し，彩度は9sを限度とする飽和度の方式となっている。特徴は，明度・彩度を複合してトーンと呼び，色相とトーンの2要素によるヒュー・トーン・システムとなっていることである。

1 CIE表色系　　2 オストワルト表色系　　3 *XYZ*表色系
4 日本色研配色体系(PCCS)

〔問4〕 素焼き前に行う乾燥に関する記述として適切なものは，次の1
〜4のうちのどれか。

1 直射日光があたる場所に置き，ゆっくりと時間をかけて水分を
抜く。

2 直射日光を避け，できるだけ短時間で水分を抜く。

3 直射日光があたる場所に置き，できるだけ短時間で水分を抜く。

4 直射日光を避け，ゆっくりと時間をかけて水分を抜く。

〔問5〕 シンメトリーに関する記述として適切なものは，次の1〜4のう
ちのどれか。

1 時間的経過の現象で，形態・色彩などの移り変わりの配列であ
る。韻律，調子，律動の意がある。

2 線又は点を中心に，両側において位置が等しく対応している配
列である。対称の意がある。

3 感覚的な造形要素の対立や対比のある配列である。

4 部分と部分の重量関係が，一つの支点でつり合いを保った配列
である。均衡，平衡，つり合いの意がある。

〔問6〕 オプティカル・アートに分類される作品として最も適切なもの
は，次の1〜4のうちではどれか。

1
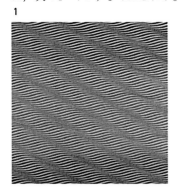

2

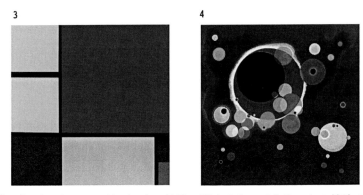

〔問7〕 次の記述は，絵画のある技法に関するものである。この技法の名称として適切なものは，以下の1～4のうちのどれか。

> 筆やブラシにつけた絵の具を金網にこすってとばす方法である。

1 マーブリング　　2 デカルコマニー　　3 ドリッピング
4 スパッタリング

▎2024年度▎東京都▎難易度 ■■■□□

【2】次の各文は，日本の現代美術作家について説明したものである。[1]～[5]にあてはまる言葉として，最も適当なものを一つ選び，それぞれ番号で答えよ。

> ア [1]は，幕末浮世絵を現代のポスターに再生させ，また曾我 蕭 白に共感し，1960年代以後現在まで，前衛と大衆との接点に表現の場を絞って世界的に活動している。
>
> イ [2]は，日本美術の平面性を前衛に直結させる[3]をキャッチ・ワードにして，マンガやアニメに通じる様々なキャラクターを世界に向けて発表している。
>
> 　[3]という概念からは，おたく的な現代のマンガのセル画を日本の伝統絵画の平面性と関連づけながら西洋文脈のフォーマリズムに接続することと，多様化によりヒエラルキーやジャンルが無効化した日本のポストモダン的状況を，平面

的と比喩して肯定するという二つの意図が読み取れる。

ウ　[　4　]はキツイ目をした幼女像を主に描き，重ねられた色彩や筆遣いの質感は光を放っている。

アンディ・ウォーホルやロイ・リキテンスタインがしたように，西洋の伝統に従った手作業の跡を極力取り除こうとする同時代の画家たちとは対照的である。

　[　4　]の活躍や日本の[　5　]の輸出を契機として，海外でも日本語の「かわいい」をそのまま「kawaii」と表記されることが増えてきた。翻訳不可能なひとつの美的範 疇 として次第に認知されるようになったからである。

1	オノ・ヨーコ	2	奈良美智
3	ジャポニスム	4	アプロプリエーション
5	山口晃	6	森村泰昌
7	サブカルチャー	8	スーパーフラット
9	村上隆	0	横尾忠則

▌2024年度▐　愛知県　▌難易度▐ ▰▰▰▱▱

【3】次の文章を読んで，問1〜問3に答えなさい。

　豊富な樹種に恵まれた日本の木工芸は，弥生時代の鉄製工具の普及，古墳時代以後の大陸からの技術者の渡来等によって急速に発展し，正倉院の木工品は現代の木工芸にも大きな影響を与えている。

　その後，日本特有の素材を生かした和風化が進み，近代には木工芸の各技術分野に名匠が現れ，日本の工芸の重要な一部門として認められるようになった。

　木工芸には，①指物(さしもの)，刳物(くりもの)，挽物(ひきもの)，曲物(まげもの)等の技法があり，いずれも長期にわたる入念な工程を経て，②素材の特色を生かした制作が行われる。

問1　下線部①を説明した文として，適切ではないものを選びなさい。

ア　指物(さしもの)とは，釘などを使わずに，木と木を組み合わせ

る技法である。

イ 刳物(くりもの)とは，ノミなどで木をくり抜き，くぼみを作る
技法である。

ウ 挽物(ひきもの)とは，多種の木を寄せて貼り合わせ，模様にす
る技法である。

エ 曲物(まげもの)とは，薄くした木材を円形に曲げる技法である。

問2 下線部②に関わって，次の表の空欄1～3に当てはまる語句の組
合せとして，適切なものを選びなさい。

【木工品の主な材料となる木材の特徴】

堅さ	木	特徴
堅い ↑	1	非常に堅く、和箪笥や和机、ちゃぶ台、和太鼓の胴の部分などに使われる。
↕	2	堅すぎず柔らかすぎず、版画の版木、木彫など幅広い用途で使われる。
↓ 柔らかい	3	柔らかく加工しやすい。秋田県の伝統工芸品「曲げわっぱ」などに使われる。

ア 1－スギ　　　2－ケヤキ　　　3－ホオ

イ 1－スギ　　　2－ホオ　　　　3－ケヤキ

ウ 1－ケヤキ　　2－ホオ　　　　3－スギ

エ 1－ケヤキ　　2－スギ　　　　3－ホオ

問3 下線部②に関わって，次の文章の空欄1，2に当てはまる語句の
組合せとして，適切なものを選びなさい。

> 木彫には，薬研彫りやかまぼこ彫りなどの代表的な彫り方
> があり，組み合わせることにより，様々な模様になる。
> 　木には木目があり，彫刻刀等で彫り進めるときに，彫りや
> すい方向([1])と彫りにくい方向([2])がある。
> [2]で彫ると，思った以上に深く刃が入ってしまったり，
> 彫りあとが荒くなったりする。

ア 1－まさ目　　　2－板目

イ 1－順目　　　　2－逆目

ウ 1－まさ目　　　2－逆目

エ 1－順目　　　　2－板目

【4】次の各文は，金属を扱った工芸を説明したものである。[　1　]〜
[　5　]にあてはまる言葉として，最も適当なものを一つ選び，それぞ
れ番号で答えよ。

> ア　溶かした金属を型に流し込んで冷やし，道具や美術品を作
> 　る技法を[　1　]という。奈良時代になると仏教とともに，蠟
> 　型による技術も伝来した。
> イ　金属塊や金属棒を打ち伸ばしながら成形することを[　2　]
> 　という。
> ウ　いろいろな金属に鏨（たがね）を使って切ったり刻したりして，彫刻
> 　をする技法を[　3　]という。
> エ　金属の加工には，金属のもつ，たたくと広がる[　4　]と，
> 　引っ張ると伸びる[　5　]を利用する。

1　展性(てんせい)　　　2　彫金(ちょうきん)　　　3　截金(きりがね)

4　延性(えんせい)　　　5　鍛金(たんきん)　　　　6　弾性(だんせい)

7　鋳金(ちゅうきん)　　8　塗金(ときん)

┃2023年度┃愛知県┃難易度 ▰▰▰▱▱

【5】次の文章を読んで，問1〜問6に答えなさい。

> 　焼き物は，食料の保存や調理などの生活に欠かせない道具と
> して昔から使われるとともに，時代に応じて様々な装飾の工夫
> が施されてきた。
> 　縄文・弥生時代には，柔らかな土を成形し，火にくべること
> で堅く焼き締めた土器がつくられたが，朝鮮半島から伝わった，
> 新たな製陶技術により，[　1　]がつくられるようになった。
> 　飛鳥・奈良時代には，奈良三彩などの①釉薬を使った陶器がつ
> くられ，平安・鎌倉時代には，②日本各地で陶器がつくられるよ
> うになった。
> 　安土桃山時代に入ると，③茶の湯が盛んになり，独自の美意識
> が加わることで，陶器は④日本独自の発展を遂げていった。
> 　江戸時代には，[　2　]地方で，朝鮮半島の技術を基礎に，磁

器(伊万里焼)がつくられ，ヨーロッパ各国にも輸出されるように
なった。

問1　空欄1に当てはまる語句として，最も適したものを選びなさい。

　　ア　骨角器　　イ　土師器　　ウ　弥生土器　　エ　須恵器

　　オ　石器

問2　空欄2に当てはまる語句として，最も適したものを選びなさい。

　　ア　有田　　イ　姫谷　　ウ　久谷　　エ　京都　　オ　瀬戸

問3　下線部①に関わって，釉薬の役割として，最も適したものを選
　　びなさい。

　　ア　軽量性を高めるとともに，色付けや模様付けなどの装飾を施す。

　　イ　耐水性を高めるとともに，色付けや模様付けなどの装飾を施す。

　　ウ　耐水性を高めるとともに，ひび割れを防ぐ。

　　エ　軽量性を高めるとともに，ひび割れを防ぐ。

問4　下線部②に関わって，日本遺産に認定され，現在まで生産が続
　　く代表的な6つの産地(日本六古窯)に当てはまらないものを選びなさ
　　い。

　　ア　越前　　イ　常滑　　ウ　信楽　　エ　丹波　　オ　美濃

問5　下線部③に関わって，茶の湯用の茶碗である作品Dを表した作家
　　として，正しいものを選びなさい。

作品D

　　ア　今井　宗久　　イ　長次郎　　ウ　津田　宗及

　　エ　古田　織部　　オ　山上　宗二

問6　下線部④に関わって，江戸時代に作品Eを表した作家として，正
　　しいものを選びなさい。

● 工芸

作品E

ア　俵屋　宗達　　　イ　本阿弥　光悦　　ウ　尾形　光琳
エ　野々村　仁清　　オ　尾形　乾山

【6】次の各文は，愛知県の伝統的工芸品について説明したものである。
[　1　]〜[　10　]にあてはまる言葉として，最も適当なものを1つ選
び，それぞれ番号で答えよ。

ア　[　1　]は，県の北東に位置し，丘陵地帯にあり，陶磁器の
街として発展した。古くは，奈良時代の[　2　]を施した陶器
に始まった。江戸時代後期には，磁器の生産も始まり，陶磁
器の代名詞として[　3　]といわれるようになった。

イ　「[　4　]・鳴海絞り」は，江戸時代から藩の特産品としてつ
くられ，手ぬぐいや和服の生地として使われた。絞りの技法
には[　5　]絞りや蜘蛛絞りなどがある。

ウ　豊田市[　6　]地区は，室町時代から和紙原料の[　7　]の生
育に適した自然を生かし，和紙を生産してきた。生活様式の
変化により和紙の需要は減少したが，碧南市出身の[　8　]の
手によって，工芸和紙，和紙美術品として広く人々に愛好さ
れるようになった。

エ　三州[　9　]工芸品は，製品に釉薬をかけず，焼成後の高温
状態の時に酸素を遮断して強制[　10　](燻化)を行うことで，
「いぶし銀」と呼ばれる独特の発色が現れる。

1　コウゾ　　　2　有松　　　3　還元　　　4　常滑
5　せともの　　6　灰釉　　　7　鹿の子　　8　加藤景正

138

9　小原　　　　10　酸化　　11　藤井達吉　　12　瀬戸

13　鬼瓦　　　　14　ヤシ

【7】次の文章を読んで，問1～問7に答えなさい。

> 　漆塗りは日本を代表する伝統工芸品で，多くは木地にウルシの樹から採取した樹脂を原料とする塗料(漆)を塗ってつくられる。
>
> 　日本では，古くから，漆の耐水性を生かした日用品をはじめ，[1]と呼ばれる麻布を漆で貼り重ねて成形する技法で仏像がつくられたり，器の表面に漆で絵を描き，漆が固まらないうちに，[2]を付着させて模様を表す①蒔絵と呼ばれる技法などの②多彩な技法を用いた調度品がつくられたりした。
>
> 　室町時代末期には，スペインやポルトガルなど多くの国々の商人が，蒔絵の施された品々に興味をもち，洋風の家具や食器がつくられ，ヨーロッパに輸出された。
>
> 　のちに，[3]と呼ばれるこれらの蒔絵は，今なお，ヨーロッパ各地に残っている。
>
> 　江戸時代には，[4]が貝殻，陶磁，玉など様々な素材に蒔絵を組み合わせた斬新な作風で人気を博した。

問1　空欄1に当てはまる語句として，最も適したものを選びなさい。

　　ア　塑造　　イ　一本造　　ウ　鋳造　　エ　乾漆造

　　オ　寄木造

問2　空欄2に当てはまる語句として，最も適したものを選びなさい。

　　ア　金粉　　イ　粘土　　ウ　花弁　　エ　木粉　　オ　和紙

問3　空欄3に当てはまる語句として，最も適したものを選びなさい。

　　ア　室町漆器　　イ　南蛮漆器　　ウ　日本漆器　　エ　西洋漆器

　　オ　桃山漆器

問4　空欄4に当てはまる作家名として，最も適したものを選びなさい。

　　ア　狩野　探幽　　イ　葛飾　北斎　　ウ　歌川　国芳

　　エ　伊藤　若冲　　オ　小川　破笠

問5 下線部①にかかわって，蒔絵の技法として，適さないものを選びなさい。

　　ア　研出蒔絵　　イ　平蒔絵　　ウ　削り蒔絵　　エ　高蒔絵
　　オ　肉合研出蒔絵

問6 下線部②にかかわって，漆器の多彩な技法について書かれた次の文章を読み，空欄に当てはまる語句として，最も適したものを選びなさい。

> 　器物に漆を何回も塗り重ねて漆の厚い層をつくり，この漆の層を文様に沿って掘り起こす彫漆という技法や　　　　と呼ばれる，器物に彫刻刀などで点や線を彫り，金箔や細かい金粉をすり込むという技法がある。

　　ア　切金　　イ　流し込み　　ウ　彫金　　エ　沈金
　　オ　墨流し

問7 下線部②にかかわって，江戸時代に三代将軍徳川家光の長女千代姫が，尾張徳川家二代藩主である光友に嫁いだ際に携えた婚礼調度品として，正しいものを選びなさい。

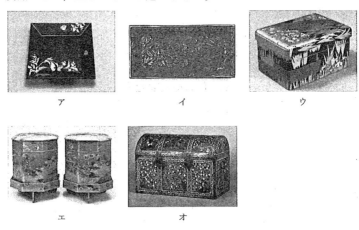

2021年度 ▍北海道・札幌市 ▍難易度 ███████

【8】次の各文は，やきものについて説明したものである。以下の問いに答えよ。

ア　平安時代後期から室町時代の中世日本に展開した陶芸のうち，代表的な窯を六古窯と呼ぶ。愛知県の[　1　]焼と瀬戸焼，福井県の越前焼，滋賀県の[　2　]焼，兵庫県の丹波焼，岡山県の備前焼の6つの窯である。

イ　やきものの焼成には，大きく分けて，完全燃焼させる[　3　]焼成と不完全燃焼させる[　4　]燃焼がある。やきものの色合いは，素地や釉薬に含まれる金属の[　3　]と[　4　]によって決まる。

ウ　[　5　]は，コバルトを主成分とする顔料(呉須)で絵を描く下絵付の技法である。

エ　[　6　]は，白の化粧土を塗った上から透明釉をかけて焼く，高麗茶碗に使われる技法の一種である。

オ　[　7　]は，透明釉または白色釉をかけて焼いた器面に，様々な色の絵具で上絵付をする技法である。

(1)　[　1　]～[　4　]に入る言葉を，それぞれ漢字二文字で答えよ。

(2)　[　5　]～[　7　]にあてはまる言葉として，最も適当なものを一つ選び，それぞれ番号で答えよ。

1　鉄絵　　2　色絵　　3　青手　　4　染付　　5　粉引(粉吹)
6　天目釉

▌2020年度 ▌愛知県 ▌難易度 ███████

【9】次の文章を読んで，問1～問5に答えなさい。

人は古くから植物を染料として用いてきました。染色に用いることができる植物は多種類あり，①道端の草や校庭の木の葉からも，染めることができます。

沖縄に伝わる模様染めである紅型は，あざやかな色彩と②特徴的なデザインが美しい③伝統工芸の一つです。その模様染めには主に[　1　]を防染に用います。

問1　染織に使われる染料は，①＿＿＿＿＿のように，植物や動物，鉱物などに由来する天然染料があります。次の天然染料のうち，鉱物に

由来する染料(顔料)を選びなさい。

　ア　黒檀　　イ　鬱金　　　ウ　コチニール　　　エ　松葉緑青
　オ　インディゴ

問2　②＿＿＿にかかわり，次の写真から紅型を選びなさい。

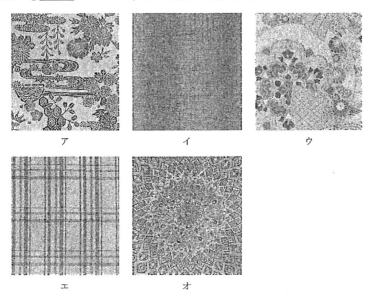

　　　　ア　　　　　　　　　　　イ　　　　　　　　　　　ウ

　　　　エ　　　　　　　　　　　オ

問3　③＿＿＿について，染織ではないものを選びなさい。

　ア　京鹿の子絞　　イ　大島紬　　ウ　久留米絣　　エ　黄八丈
　オ　江戸切子

問4　空欄1に当てはまる語句として，最も適したものを選びなさい。

　ア　との粉　　イ　黄土　　ウ　辰砂　　エ　紅花　　オ　米糊

問5　紅型について書かれた次の文章を読み，(1)，(2)に答えなさい。

> 　紅型は，琉球王国時代に上流階級の人々の衣装や舞踊衣装
> として発達しました。
> 　[　2　]文化の影響を受けながら独自の文化を発達させ，紅
> 型は，主に型染めと呼ばれる技法で染められ，次のような手
> 順で染められています。
> 　①　下絵を基に型紙をつくる。
> 　②　布に型紙を当てて染める。

③　絵柄をぼかすなどして色づけをする。

④　水の中で防染剤を十分に落とす。

(1)　空欄2に当てはまるものとして最も適したものを選びなさい。

ア　西洋　　イ　インド　　ウ　タイ　　エ　イスラム

オ　中国

(2)　＿＿＿に似た技法として最も適したものを選びなさい。

ア　コラージュ　　　　イ　フロッタージュ　　　ウ　ステンシル

エ　デカルコマニー　　オ　スパッタリング

┃ 2019年度 ┃ 北海道・札幌市 ┃ 難易度 ┃

【10】次の文は，七宝焼について説明したものである。[　1　]〜[　5　]にあてはまる言葉として，最も適当なものを一つ選び，それぞれ番号で答えよ。

> 七宝焼とは，金属の素地の表面にガラス質でできた[　1　]をのせて焼きつけたものである。紀元前4000年にはすでに，ガラスの発生地である[　2　]で七宝はつくられており，日本には中国から朝鮮を経て，[　3　]時代に伝わった。[　4　]七宝は，日本における最も代表的な技法で，素地に金属の線で模様を型どり，その中に[　1　]を入れて焼きつける技法である。素地には，不純物が少なく加工性があり，膨張係数の点でも[　1　]と良く密着する[　5　]が主に使われる。

1　鉄　　　2　有線　　　3　エジプト　　4　顔料　　　5　奈良

6　釉薬　　7　ローマ　　8　室町　　　9　銅　　　　10　植線

┃ 2019年度 ┃ 愛知県 ┃ 難易度 ┃

【11】次の各文は，漆工芸の代表的な技法について説明したものである。[　1　]〜[　4　]にあてはまる言葉として，最も適当なものを一つ選び，それぞれ番号で答えよ。

ア ［ 1 ］は，貝を嵌め込んで装飾した物一般をさす技法であり，木地［ 1 ］(木の木目の上に貝を象嵌した物)と漆地［ 1 ］(漆を塗った表面に貝を象嵌した物)がある。貝の厚さによって技法名称が違う。

イ ［ 2 ］は，漆器の表面に漆で絵や文様，文字などを描き，それが乾かないうちに金や銀などの金属粉をまくことで器面に定着させる技法である。

ウ ［ 3 ］は，塗り立て面を点，線，面で彫り，その溝に摺り漆をして，そこに金箔を押し込んで金色の文様としたものをいう。中国では細い針の素彫りから始まった技法で，金を入れるのは後になってからである。刃物の形が槍に似ていることから鎗金(そうきん)技法とも呼ばれる。

エ ［ 4 ］は，赤い漆を何層にも塗り重ねてから文様を彫刻した技法である。同じように黒や黄の漆を用いたものなどもあるが，これらを総称して彫漆という。

1 沈金　2 蒔絵　3 螺鈿　4 平文　5 きんま
6 堆朱(ついしゅ)

┃2019年度┃愛知県┃難易度

解答・解説

【1】問1 1　問2 2　問3 4　問4 4　問5 2　問6 1
問7 4

解説 問1 中学校の版画の授業では選択肢の4つの版画について学習するので，必ずおさえておくこと。正答の凸版は版の凸部に絵の具やインクをつけ，その部分を刷り取るタイプの版画で，木版画や紙版画，スタンピングなどの一般的な技法として広く知られている。なお，凹版(おうはん)は版の凹部にインクをつめ，プレス機で刷り取るタイプ

の版画で，銅板を使ったエッチング，メゾチント，ドライポイント，エングレーヴィング，アクアチントなどがあげられる。平版は平らな面にインクがつく箇所とつかない箇所を作り，刷りとる方法で，リトグラフなどがある。孔版はインクが通り抜ける穴をつくり上から刷り込む方法で，シルクスクリーンなどがあげられる。　問2　1　色鉛筆の芯は鉛筆のように焼成するのではなく，乾燥させて固める。

3　カラーインクに使用される染料は耐光性が弱く，保存という観点でほかに劣るといってよい。　4　パステルは顔料を粘着剤で固め，多めの粘着剤を加えたハードパステルと，紙への固着力が弱いソフトパステルがある。なお，パステルは色を重ねることはできるが混ぜ合わせることはできない。　問3　正答の日本色研配色体系(PCCS)は，1966年(昭和41年)に日本色彩研究所が開発・発表した。PCCSのトーン(色調)は，同じような印象やイメージを持つ明度と彩度の領域をまとめたもので，配色やデザインの際にヒントになる。美術室などに掲示される色相環の表などはPCCSのものが多い。　問4　素焼きは，おもに陶芸などで成型後に土を焼く1回目の焼成のことをさす。素焼き後に，色味のある釉薬をかけ，2度目の焼成をすることを本焼きという。素焼きを行う際，均一にゆっくり無理せず乾燥させていく工程を怠ると，ひび割れて作品が形にならないことがある。濡れた薄い布を一つ一つの作品に丁寧に巻き，一部分が急激に乾いてしまわないようにする等，細心の注意が必要である。授業計画などでは乾燥時間を考慮し，乾燥中に別の課題を入れるといった工夫をするとよい。　問5　なお，ほかに勉強しておくとよいものとしてリズム，(律動)，コントラスト(対比・対立)，バランス(均等)，リピテーション(繰り返し)，アクセント(強調)，ムーブメント(動勢)，グラデーション(階調)などがあげられる。　問6　オプティカル・アートはオプ・アートとも呼ばれており，視覚や視覚の原理を利用した作品を指す。中でも錯覚による視覚的効果が考慮されたものが多く，代表的な作家としてヴィクトル・ヴァザルリ，ブリジッド・ライリーがあげられる。　問7　肢1のマーブリングは墨流しとも呼ぶ。水の上に油絵具などを垂らして作った模様を，紙に写し取る表現である。2のデカルコマニーは紙の上に絵の具を直接チューブから出して置き，その上から別の紙を押し当てて写し取る

表現。3のドリッピングは多めの水でといた絵の具を筆などに含み，画面に向かって垂らしたり，振り落としたりする表現。4のスパッタリングは歯ブラシなどを使って金網から画面にとばした細かい粒子が美しく，児童や生徒に人気が高い技法のひとつである。

【2】1　0　　2　9　　3　8　　4　2　　5　7

解　説　なお，肢1のオノ・ヨーコはジョン・レノンの妻であるが，前衛芸術家としてフルクサスの創始者といわれるジョージ・マチューナス等に影響を与えた人物でもある。作品としては『天井の絵(YES・ペインティング)』『踏まれるための絵画』などがある。4のアポロプリエーションは自身の作品に過去の著名な作品を取り込むことを指す。5の山口晃は画家で，日本の伝統的絵画の様式を用い，油絵で描くのが特徴。成田国際空港や東京メトロの日本橋駅にあるパブリックアート(『成田空港 百珍圖』『日本橋南詰盛況乃圖』)を手がけている。6の森村泰昌は現代芸術家で，セルフポートレート的な作品を作り続けており，『……になった私』シリーズを代表作としている。

【3】問1　ウ　　問2　ウ　　問3　イ

解　説　問1　挽物とは木材をロクロや旋盤で回転させ，円形の器物(腕・鉢・盆など)をつくる技術，およびその製品を指す。木工芸の中では量産に適している。古くは法隆寺の「百万小塔」が古代の挽物として著名である。　問2　ケヤキは古くから日本家屋や社寺仏閣の建築材，家具材に使用されてきた日本を代表する木材。ホオは装飾材・器具・細工物などに使用される加工性のよい木材。スギは構造材・造作材・建具・家具・樽・桶・工芸品などに使われる柔らかく軽い木材である。なお，世界最古の木造建築である法隆寺には強度，耐久性，保存性に優れるヒノキが使われている。　問3　なお，板目とまさ目は木目のことを表しており，板目は曲線混じりの木目模様，柾目は直線に近い真っ直ぐな木目が刻まれている。

【4】1　7　　2　5　　3　2　　4　1　　5　4

解　説　ア～ウ　金属工芸には，大きく分けて3つの技法がある。①高温

で溶かした液状の金属を型に流し込む鋳金，②金属を金槌などで打ち続けて形を変える鍛金，③鏨と呼ばれる金属製の工具で，表面を彫って装飾を施す彫金である。基本的に流す，叩く，彫ると覚えれば分かりやすい。　エ・オ　展性に優れている金属は金，銀，鉛，銅，アルミニウム，すずの順で，延性に優れている金属は金，銀，プラチナ，鉄，ニッケル，銅の順となっている。これらの金属は，加工しやすいことから，多くの製品に利用されている。

【5】問1　エ　　問2　ア　　問3　イ　　問4　オ　　問5　イ
　　　問6　オ

解説　問1　古代の焼き物としては土師器と須恵器があげられるが，土師器は野焼き，つまり屋外で低い温度で焼かれたため，比較的柔らかく，水を通しやすいという性質を持っていた。しかし，古墳時代中期(5世紀)以降，窯を使って1000度以上の高い温度で焼かれる須恵器が朝鮮半島から伝わり生産が始まると，用途に応じて土師器と須恵器が併用されるようになった。　問2　有田(伊万里)は現在の佐賀県に位置する。　　問3　釉薬とはガラス質の素材で，焼きものの表面に焼き付けて強度を高め，水に強くするために用いるとされ，透明釉，色釉，乳白釉，つや消し釉などの種類があるといわれる。　　問4　日本六古窯は，古来の陶磁器窯のうち，中世から現在まで生産が続く代表的な6つの窯(越前・瀬戸・常滑・信楽・丹波・備前)の総称である。
問5　写真は長次郎による「黒楽茶碗(俊寛)」(桃山時代)である。
問6　写真は尾形乾山による「色絵竜田川文透彫反鉢」(江戸時代)である。

【6】1　12　　2　6　　3　5　　4　2　　5　7　　6　9　　7　1
　　　8　11　　9　13　　10　3

解説　ア　瀬戸は，古くからやきものに適した良質な粘土に恵まれ，常滑・信楽・越前・丹波・備前と並び六古窯と呼ばれる産地として知られている。　イ　愛知県ホームページ内の「あいちの伝統工芸品及び郷土伝統工芸品」では，有松・鳴海絞りについて，次のように紹介している。「慶長年間(1596～1615年)，名古屋城築城に来ていた人から伝

えられた絞の技法を用いて，竹田庄九郎が手ぬぐい(豆しぼり)をつくり，『九九利絞(くくりしぼり)』として売り出したのが始まりといわれています」。また，その特徴について「『括り』の技法は，蜘蛛絞(くもしぼり)，嵐絞(あらししぼり)，雪花絞(せっかしぼり)など約70種類にも及び，手づくりならではの味わいを生み出しています。振袖，訪問着などの絹織物から，木綿の浴衣や服地，インテリア等まで，幅広い製品がつくられています」とある。　ウ　藤井達吉は，日本近代美術工芸の先駆者の一人と言われ，その制作は，絵画，彫刻はもとより，七宝，刺繍，金工，漆工，染色，木工，陶芸，ひいては手漉き和紙など多岐にわたっている。出身地の碧南市には，藤井達吉現代美術館が開館している。　エ　三州鬼瓦工芸品については，上と同じく愛知県ホームページで，その沿革を次のように紹介している。「瓦屋根の中で，魔除け，厄除け，繁栄や富の象徴として飾られてきた鬼瓦が，庶民の暮らしの中に取り入れられ，床の間飾りや玄関飾りへと用途を広げてきました」。

【7】問1　エ　　問2　ア　　問3　イ　　問4　オ　　問5　ウ
　　　問6　エ　　問7　エ

解説　問1，2　漆工芸とは，器物に漆を塗り，その上に蒔絵や漆絵などの加飾をほどこした工芸技法である。漆は，ウルシの樹に傷をつけ，滲み出した樹液を採取して精製したもので，接着剤や塗料，造形や装飾材料として，また，木や土，石膏などの型に麻布や和紙などを漆で張り重ねて素地を作る「乾漆」という技法においても使われた。乾漆には，主に仏像製作に用いられた脱活乾漆と木心乾漆があり，脱活乾漆は，土や石膏で原型をつくり，その上に麻布を数枚ほど漆で塗り重ね，乾燥したのちに中の原型を抜く方法で，その作例は8世紀末までに限られるといわれる。木心乾漆は，脱乾漆像の塑像原型の部分を木彫で作り，これに麻布を一重に張り，その上に漆を塗り金箔をおくか，または白色の下地にして彩色する技法のことで，中のいわゆる原型部分を抜き出すことはない。主として奈良時代後半から平安初期にかけて行われたとされている。なお，蒔絵にも，漆面に漆で文様を描き，その上に金粉や銀粉などを蒔き付け漆で固めて磨き上げる平蒔絵や，

金や銀などの金属の薄板を文様の形に切り，これを漆面に貼り付け全面を漆で塗り込めた上で漆の膜を炭で研ぎ出して下の文様をあらわす平文(ひょうもん)等といった様々な技法がある。　問3　南蛮漆器とは，桃山時代，スペインやポルトガルの船で来日したカトリック宣教師や商人たちのために作られた，平蒔絵と螺鈿を組み合わせ，余白を残さずに文様を描いた輸出漆器のこと。なお，後に鎖国体制が整い，オランダ人が貿易の担い手となる頃には，黒漆地に高蒔絵も用いる新様式が用いられるようになり，これは「紅毛漆器」と呼ばれている。

問4　小川破笠(おがわ・はりつ：1663〜1747)は別名，笠翁(りつおう)とも呼ばれ，金粉や銀粉ばかりでなく陶磁器のかけらや螺鈿などといった異なる材質を埋め込んでつくる象嵌による作品が特徴的な，江戸中期に活躍した俳人・浮世絵師・漆芸家(蒔絵師)である。　問5　蒔絵の技法としては他にも木地蒔絵(漆を塗っていない素地＝木地の上に直接蒔絵をすること)等もある。　問6　解答参照。　問7　エの国宝「初音蒔絵貝桶」である。

【8】(1)　1　常滑　　2　信楽　　3　酸化　　4　還元
　　　(2)　5　4　　6　5　　7　2

解説　ア　日本六古窯は，古来の陶磁器窯のうち，中世から現在まで生産が続く代表的な6つの産地(越前・瀬戸・常滑・信楽・丹波・備前)の総称である。平成29(2017)年，日本遺産に認定された。日本の六古窯がある市町村は，越前焼が福井県越前町，瀬戸焼が愛知県瀬戸市，常滑焼が愛知県常滑市，信楽焼が滋賀県甲賀市，丹波焼が兵庫県丹波篠山市，備前焼が岡山県備前市である。　イ　酸化焼成とは，窯の中に十分な空気を送り込み，煙の出ない状態(完全燃焼)で焼く方法のこと。素地や釉薬を構成している物質と酸素が結合して発色するという。例えば鉄を使って黄色，飴色，褐色，黒色に発色させたいときや，銅を使って緑色に発色させたいときに行われる。還元焼成とは，釉薬が融け始める頃(900〜950℃)から空気の送り込みを少なくし，不完全燃焼させて焼く方法のこと。空気中に酸素が不足しているので，素地や釉薬に含まれる金属から酸素が奪われ，色の変化が起こるとされ，例えば銅の釉を使って還元焼成すると赤く発色する。　ウ　染付とは，磁

器の装飾技法の一つで，コバルト系の顔料を使って白地に青で文様を
のせたもののことである。　エ　粉引は，ベースである器に白い泥を
かけて作られる。粉引をすることで，やさしく温かい印象となる。
オ　色絵は，釉薬をかけて焼いた陶磁器に様々な色の上絵の具で彩色
して，約800度の低い温度で焼いて仕上げる。

【9】問1　エ　　問2　ア　　問3　オ　　問4　オ　　問5　(1)　オ
(2)　ウ

解説　問1　黒檀とは古来より珍重されてきた，耐朽性がきわめて高く，
強く，硬く重い銘木で，家具や仏壇仏具，建材などに用いられる。鬱
金は熱帯アジアを原産とするショウガ科の多年草で，根茎を黄色染料
やカレー粉の原料とする。コチニールとはカルミンとも呼ばれ，コチ
ニールカイガラムシの雌からとる紅色の色素のことである。食品や化
粧品の色づけ等に用いられる。インディゴとは，青色の植物性染料(マ
メ科)のことで，テンペラや水彩絵の具に適している。　問2　紅型は，
約15世紀頃にはすでに存在しており，中国との交易の中で様々な技法
を取り入れながら発展させていった，琉球王国を象徴する伝統工芸品
である。紅型は沖縄の染織で後染め模様は，桜と紅葉と梅などのよう
に，異なる季節を表すモチーフが同時に存在することがあるという。
問3　オの江戸切子は，1834年に江戸大伝馬町のビードロ屋・加賀屋
久兵衛が，金剛砂でガラス面に彫刻を施したのが起源とされる。いわ
ゆる東京都で生産されるカットガラス製品のことである。　問4　型
染めは，型紙を使って布の上に防染剤(米糊)を置き，糊のない部分に
刷毛をひくか染液に浸して染め，水洗いで糊を落として模様を表す染
め方のこと。　問5　(1)　問2の解説参照。　(2)　ステンシルは広義に
は孔版と同義といえるが，この場合はむしろ型染の技法あるいは型紙
を用いた版画の技法としてとらえられよう。すなわち防水性の原紙や
スチロールの薄板等の型紙に文字や模様を切り抜き，それを紙や布の
上に置き，その切り抜かれた孔の部分から絵の具，染料を刷り込む技
法のこととされる。なお，コラージュは，雑誌・新聞等を好きな形に
切り取るなどして貼り合わせ，もともと関係のない別々のものを結び
つけ，そこに新しい面白さや価値を示そうとする技法のこと。フロッ

タージュは凹凸のあるものに紙をあてて鉛筆などでこすり，形を写し出す技法。デカルコマニーは，紙の上に絵の具を置き，その上に別の紙を押し付けたり，二つ折りにして転写したりすることで，偶発的なかたちが生み出される技法のこと。スパッタリングは金網を画面から少し離し，上から濃いめの絵の具をつけたブラシでこすり，紙面に絵の具をとばす技法。

【10】1　6　　2　3　　3　5　　4　2　　5　9

解説　七宝焼とは金属の下地の上に透明や不透明の釉薬を載せて絵付けをし，約800℃の高温で焼き付けた工芸品のことをいう。ここでは七宝ブローチをつくる際の主な手順を具体例として示しておく。①素地(銅板など)をつくる。木型に打ち出して皿状にくぼめ，両面を紙やすりでよく磨く。②裏面にホセ(素地に釉薬を盛り付ける竹べら)を使って水で溶いた裏引き釉薬を盛る。③水分をガーゼなどで吸い取り，炉の上で乾燥させる。④表面用の釉薬は水洗いし不純物を取り除く。濁りがなくなるまで4～5回繰り返す。⑤表面に釉薬を盛る。水分をガーゼなどで吸い取って炉の上で乾燥させる。⑥盛り付けた釉薬が取れないように注意しながら金網の上に静かに移す。⑦電気炉に入れ，約800℃で焼成する。炉内の火の色と同じになったら取り出し，自然に冷ます。⑧細目の金属やすりで釉薬のはみ出しを削り，仕上げる。

【11】1　3　　2　2　　3　1　　4　6

解説　一般に漆工芸とは，器物に漆を塗り，その上に蒔絵や漆絵などの加飾をほどこした工芸である。正答以外の技法としては，金や銀などの金属の薄板を文様の形に切り，これを漆面に貼り付け全面を漆で塗り込めた上で漆の膜を炭で研ぎ出して下の文様をあらわす「平文(ひょうもん)」などがある。また，いわゆる素地技法としては，木や土，石膏などの型を使って麻布などを漆で張り重ねて素地を作る「乾漆」という技法があり，さらに主に仏像製作によく用いられたものとして脱活乾漆と木心乾漆がある。前者は，土や石膏で原型をつくり，その上に麻布を数枚ほど漆で塗り重ね，乾燥したのちに中の原型を抜く方法で，その作例は8世紀末までに限られる。また後者は，脱乾漆像の塑

像原型の部分を木彫で作り，これに麻布を一重にはり，その上に漆を塗り金箔をおくか，または白色の下地にして彩色する技法のことで，中のいわゆる原型部分を抜き出すことはない。主として奈良時代後半から平安初期にかけて行われたとされている。

鑑賞

要点整理

❈ 出題傾向

　美術用語を除いて，最も出題の多いのが鑑賞である。鑑賞の内容はそのほとんどがいわゆる美術史に関するものである。それ以外で若干鑑賞の学習方法やねらいに関するものが出題されている。美術史に関するものの内容を分類してみるとおよそ次のようになる。

　　・作品と作者を結びつける問題
　　・作品とその作品の特徴とを結びつける問題
　　・作品や作者と説明文とを結びつける問題
　　・美術運動や流派を作品や作者と結びつける問題
　　・ある時代の美術の特徴と作品や作者との関係についての問題
　　・特定の作者または作品に関する問題

　日本と西洋とでは分量的にはやや日本のほうが多いようであるが，ほとんど同じ程度に出題されるものと考えておくほうがよい。次に日本・西洋のそれぞれについて比較的多く出題されている項目についてあげると次のとおりである。

〈日本〉　　　　　　　　　　〈西洋〉
　　・源氏物語絵巻　　　　　　・フォービズム
　　・玉虫厨子　　　　　　　　・キュービズム
　　・東大寺仁王像　　　　　　・ルネッサンス
　　・鳥獣戯画　　　　　　　　・レオナルド・ダ・ヴィンチ
　　・運慶　　　　　　　　　　・ピカソ
　　・宗達　　　　　　　　　　・セザンヌ
　　・光琳
　　・安井曽太郎
　　・岸田劉生

【1】次の文章を読んで，問1〜問4に答えなさい。

　　浮世絵は，江戸時代に盛んになった絵画様式で，全国の名所や歌舞伎役者，街中の女性など，当時の人々の好みや流行が描かれている。葛飾北斎の_A「冨嶽三十六景神奈川沖浪裏」に見られるように，大胆な構図や繊細な技法による豊かな表現などが特徴で，_①東洲斎写楽や歌川広重などの作品は人気を博した。

　　_②版画の一種である浮世絵の制作工程は，作品の構成を決定し，「版下絵」を制作する「絵師」や絵師が制作した版下絵を版木に彫る「彫師」などにより分業化されていた。

　　浮世絵は，19世紀後半になると海外へと渡り，「ジャポニスム」として，西洋でも注目を浴びるようになり，当時の_③西洋の画家たちに大きな影響を与えた。

「冨嶽三十六景　神奈川沖浪裏」

問1　①——の絵師による作品の組合せとして，正しいものを選びなさい。

A　　　　　　B　　　　　　C　　　　　　D

ア　東洲斎写楽－A　　　歌川　広重－C
イ　東洲斎写楽－A　　　歌川　広重－D
ウ　東洲斎写楽－B　　　歌川　広重－C
エ　東洲斎写楽－B　　　歌川　広重－D

問2　②――に関わって，図1は浮世絵の制作工程を表しています。空欄1，2に当てはまる語句の組合せとして，適切なものを選びなさい。

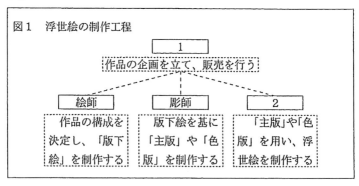

ア　1－座元　　　2－塗師
イ　1－版元　　　2－塗師
ウ　1－版元　　　2－摺師
エ　1－座元　　　2－摺師

問3　③――に関わって，浮世絵の影響を大きく受けた，フィンセント・ファン・ゴッホの作品を選びなさい。

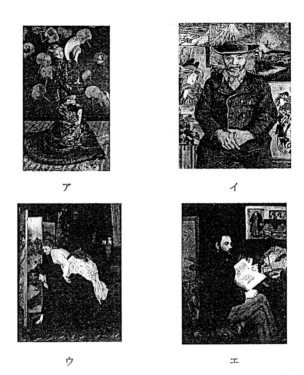

ア　　　　　　　　　　　イ

ウ　　　　　　　　　　　エ

問4　A──は，木版画で制作されていますが，主な版画の技法につい
て表した図2の空欄1，2に当てはまる語句の組合せとして，正しい
ものを選びなさい。

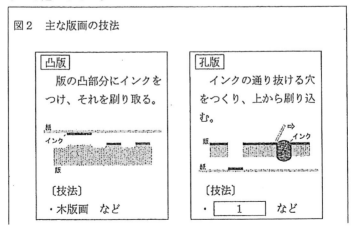

図2　主な版画の技法

[凸版]
　版の凸部分にインクを
つけ、それを刷り取る。

紙
インク
版

〔技法〕
・木版画　など

[孔版]
　インクの通り抜ける穴
をつくり、上から刷り込
む。

版
紙
⇨
インク

〔技法〕
・　1　　など

● 鑑賞

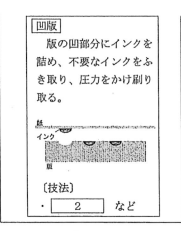

凹版	平版
版の凹部分にインクを詰め、不要なインクをふき取り、圧力をかけ刷り取る。	水と油の反発作用を利用して平らな面にインクがつく面とつかない面をつくり刷り取る。
〔技法〕 ・ 2 　など	〔技法〕 ・リトグラフ　など

ア　1－ステンシル　　　　2－エッチング
イ　1－ステンシル　　　　2－シルクスクリーン
ウ　1－ドライポイント　　2－シルクスクリーン
エ　1－ドライポイント　　2－エッチング

┃ 2024年度 ┃ 北海道・札幌市 ┃ 難易度 ■■■■■□□

【2】図画工作及び美術の鑑賞に関する次の各問に答えよ。

〔問1〕　次の作品に関する記述として適切なものは，以下の1〜4のうちのどれか。

1　胸や腰などの女性的特徴が誇張され，豊猟や多産を願う祈りや儀式のためにつくられたと考えられる。ヴィレンドルフのヴィーナスと呼ばれる旧石器時代の女性像である。

158

2 類型内で寸法は小像から等身大に近いものまである。全体のフォルムは極めて抽象化されている。キュクラデス諸島の偶像である。

3 シュメール美術の礼拝者像で，それぞれが表す人物に代わって奉納されたものである。この像は，テル・アスマル出土の一群の石像である。

4 自由な形式で表現された神への奉納像であり，男性像のクーロスに比べて種類も髪型も多様性がある。コレーと呼ばれるアルカイック期の女性像である。

〔問2〕 次の作品に関する記述として適切なものは，以下の1〜4のうちのどれか。

1 金や銀などの金属の薄板を模様に切り，これを漆下塗面に貼ってから全面を漆で塗り込め，漆の膜を研炭で研ぎ出して金属板の模様を表した平文作品である。

2 漆で模様を描き，その漆が固まる前に，金や銀などの金属をやすりで削り下ろして粉にしたものを蒔きつけて装飾した蒔絵作品である。

3 漆の塗面に刃物で模様を彫り，凹部だけに漆を充填し金箔を押し込み，乾いてから不要な箔を除き，仕上げた沈金作品である。

4 貝の真珠層の部分を加工して板状にし，それを模様の形に切り抜いて装飾に用いた螺鈿作品である。

〔問3〕 次の記述は，以下の作品の作者に関するものである。記述中の

● 鑑賞

空欄[ア]に当てはまるものとして適切なものは，あとの1〜4のうちのどれか。

> [ア]は版画の下絵画家をしていたが，油彩画に専念するようになると，農民たちの生活やことわざなどを主題とした作品を描いた。主な作品に「バベルの塔」，「雪中の狩人」などがある。

1　ハンス・ホルバイン　　2　ディエーゴ・ベラスケス
3　ヒエロニムス・ボス　　4　ピーテル・ブリューゲル

〔問4〕 次の作品に関する記述として適切なものは，以下の1〜4のうちのどれか。

1　さりげない手の仕草で，どこを見るでもない物憂げな女性の内面を，見事に姿かたちへと描写している。喜多川歌麿の作品である。

160

2　人気の女形役者だが，無骨で大きい鼻，しまりのない長い頬と，年齢からくる容姿の衰えまで包み隠さず描写している。東洲斎写楽の作品である。

3　芸者を描いた作品で，三味線のばちを持ち，清楚で気品あふれる理想的な女性像に描写している。鳥文斎栄之の作品である。

4　人気の女形役者のイメージを損なわぬよう，見た目の欠点を取り上げることなく美化して描写している。歌川豊国の作品である。

〔問5〕 次の記述は，ある作品と作者に関するものである。この作品を以下のア・イから，作者をあとのA・Bからそれぞれ選んだ組合せとして適切なものは，あとの1〜4のうちのどれか。

> 明治期を代表する名画である。線遠近法の基本である消点が設けられていない。作者本人は「遠近法は絵画の面白味と相反するので，距離を犠牲にした」と述べている。この斬新さは，作者が終生貫き通した日本画への姿勢だった。完成作は「朦朧体」の没骨法を残しつつ「線」も生かし，写実的でありながら装飾的でもある。この作品は日本画の革新をめざした作者の渾身の一作となった。

ア

イ

A　岡鹿之助　　B　菱田春草

1　アーA　　2　アーB　　3　イーA　　4　イーB

〔問6〕 次の作品の作者に関する記述として適切なものは，以下の1～4のうちのどれか。

1　1943年山本丘人らと国土会を結成した作者は，戦後に千葉県鹿野山上からの眺望を描いた作品を日展に出品した。代表作に「道」がある。

2　1947年日本芸術院会員となった作者は，深い自然観照のうえに立って，自己の作風を確立した。代表作に「鳴門」がある。

3　1950年代にはシュルレアリスム風の空間表現を日本画の中で試みた作者は，独自の世界を開拓した。代表作に「春秋波濤」がある。

4　1962年エジプトを旅行した作者は，帰国後にエジプトを題材とした多くの作品を発表した。代表作に「穹」がある。

▌2024年度 ▌東京都 ▌難易度 ▰▰▰▱▱

【3】 次の各問に答えよ。

〔問1〕 近代日本美術教育の歴史に関する記述として適切なものは，次の1～4のうちのどれか。

1　明治21年から34年頃は，日本画的内容と西洋画的内容を二者択一的に考えるのではなく，両者を教育的にアレンジして統合しようとした時期である。この時期以降，専門的絵画と普通教育の図画は一線を画すようになった。

2　大正7年から15年頃は，黒田清輝による自由画運動が起こり，その影響が広く波及した。黒田は芸術教育としての図画教育観と，

手本を排斥した写生・想像画等による自由画を提唱した。自由画
運動によって，クレヨンと風景写生が広まった。

3　昭和13年に国民学校案が発表され，民間の学校美術協会も図
画・工作科を提唱した。昭和16年になって国民学校令及び同施行
規則が公布され，戦時体制下の教科及び教育内容が編成された。

4　昭和40年に東京で第17回国際美術教育会議が開かれ，日本の戦
後美術教育の一つの頂点となった。

〔問2〕　次の作品ア～エを，作られた年代の古いものから順に並べたも
のとして適切なものは，以下の1～4のうちのどれか。

ア

イ

ウ

エ

1　ア→ウ→エ→イ　　2　ア→エ→イ→ウ　　3　エ→ア→イ→ウ
4　エ→ア→ウ→イ

〔問3〕　次の作品の作者として適切なものは，以下のA群の1～4のうち
のどれか。また，その作者に関する記述として適切なものは，あと
のB群の1～4のうちのどれか。

【A群】
1　粟津潔　　2　亀倉雄策　　3　田中一光　　4　福田繁雄

【B群】
1　何十回もスタートダッシュを繰り返し，ランナーが折り重なり
つつも全員の顔が見える決定的瞬間を撮影して，一瞬を切り取る
写真の臨場感を生かしたオリンピックのポスターを制作した。

2　平和を呼びかける「ヒロシマの心」を語り続けることを目的と
したポスター制作プロジェクトでは，「鳥は"PEACE，PEACE"
と鳴いている」という音楽家の言葉から着想を得て，多くの鳥を
画面いっぱいに描いた。

3　「VICTORY」のポスターは，単純な形と色，対角線の明快な構
成が見る者に強い印象を与える。砲口に砲弾が向かってくるとい
うイメージで，反戦を訴えるポスターを制作した。

4　アメリカで行われた日本古典芸能を紹介するイベントポスター
では，日本髪の女性を単純な形と色の組合せだけで明快に構成す
ることで，日本舞踊というテーマを表した。

█ 2024年度 █ 東京都 █ 難易度 ████████□□

164

【4】次の文は，茶の湯に関わる美術文化について説明したものである。[1]~[5]にあてはまる言葉として，最も適当なものを一つ選び，それぞれ番号で答えよ。

> 室町時代，[1]を愛好する風潮が高まり，足利将軍家は第一級の[1]で室内を飾り，茶を喫することで権威を示した。
> [2]によって始まったとされる「侘茶（わびちゃ）」は，茶会の場に[1]に加えて備前焼や信楽焼の日用雑器から自分の好みに合ったものを選び持ち込んだ。それまで高い価値をもって見られていなかったものが，茶という場において「美術品化」されたわけである。
> 安土桃山時代，「侘茶」は[3]によって大成された。こうして茶の湯は天下人から大名，町衆へと広がったのである。
> さらに，[3]は，[2]以来の伝統を受け継ぐだけでなく，自ら理想とする茶の湯に見合うものを求めて，[4]に楽茶碗をつくらせるなど新しい道具を創造し，独自の茶風を貫いた。
> この精神は，[3]の高弟として知られる[5]をはじめ，後に続いた茶の湯者に大きな影響を与え，今日の茶の湯の礎となった。

1	唐物	2	数寄物	3	和物	4	村田珠光
5	千利休	6	豊臣秀吉	7	古田織部	8	長次郎
9	一休宗純						

‖ 2024年度 ‖ 愛知県 ‖ 難易度 ▮▮▮▮□□

【5】
〔問1〕 次の図は，興福寺の阿修羅像である。この仏像のつくり方に関する記述として適切なものは，以下の1~4のうちのどれか。

図

1 粘土で原型をつくり，その上に麻布を漆で塗り固める。乾燥後に中の土を取り除いてつくる。

2 土で中型をつくり，その上に蜜蠟を貼りつけ，蜜蠟部分に像を刻出して原型を作る。原型の周りを土で固めて外型をつくる。周囲から加熱し，溶けた蜜蠟を外部に流し出し，できた空洞部分に溶銅を流し込み固めてつくる。

3 像の根幹部分である頭，体は前後の2材の木材をそれぞれ彫刻し寄せ合わせてつくる。

4 心木に粘着をたすけるわらを巻き，上から厚く土をつけてつくる。

〔問2〕 次の作品の作者として適切なものは，以下の1～4のうちのどれか。

1 アントニ・タピエス　　　2 デ・クーニング
3 ジャン・デュビュッフェ　4 ジャン・フォートリエ

〔問3〕 高等学校学習指導要領芸術の「各科目」の「美術Ⅱ」の「内容」の「B鑑賞」において，身に付けることができるよう指導するとされている事項に関する記述として適切なものは，次の1～4のうちのどれか。

1　環境の中に見られる造形的なよさや美しさを感じ取り，自然と美術との関わり，生活や社会を心豊かにする美術の働きについて考え，見方や感じ方を深めること。

2　日本及び諸外国の美術作品や文化遺産などから表現の独自性などを感じ取り，時代，民族，風土，宗教などによる表現の相違点や共通点などから美術文化について考え，見方や感じ方を深めること。

3　造形的なよさや美しさ，目的や機能との調和のとれた洗練された美しさなどを感じ取り，作者の主張，作品と時代や社会との関わりなどについて考え，見方や感じ方を深めること。

4　映像メディア表現の特質や表現効果などを感じ取り，作者の心情や意図と創造的な表現の工夫などについて考え，見方や感じ方を深めること。

▌2024年度 ▌東京都 ▌難易度 ■■□□□

【6】日本の美術について，次の各問いに答えなさい。

問1　次の図版ア～オは，年代の異なる日本の仏像である。年代の古い順に並べたものの組合せとして最も適切なものを，以下の①～⑦のうちから選びなさい。

図版

ア　　　　　　　　　　　イ　　　　　　　　　　　ウ

エ　　　　　　　　　オ

	年代が古い　→　　年代が新しい
①	エ → イ → ウ → オ → ア
②	イ → ア → エ → オ → ウ
③	イ → エ → ア → ウ → オ
④	エ → イ → ウ → ア → オ
⑤	エ → ア → イ → ウ → オ
⑥	イ → エ → ア → オ → ウ
⑦	イ → エ → ウ → ア → オ

問2　以下の記述は，図版の絵巻について述べたものである。[　　]に
　当てはまる時代として最も適切なものを，後の時代①〜⑥のうちか
　ら選びなさい。
　　また，図版の作品名として最も適切なものを，後の作品名①〜⑤
　のうちから選びなさい。

図版

　　[　　]時代の絵巻である。鉢が空を飛び，米俵が舞い上がるなど
の不思議な物語が次々と展開され，人々の表情や動作を生き生きと
捉えている。

時代

　① 奈良　　② 平安　　③ 江戸
　④ 室町　　⑤ 明治　　⑥ 安土桃山

作品名

　① 鳥獣人物戯画　　② 源氏物語絵巻　　③ 信貴山縁起絵巻
　④ 石山寺縁起絵巻　　⑤ 伴大納言絵巻

問3　以下の記述は，図版について述べたものである。[　　]に当ては
まる人物として最も適切なものを，後の①〜⑥のうちから選びなさ
い。

図版

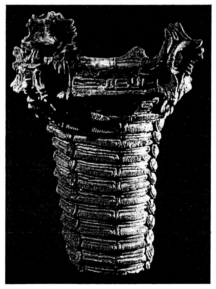

　　図版は[　　]が撮影した写真の一部である。1951年に[　　]は，
東京国立博物館で偶然見た縄文土器や土偶に衝撃を受け，翌年に
「縄文土器論」を発表した。考古学的価値として見られていた縄文
土器や土偶に造形美を見出し，そこに人間生命の根源や古代人がも
つ表現のパワーを感じ，自分の表現に生かした。

① 高松 次郎　② 白髪 一雄　③ 吉原 治良
④ 岡本 太郎　⑤ 田中 敦子　⑥ 赤瀬川 原平

問4 次の図版ア～オのうち，尾形光琳の作品として適切ではない図版の組合せを，以下の①～⑨のうちから選びなさい。

図版

図版

ア

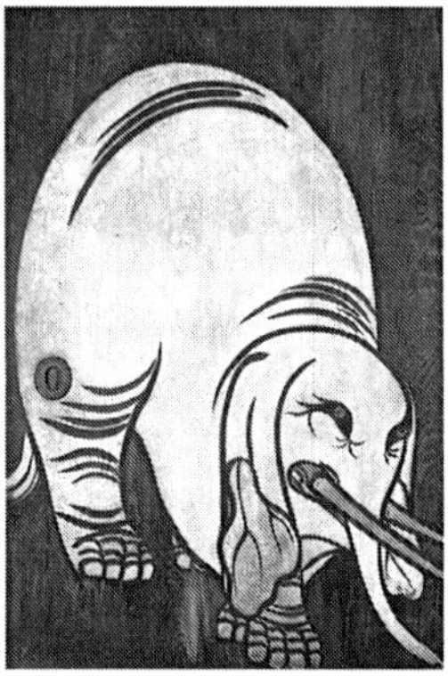

イ

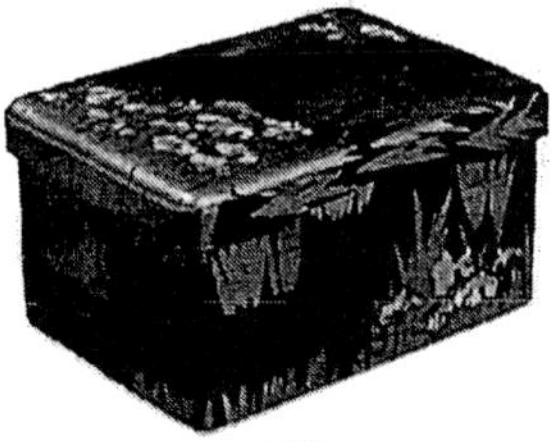

ウ

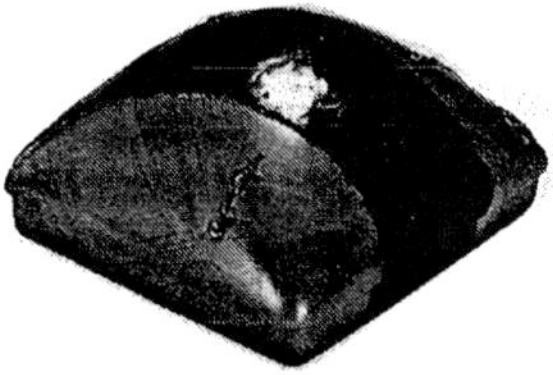

エ

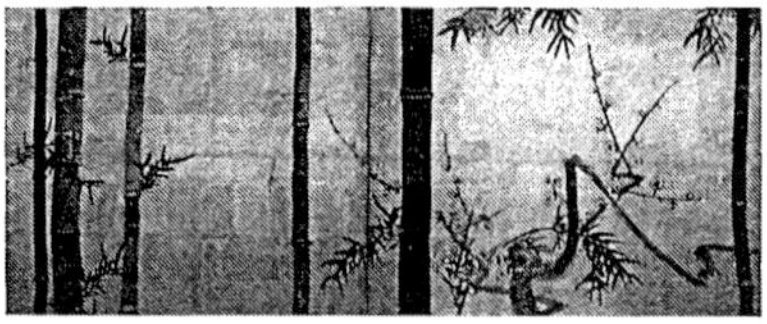

オ

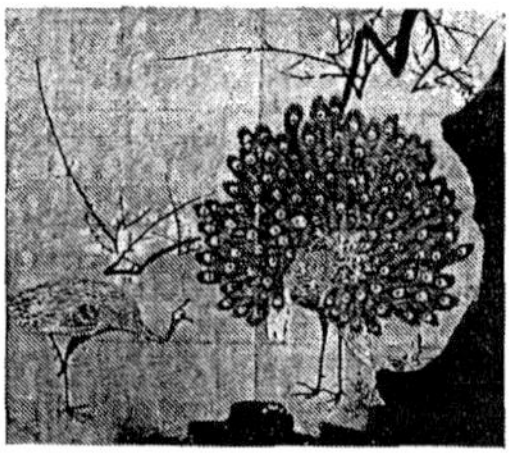

① ア，イ　② イ，ウ　③ ア，エ
④ エ，オ　⑤ イ，オ　⑥ ウ，エ
⑦ ア，ウ　⑧ イ，エ　⑨ ア，オ

問5 次の記述は，日本のある建築物について述べたものである。この記述に当てはまる建築物として最も適切なものを，以下の①～⑥のうちから選びなさい。

大仏様(だいぶつよう)(天竺様(てんじくよう))の代表的な建築で，屋根裏まで貫く太い通し柱，深い軒を支える肘木(ひじき)，縦横に通された貫(ぬき)など，飾りが少なく大きなつくりである。

問6　以下の記述は，図版について述べたものである。この図版の作者として最も適切なものを，後の①～⑥のうちから選びなさい。

図版

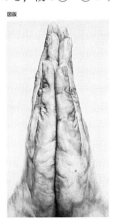

　この作品は，作者が東日本大震災の被災地を訪れ，現地の状況を目の当たりにしたことがきっかけとなって制作された。

① 木下　晋　　② 池田　学　　③ 関口　光太郎
④ 奈良　美智　　⑤ 山口　晃　　⑥ 遠藤　彰子

問7　以下の記述は，図版について述べたものである。この図版のポスターの作者として最も適切なものを，後の①〜⑥のうちから選びなさい。

図版

　ヒロシマ・アピールズは，世界に平和を呼びかける取り組みとして，1983年に始まった。毎年，一人のデザイナーが平和をテーマにポスターをデザインしている。2015年は[　　]が制作した。

① 亀倉　雄策　　② 大溝　裕　　③ 福田　繁雄
④ 服部　一成　　⑤ 佐藤　卓　　⑥ 田部井　美奈

┃2024年度┃神奈川県・横浜市・川崎市・相模原市┃難易度 ■■■■■□□

172

【7】次の各文は，現代美術の作家について説明したものである。以下の問いに答えよ。

> ア　[　1　]の作品の多くは，観客が作品に参加することで完成され，大変親しみやすいと同時に奇妙な体験としても現れる。観客は鑑賞する中で錯覚のトリックを発見し，その驚きの中で錯覚によって見えているイメージ，「現実」だと認識されがちなものを信じてよいのかを再考することになる作品である。代表的な作品に，金沢21世紀美術館に恒久設置されている『スイミング・プール』がある。
>
> イ　[　2　]は，伝統的な芸術にかわって，社会そのものが芸術作品として新しく構築されるべきだ，と主張した。その活動はパフォーマンスやオブジェの制作，討論会や講演旅行を軸に，教育者としての活動，緑の党での政治活動を経て，最後には地球規模の環境問題を考えるエコロジーへと展開した。
>
> ウ　[　3　]は，ナチスの迫害によって命を落としたユダヤ系の子供たちの肖像写真を電球で照らし，祭壇のように仕立てあげた『モニュメント(オデッサ)』をつくった。
>
> エ　[　4　]の代表的な手法である糸のインスタレーションは，丹念な手作業で絡み合わされた糸がいかなる空間も埋め尽くし，その壮大なスケール感が鑑賞者を没入型の体験へ誘う。[　4　]にとって糸は血管，血縁，地縁なども含めた様々なつながりのメタファーであるが，その壮大なインスタレーションには多様な想像を膨らませる磁力が秘められている。
>
> オ　[　5　]は，幼少期からの特異な幻視体験を基に，無限の網の目のイメージを造形化してきた。当初，平面上に描かれていた網の目や点の模様は，次第に立体化され，展示場全体にまで増殖していった。

(1)　[　1　]～[　3　]にあてはまる作家として，最も適当な人物を一人選び，それぞれ番号で答えよ。

1　ジェームス・タレル

2　クリスチャン・ボルタンスキー

　3　アンネ・イムホフ

　4　ローマン・オンダック

　5　レアンドロ・エルリッヒ

　6　ロバート・スミッソン

　7　ヨーゼフ・ボイス

(2)　[　4　], [　5　]にあてはまる作家として，最も適当な人物を一人選び，それぞれ番号で答えよ。

　1　草間彌生　　2　河原温　　3　塩田千春　　4　ヤノベケンジ

　5　鴻池朋子

| 2024年度 | 愛知県 | 難易度 |

【8】世界の美術について，次の各問いに答えなさい。

　問1　次の記述は，ある画家について述べたものである。この画家の作品として最も適切なものを，以下の①～⑥のうちから選びなさい。

　　　この画家は1466年ころ，当時のフィレンツェで最も名声の高かった親方ヴェロッキオの工房へ入り，画家の修業を開始した。親方ヴェロッキオの「キリストの洗礼」の制作に参加し，後に万能の天才と呼ばれた。

①

②

問2　次の記述は，ロマン主義について述べたものである。下線部の
　　画家の作品として最も適切なものを，以下の①〜⑤のうちから選び
　　なさい。

　　新古典主義の美術に対し，人間の個性や感情の表出を，強い色彩
　や激しい動勢で表現したのがロマン主義である。イギリスの画家コ
　ンスタブルの外光描写や，同じ<u>イギリス出身で光を色彩で表現しよ
　うと試みた画家</u>の表現方法が，フランスのロマン主義の画家たちに
　影響を与えた。

問3　次の図版ア～クは，年代の異なる彫刻作品である。年代の古い
　　順に並べたものの組合せとして最も適切なものを，以下の①～⑥の
　　うちから選びなさい。

図版

ア　イ　ウ　エ

オ　カ　キ　ク

	年代が古い	→	年代が新しい				
①	イ → エ → ウ → オ → カ → ア → キ → ク
②	イ → ウ → エ → カ → オ → キ → ア → ク
③	ウ → エ → イ → オ → カ → キ → ク → ア
④	ウ → イ → エ → カ → オ → ア → ク → キ
⑤	エ → ウ → イ → オ → カ → キ → ク → ア
⑥	エ → イ → ウ → カ → オ → ア → キ → ク

問4　次の記述は，ピカソについて述べたものであり，図版ア〜クは
　　ピカソの作品である。ピカソの作品を年代の古い順に並べたものの
　　組合せとして最も適切なものを，後の①〜⑥のうちから選びなさい。
　　　ピカソは20世紀を代表する芸術家の一人である。キュビスムなど，
　　時代によってさまざまに作風を変えながら，数多くの作品を残した。

● 鑑賞

図版

ア

イ

ウ

エ

オ

カ

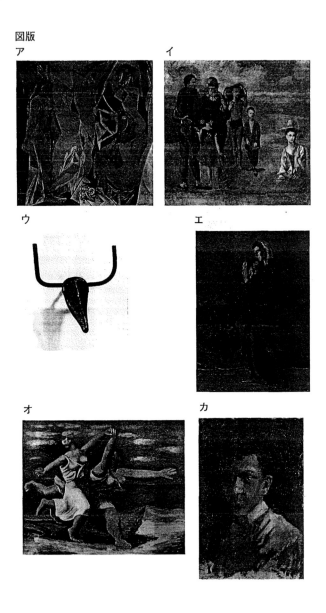

キ

ク

	年代が古い	→				年代が新しい		
①	エ → カ → イ → ア → オ → キ → ク → ウ
②	カ → エ → イ → オ → ア → キ → ウ → ク
③	イ → カ → エ → オ → ア → ウ → キ → ク
④	エ → カ → イ → オ → ア → キ → ク → ウ
⑤	カ → エ → イ → ア → オ → キ → ウ → ク
⑥	イ → エ → カ → オ → ア → ウ → キ → ク

問5 次の図版ア，イは，それぞれある建築物の内部である。これら
の建築物として最も適切なものを，以下の①～⑧のうちからそれぞ
れ選びなさい。

図版
ア　　　　　　　　　　イ

●鑑賞

- ① タージ・マハル　　② ヴェルサイユ宮殿
- ③ シャルトル大聖堂　　④ ランス大聖堂
- ⑤ アルハンブラ宮殿　　⑥ アミアン大聖堂
- ⑦ サグラダ・ファミリア聖堂
- ⑧ サンタ・マリア・デル・フィオーレ大聖堂

問6　次の図版は，ある画家の自画像である。この画家の作品として
最も適切なものを，以下の①～⑦のうちから選びなさい。

図版

① 　　②

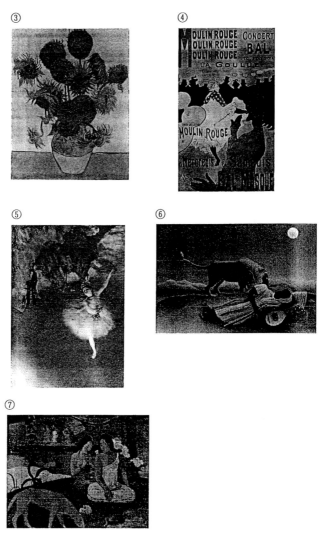

問7 次の記述は，ある画家について述べたものである。この画家の
作品として最も適切なものを，以下の①〜⑤のうちから選びなさい。
　画家は，数年間にわたってリンゴの木を描き続け，いくつかの作
品を残した。そこにはリンゴの木の形を次第に単純化していく過程
が表れている。「花盛りのりんごの樹」は木や地面などが単純な黒

い弓なりの線の組合せで表され，抽象化されている。

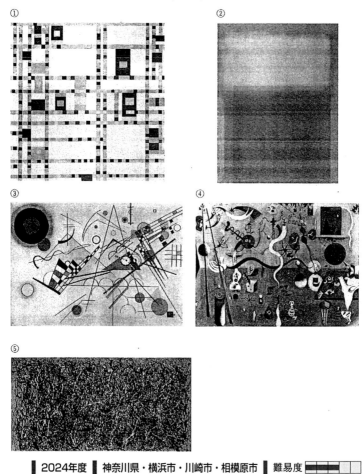

▌2024年度 ▌ 神奈川県・横浜市・川崎市・相模原市 ▌ 難易度 ▟▟▟▟▟

【9】次の各文は，日本の仏像について説明したものである。以下の問い
に答えよ。

> ア　現在，東大寺法華堂には『執金剛神立像』など五体が祀ら
> れている。いずれも過不足のない整ったプロポーションと抑
> 制の利いた各部のモデリングを示している。忿怒相であるが，

その周囲には不思議と静けさが漂っている。天平古典様式の
神髄ともいうべきものである。

イ　現在，興福寺国宝館に収納される『阿修羅像』をはじめと
する八部衆像は，同寺の今はない西金堂に安置されていた。

ウ　中宮寺『菩薩半跏像』は現在では黒漆の肌があらわになっ
ており，漆黒の姿として親しまれているが，当初は漆の上に
彩色が施されていた。その名残として，衣の緑青や朱色，体
色の顔料がわずかに残っている。

エ　唐招提寺の御影堂に安置される『鑑真和上像』は，肖像彫
刻として日本最古である。麻布を何枚も重ね合わせ，内部が
空洞となっている。

オ　興福寺『天燈鬼立像・龍燈鬼立像』は，檜材で鎌倉時代に
つくられた。阿吽，赤と青，動と静を対比的に表した両像は，
1215年(建保3年)に法橋康弁がつくったとする書付があること
から，作者は運慶の三男である康弁と伝えられている。

(1)　アで説明した仏像の制作技法と，説明文中の『執金剛神立像』を
以下の図から選び，最も適当な組合せを番号で答えよ。

1　塑造：B　　　　　2　塑造：C　　　　　3　塑造：E
4　脱活乾漆造：B　　5　脱活乾漆造：C　　6　脱活乾漆造：E
7　寄木造：B　　　　8　寄木造：C　　　　9　寄木造：E

(2)　イで説明した仏像の制作技法と，説明文中の八部衆像の内『沙羯
羅像』を以下の図から選び，最も適当な組合せを番号で答えよ。

1　塑造：B　　　　　2　塑造：C　　　　　3　塑造：D
4　脱活乾漆造：B　　5　脱活乾漆造：C　　6　脱活乾漆造：D
7　寄木造：B　　　　8　寄木造：C　　　　9　寄木造：D

(3)　ウで説明した仏像の制作技法と，説明文中の『菩薩半跏像』を以
下の図から選び，最も適当な組合せを番号で答えよ。

1　塑造：A　　　2　塑造：D　　　3　塑造：F
4　一木造：A　　5　一木造：D　　6　一木造：F
7　寄木造：A　　8　寄木造：D　　9　寄木造：F

(4)　エで説明した仏像の制作技法と，説明文中の『鑑真和上像』を以

下の図から選び，最も適当な組合せを番号で答えよ。

1　一木造：A　　　　　2　一木造：E　　　　　3　一木造：F

4　脱活乾漆造：A　　　5　脱活乾漆造：E　　　6　脱活乾漆造：F

7　寄木造：A　　　　　8　寄木造：E　　　　　9　寄木造：F

(5)　オで説明した仏像の制作技法と，説明文中の『龍燈鬼立像』を以下の図から選び，最も適当な組合せを番号で答えよ。

1　一木造：B　　　　　2　一木造：C　　　　　3　一木造：D

4　脱活乾漆造：B　　　5　脱活乾漆造：C　　　6　脱活乾漆造：D

7　寄木造：B　　　　　8　寄木造：C　　　　　9　寄木造：D

A

B

C

D

E

F

▌2024年度 ▌愛知県 ▌難易度 ▰▰▰▱▱

【10】次の各文は，西洋の彫刻家について説明したものである。以下の問いに答えよ。

> ア　マックス・エルンストは主要なシュルレアリストの中でも，本格的な彫刻に取り組んだ作家である。エルンストは「彫刻というものは最もシンプルで最もプリミティブな芸術であり，様々な形をつくっていると，そこから擬人化の遊びが始まる」と述べている。実際エルンストの彫刻は人物像を思わせるものが多く，しかもそれらは人物を抽象化したというよりも，まさに擬人化されたというにふさわしいものばかりである。
>
> イ　馬と騎手をモチーフにした一連のシリーズは，マリノ・マリーニの彫刻の核をなすものである。馬と騎手は古代以来の伝統的な主題であるが，彼と同時代の世界の状況を反映させて，独自の象徴世界をつくりあげている。
>
> ウ　フランソワ・ポンポンは，オーギュスト・ロダンの助手であったにもかかわらず，生き物の強さを表現するのにリアリズムを用いていない。形態は単純化され，細部は省略されている。よく磨かれた石の表面は光を反射し，それによって生じる色彩と影と反射の戯れが，簡潔な形態に生命力を加えている。
>
> エ　アントニー・ゴームリーは，自分自身の肉体を基に型取りを行い，作品は作家の「分身」となっている。それは自らの外観を描写する自画像ではなく，自身の肉体だけでなく，意識まで収納している「容器」とも言い換えられる。
>
> オ　ウンベルト・ボッチョーニが採用したスピードとダイナミズムは，未来派の人々が機械の時代について語ったものであった。ボッチョーニの人物像が体現しているのは新しい人間であり，この新しい世界と共に，空間を力強く闊歩するものである。

(1)　アの作品として，最も適当なものを以下の図から一つ選び，番号で答えよ。

(2)　イの作品として，最も適当なものを以下の図から一つ選び，番号

で答えよ。

(3) ウの作品として，最も適当なものを以下の図から一つ選び，番号
で答えよ。

(4) エの作品として，最も適当なものを以下の図から一つ選び，番号
で答えよ。

(5) オの作品として，最も適当なものを以下の図から一つ選び，番号
で答えよ。

1

2

3

4

5

6

7

8

2024年度 ┃ 愛知県 ┃ 難易度

【11】 美術史及び美術教育史に関する次の各問に答えよ。

〔問1〕 次の作品の作者として適切なものは，以下のA群の1〜4のうちのどれか。また，その作者に関する記述として適切なものは，あとのB群の1〜4のうちのどれか。

【A群】

1　ウィリアム・モリス

2　エミール・ガレ

3　ヘリト・トーマス・リートフェルト

4　ペーター・ベーレンス

【B群】

1　機械化への反対ではなく，産業に向かう方向で改革する目的は，「芸術と産業と手工の共同による実業活動の質の向上」とし，芸術家と企業家の協力により良質な工業製品の生産を目指したドイツ工作連盟の動きに関わった。

2　全ての自然模倣を厳しく退けて，絵画を形態と平面と色彩の自立的な組織として理解し，感情や個性を締め出し，芸術における合法則性と構造性が観照されることを理念としたデ・ステイルの動きに関わった。

3　反復模様と幾何学的な硬い曲線，水平性と垂直性を重視したデザインは「生活の中に芸術を」という理想を実現するため，新しい材料を使い，安く大量生産できる質のよいデザインを作ろうとしたアール・デコの動きに関わった。

4　産業革命が引き起こした自然破壊，粗悪品の氾濫から，健全な社会と工芸の在り方を提案し，手仕事によって日常生活に美を回復させ，工芸と芸術を再び統合しようとするアーツ・アンド・クラフツ運動に関わった。

〔問2〕　次の記述は，ある芸術家に関するものである。この芸術家として適切なものを以下のア～エから，この芸術家の作品をあとのA・Bからそれぞれ選んだ組合せとして適切なものは，あとの1～8のうちのどれか。

桃山時代から江戸時代初期の画家で，『山水図襖』では，大徳寺に残る宋元画や真珠庵の曾我派の襖などに対する研鑽から，独特の余白造成と真行草の使い分けに成功し，水墨画を近世的意匠に高めた。そして，『松林図屏風』などの水墨画の傑作が生まれた。

画風は，狩野派を意識した宋元画摂取，あるいは永徳風巨大樹木を用いた和漢総合様式に特色がある。

ア　尾形光琳　　イ　長沢蘆雪　　ウ　長谷川等伯
エ　円山応挙

A

B

1　ア－A　　2　ア－B　　3　イ－A　　4　イ－B
5　ウ－A　　6　ウ－B　　7　エ－A　　8　エ－B

〔問3〕　次の作品に関する記述として最も適切なものは，以下の1～4の

うちではどれか。

1　1920年代から第二次世界大戦前まで，芸術の都パリで，次々と展開される芸術運動に関係なく独自の画風を作り出した，「エコール・ド・パリ」と呼ばれた画家のうちの一人の作品である。

2　19世紀末から20世紀初頭にかけ，人間の内部に潜む感情を独特の色彩と形態，筆触で描いた，ドイツを中心として展開された表現主義の作品である。

3　19世紀末から20世紀初頭にかけ，自然主義やリアリズムに対して内面的な観念を暗示しようと展開された象徴主義の作品である。

4　19世紀末以来，追究されてきた表現の一つの結論として興った，無彩色と三原色，平面性などを重視した抽象主義の作品である。

〔問4〕　次の記述は，近代日本美術教育に関するものである。記述中の空欄[　ア　]・[　イ　]に当てはまるものの組合せとして適切なものは，以下の1～4のうちのどれか。

　　東京大学のアメリカ人教師[　ア　]は，西洋画の，自然を迫真的に描写する技術ばかりを日本人が学ぶ必要はなく，むしろ妙想の表現手段として優れている，日本固有の美術を振興すべきであると主張した。その後，教え子である岡倉天心とともに，普通教育の図画は，工芸の基礎としても図案作成にも役立つ美術画法でなければならず，[　イ　]を採用すべきであると説いた。

1　ア　フェノロサ　　　　　イ　鉛筆
2　ア　フェノロサ　　　　　イ　毛筆
3　ア　ローウェンフェルド　イ　鉛筆
4　ア　ローウェンフェルド　イ　毛筆

〔問5〕　美術教育に関する記述として適切なものは，次の1〜4のうちのどれか。

1　エリオット・アイスナーは，美術による教育と科学教育の差異について考え，芸術は想像力と創造性を中心にする総合化の活動であり，科学が発展するための創造的契機もまた芸術的な思考方法に根をもつと指摘した。

2　フリードリヒ・フレーベルは，開発した美術教育カリキュラムで，従来の子供の創造性に基づいた製作活動を主とした美術授業の形態に加えて，批評的領域，歴史的領域を構成内容に設定し，DBAE理論に基づくカリキュラムの先導的な役割を果たした。

3　フランツ・チゼックは，子供の表現に興味をもち，児童美術教育の実験を行い，工業振興のための功利的美術教育を否定し，「子供を認め，子供の表現世界を認める」創造性教育を美術教育の実践を通して提案した。

4　ハーバート・リードは，子供の本来的な自己活動は神性の自己表現であり，子供はそれを通して自らの能力や素質を展開させるとし，教育の役割は人間の創造的活動を側面的に援助し，神性を開発するものであるとした。

‖ 2023年度 ‖ 東京都 ‖ 難易度 ▇▇▇▇▇

【12】次の各文は，ヨーロッパの画家について説明したものである。以下の問いに答えよ。

> ア　激動する時代とともに歩んだ画家[　1　]は，パリに生まれた。彼はローマ留学中に古代美術を目のあたりにしたことで，ロココの要素を色濃く残していた画風から脱皮して，力強く古典的な様式を形成していった。代表作『ホラティウス兄弟の誓い』など一連の歴史画は，フランスの新古典主義絵画がどのようなものであるかをよく教えてくれる。
>
> イ　エーゲ海の島，クレタに生まれた[　2　]は，イタリアで油彩画の技法を学んだ後，年齢30代半ばにスペインへ渡る。そこで最初に描いた大作が，トレド大聖堂の『聖衣剝奪（はくだつ）』である。また，螺旋（らせん）を描いて宙を舞う聖母を描いた『無原罪の御宿（おん やど）り』は，十頭身以上になる聖母の極端なプロポーションが印象的な晩年の傑作である。
>
> ウ　パリには多くの外国人芸術家が集まったが，今日エコール・ド・パリの名で知られる彼らの一部は，個性的な具象絵画を創造した。イタリア人の[　3　]は，初期に手がけていた彫刻や，セザンヌの影響に由来する構築性を重視した形態に，叙情性を加味した人物画を得意とした。
>
> 　『白いクッションに横たわる裸婦』では，モデルは腕をあげて伝統的な誘惑のポーズをとり，下腹部を正面に向けている。媚（こ）びたまなざしと口元が，見る者を誘い込む。

(1)　[　1　]〜[　3　]にあてはまる画家として，最も適当な人物を一人選び，それぞれ番号で答えよ。

1　ベラスケス　　　2　エル・グレコ　　　3　アングル
4　スーチン　　　　5　ダヴィッド　　　　6　モディリアニ

(2)　ア〜ウの文を時代の古い順に並べたものとして，最も適当なものを一つ選び，番号で答えよ。

1　ア→イ→ウ　　　2　イ→ア→ウ　　　3　イ→ウ→ア

(3)　ア〜ウの画家の作品として，どれにも該当しないものを図から一つ選び，番号で答えよ。

┃ 2023年度 ┃ 愛知県 ┃ 難易度 ┃

【13】 世界の美術について，次の各問いに答えなさい。

問1　次の記述と図版は，東南アジアにある，ある建築物についての
ものである。この寺院の名称と国の組合せとして最も適切なものを，
以下の①～⑨のうちから選びなさい。

　寺院全体に華麗な浮き彫りを施すが，なかでも最下の第一回廊に
表された二大叙事詩「マハーバーラタ」と「ラーマーヤナ」に基づ
く神話・伝説や，ヴィシュヌ神信仰にかかわる物語などは，この時
代における浮彫彫刻のなかでも最高傑作とされる。

図版

	名称	国
①	タージ・マハル	カンボジア
②	タージ・マハル	インドネシア
③	タージ・マハル	タイ
④	アンコール・ワット	カンボジア
⑤	アンコール・ワット	インドネシア
⑥	アンコール・ワット	タイ

⑦	ボロブドゥール	カンボジア
⑧	ボロブドゥール	インドネシア
⑨	ボロブドゥール	タイ

問2　次の図版は, イタリアのある教会の壁画である。この壁画が設置されている教会として最も適切なものを, 教会①～④のうちから選びなさい。

　　また, この壁画の制作に用いられた技法として最も適切なものを, 技法①～④のうちから選びなさい。

図版

教会
① サン・フランチェスコ大聖堂(アッシジ)
② サンタ・マリア・デッレ・グラツィエ教会(ミラノ)
③ サンタ・マリア・デル・カルミネ教会(フィレンツェ)
④ サン・ヴィターレ聖堂(ラヴェンナ)

技法
①　フレスコ　　②　モザイク　　③　油彩　　④　テンペラ

問3　次の図版ア～カは, 世界の絵画作品である。これらの作品を制作年代順に古いものから並べた組合せとして最も適切なものを, 制作年代の組合せ①～⑥のうちから選びなさい。

　　また, 図版ア～カのうち, スペイン出身の画家の作品の組合せとして最も適切なものを, 作品の組合せ①～⑨のうちから選びなさい。

図版

ア

イ

ウ

エ

オ

カ

制作年代の組合せ

①	オ → エ → カ → イ → ウ → ア
②	ア → エ → オ → イ → カ → ウ
③	イ → オ → エ → ウ → カ → ア
④	カ → イ → ア → エ → オ → ウ
⑤	ウ → カ → ア → オ → エ → イ
⑥	エ → イ → カ → オ → ア → ウ

作品の組合せ

① アエ　　② イウ　　③ ウオ　　④ エオ

⑤ オカ　　⑥ アイエ　⑦ アエオ　⑧ イウエ

⑨ ウオカ

問4　次の記述と図版は，ある画家についてのものである。この画家
　　名として最も適切なものを，以下の①〜④のうちから選びなさい。

　　　1909年アイルランド，ダブリンに生まれる。1948年に「絵画1946」
　　がニューヨーク近代美術館に購入される。作品は，極度にデフォル
　　メされた人物像を室内に配したものが多く，表現主義的傾向が強い。

図版

　　① フランシス・ベーコン　　② ジャン・フォートリエ

　　③ ジャン・デュビュッフェ　④ ダミアン・ハースト

問5　次の図版は，ある美術家の彫刻作品である。この美術家が所属
　　していた芸術運動の説明として最も適切なものを，以下の記述①〜
　　④のうちから選びなさい。

　　　また，その芸術運動の名称を，後の語群①〜⑤のうちから選びな
　　さい。

195

● 鑑賞

図版

記述

① 第一次世界大戦中に主としてモンパルナス地区に各国から若い芸術家が集まった。彼らは各国からの文化や風習を持ち込み，交流を介してお互いに刺激しあい，競うように新しい様式を模索していった。

② ゴーガンの強烈な指導法から誕生し，伝統的な構図から外れた大胆な画面構成，従来の遠近法を排した平面的な処理などを特徴とした。

③ 19世紀末，アカデミーが主導する官展などの体制に反発し，そこから脱しようとする動きが起こった。ウィーンにおいては1897年にグスタフ・クリムトが運動の創始者となった。

④ 1910年にマリネッティに賛同したミラノの画家たちが宣言を起草し，テクノロジーの進歩と都市の発達を肯定し，急速に変貌する都会に生きる現代人の意識を表現することを目指した。

語群

① パリ派　　② 分離派　　③ 素朴派　　④ 未来派
⑤ ナビ派

▌ 2023年度 ▌ 神奈川県・横浜市・川崎市・相模原市 ▌ 難易度 ■■■■□□

【14】美術教育について，次の各問いに答えなさい。
　問1　次の記述は，日本の美術教育について述べたものである。[　　]

に当てはまる語句として最も適切なものを，以下の①～⑤のうちから選びなさい。

　川上寛が翻訳し，明治4年に刊行された日本最初の図画の教科書『[　　]』には，「世ニ画図ノ有用欠クヘカラサルヤ文ノ尽ス能ハサルヲ補ヒ」とあり，図画の有用性，実効性が述べられている。日本の図画教育の始まりは美術の表現の教育ではなく，技術教育的な側面の強いものであった。

① 新定画帖　　② 図画教育論　　③ 西画指南
④ エノホン　　⑤ 初等科図画

問2　次の記述は，日本の美術教育者について述べたものである。[　　]に当てはまる人物として最も適切なものを，以下の①～⑤のうちから選びなさい。

　武井勝雄と[　　]は昭和9年に『構成教育大系』を著した。この本の中で[　　]は，「構成教育とは丸や，四角や，三角をならべる事ではない。所謂構成派模様を描くことでもない。我々の日常の生活の極くありふれた，極く身近な事を充分とり出して見て，それを新しい目で見なほして，それを鑑賞したり，作ったりする上のコツを掴みとるところの教育，それが構成教育である。」と述べている。

① 久保　貞次郎　　② 川喜田　煉七郎　　③ 霜田　静志
④ 青木　實三郎　　⑤ 北川　民次

問3　次の記述は，世界の美術教育者について述べたものである。[　　]に当てはまる人物として最も適切なものを，以下の①～④のうちから選びなさい。

　ボヘミアに生まれた[　　]は，ウィーンの美術アカデミーに在学中に，子どもたちの絵(落書き)から，子どもの描画活動の重要性を認識した，と伝えられている。1919年にロンドンで開催した児童画作品展の好評により，彼の指導が世界的に知られることとなった。「子どもたちをして成長せしめよ，発展させ，成熟せしめよ」は[　　]のモットーである。

① チゼック　　② ローウェンフェルド　　③ リード
④ ヴィオラ

問4　次の記述は，世界の美術教育に関する理論について述べたもの

である。[　　]に当てはまる語句として最も適切なものを，以下の
①〜④のうちから選びなさい。

　日本の美術教育に大きな影響を与えてきたアメリカの美術教育に
おいては，1980年代には美術の持つ学問・文化体系を重視した系統
的学習として[　　]が取り組まれた。[　　]は「制作」「美術批評」
「美術史」「美学」の4つの領域によるカリキュラムが特徴である。

① GCSE　② NCLB　③ GNH　④ DBAE

▍2023年度▍神奈川県・横浜市・川崎市・相模原市▍難易度 ■■■□□

【15】図画工作及び美術の鑑賞に関する次の各問に答えよ。
〔問1〕　次の作品の作者に関する記述として適切なものは，以下の1〜4
　のうちのどれか。

　1　ロンドンに生まれ，光を色彩で表現しようと試みた。歴史画制
　　作のかたわら身近なイギリスの自然を描き，天候と大気が風景に
　　与える変化を追究した。イギリス風景画の黄金期を代表するロマ
　　ン主義の作家である。
　2　パリに生まれ，アカデミーの大家に師事をした。自然を丹念に
　　観察し，大気や光を忠実に表現した叙情的な風景画で，新古典主
　　義のサロンでも認められるほどの名声を得た。写実主義の先駆け
　　である自然主義を代表する作家である。
　3　パリ郊外の村に住み，野外の外光で風景画を描いた。風景的要
　　素を人間に従属させ，労働する人々のポーズを通じてその苦痛と，

それに打ち勝つ人間の尊厳を描こうとした。目に見えるものをありのままに描こうとした写実主義を代表する作家である。

4　パリに生まれ，色彩や光に関する科学理論を研究した。色彩表現を強く打ち出すために筆触分割の理論を打ち出し，筆触の単位を点描から小さな色面へと変化させていった，新印象主義を代表する作家である。

〔問2〕　次の作品に関する記述として最も適切なものは，以下の1〜4のうちではどれか。

1　クラシック期のもので，古代ギリシアの彫刻家，リュシッポスの作であることが分かっている。オリジナルはブロンズでできており，その後，大理石によるコピーが制作されたと考えられている。

2　ヘレニズム期のもので，ロドス島の彫刻家によるものと考えられている。サモトラケ島で発見され，その後，作品が立っていた船首の部分が発見された。

3　ヘレニズム期のもので，古代ギリシアの彫刻家，パイオニオスの作であることが分かっている。オリンピアのゼウス神殿の正面に設置された高さ約10mの三角柱の上に立てられていた。

4　クラシック期のもので，古代ギリシアの彫刻家，プラクシテレ

スの作であることが分かっている。サモトラケ島で発見され，その後の研究で地上に降り立ったところが表現されていることが分かった。

〔問3〕　次の作品の作者に関する記述として適切なものは，以下の1〜4のうちのどれか。

1　少年時代にジョヴァンニ・ベリーニに学んだ。主題は神話，宗教，肖像など多方面にわたり，色彩自体の価値を自由に表現した描法には独自のものがあり，晩年に至るにつれ運筆はますます激情的なものとなった。代表作に『ウルビノのヴィーナス』がある。

2　ミケランジェロ，ラファエロの影響を受け，ことに後者の様式をいっそう優美に展開させ，非現実的な空間に極度に引伸ばされた繊細優美な人体を描いた。版画にも優れ，イタリアでエッチングの技法を紹介した最初の版画家と言われる。代表作に『長い首の聖母』がある。

3　20代中頃にヴェネツィアに渡り，ティントレットなどの影響を受けた。写実的な肖像画を多く残したが，長身化され様式化された人物像が神秘的な擬似空間に炎のように燃え上る宗教画が特徴である。代表作に『無原罪の御宿り』がある。

4　建築家ブルネレスキに遠近法を学び，近代絵画の基調と言われる写実主義の基礎を築いた。絵画における新しい自然主義的なアプローチを提唱し，平面的な表現よりもむしろ三次元的なイリュージョンを重視した。代表作に『貢の銭』がある。

〔問4〕　次の記述は，以下の作品に関するものである。記述中の空欄
　[　ア　]～[　ウ　]に当てはまる語句の組合せとして適切なものは，あとの1～6のうちのどれか。

> 　18世紀のフランスを中心に流行した[　ア　]様式を代表する作家の作品であり，豊かな色彩と[　イ　]な表現が特徴である。この様式では，室内や調度品の装飾には[　ウ　]に例えられる曲線が多く使われた。

	ア		イ		ウ	
1	ア	アールヌーボー	イ	装飾的	ウ	植物
2	ア	アールヌーボー	イ	優美	ウ	ゆがんだ真珠
3	ア	バロック	イ	劇的	ウ	ゆがんだ真珠
4	ア	バロック	イ	装飾的	ウ	巻き貝
5	ア	ロココ	イ	劇的	ウ	植物

6　ア　ロココ　　　　　イ　優美　　ウ　巻き貝

〔問5〕　次の作品の作者に関する記述として適切なものは，以下の1～4
のうちのどれか。

1　絵具を重ねるのではなく，細かなタッチで画面に並べる筆触分
割により，光の反射を巧みに捉え，外光によって移り変わる一瞬
の光景を描き出した。代表作に『印象・日の出』がある。

2　古典を学びながらも写実主義の考え方を取り入れ，影をわざと
少なくし，明快な色使いと素早いタッチや筆さばきでパリの市民
生活を鮮やかに描き出した。代表作に『笛を吹く少年』がある。

3　複数の視点から捉えることや，独自のデフォルメ，色の工夫な
ど，構図やタッチ，色彩という純粋な絵画的な要素に価値がある
という新しい考え方で作品を描き出した。代表作に『林檎とオレ
ンジ』がある。

4　混色をさけた彩色と自由でのびやかな筆致によって，降り注ぐ
光の表現や明るい雰囲気で過ごす人々を描き出した。代表作に
『大水浴図』がある。

〔問6〕　次の作品の作者として適切なものを以下のア～エから，その作
者に関する記述として適切なものをあとのA・Bからそれぞれ選ん
だ組合せとして適切なものは，あとの1～8のうちのどれか。

ア　葛飾北斎　　イ　鈴木春信　　ウ　東洲斎写楽

エ　菱川師宣

A　10か月ほどの活動期間で，極端に強調された個性的な浮世絵で
話題となった。作品の背景には，絵の具に雲母の粉を混ぜた雲母
摺の技法が使われた。

B　狩野派から西洋絵画まで学び，ダイナミックな構図で斬新な浮
世絵を作り上げた。輸入されたベロ藍と伝統の藍を使用して，青
の色調が生まれた。

1　ア－A　　2　ア－B

3　イ－A　　4　イ－B

5　ウ－A　　6　ウ－B

7　エ－A　　8　エ－B

| 2023年度 | 東京都 | 難易度 ■■■□□

【16】図画工作及び美術の表現と鑑賞に関する次の各問に答えよ。

〔問1〕　次の記述は，ある作品に関するものである。この作品として適
切なものを以下のア・イから，その作者として適切なものをあとの
A～Dからそれぞれ選んだ組合せとして適切なものは，あとの1～8
のうちのどれか。

作者の彫刻にとっても，また20世紀の抽象彫刻にとっても代表的な作品と見なされる『空間の鳥』は，単純化され，飛翔する鳥のイメージが抽象的な概念に置き換えられている。ロダンから決別した作者は，鳥の姿をそのままなぞるのでなく，鳥という生命体について人間の思い描くイメージを，純化させた形態のなかに凝縮させている。

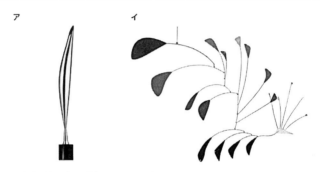

ア　　　　　　　イ

A　アルベルト・ジャコメッティ
B　アレクサンダー・コールダー
C　コンスタンティン・ブランクーシ
D　ヘンリー・ムーア

　1　アーA　　2　アーB　　3　アーC　　4　アーD
　5　イーA　　6　イーB　　7　イーC　　8　イーD

〔問2〕　次の作品ア～ウと，その作者に関する記述A～Cとの組合せとして適切なものは，あとの1～6のうちのどれか。

ア

イ

ウ

A　写実主義を代表する作家で，その表現は堅固な形態や量塊に対する愛着と結びつき，なによりも視覚を重視するものとして印象主義の作家たちに影響を与えた。

B　新古典主義を代表する作家で，色彩よりも線による表現を尊重し，鮮明な線と冷たい色彩そして厳格で明確な構図によって古代の美徳を表現した。

C　ロマン主義を代表する作家で，色彩の補色の利用や，筆跡の残る大きなタッチを有効に用いるなど，印象派はもとより，後期印象派やフォービスムに影響を与えた。

1　ア－A　　イ－B　　ウ－C
2　ア－A　　イ－C　　ウ－B
3　ア－B　　イ－A　　ウ－C
4　ア－B　　イ－C　　ウ－A
5　ア－C　　イ－A　　ウ－B
6　ア－C　　イ－B　　ウ－A

〔問3〕　次の記述は，ある建築物と庭園に関するものである。この建築物と庭園として適切なものは，以下の1〜4のうちのどれか。

> 中島を配した池や築山を設け，庭園を眺める位置に書院が建てられている。書院は伝統的な書院造に茶室風を加味した，数寄屋風書院造であり，雁行形に続いている。また，庭園は池泉回遊式庭園であり，園内の移動に伴い，変化に富んだ景観を鑑賞できる。

1

2

3

4

〔問4〕 次の記述は，ある芸術家に関するものである。この芸術家の作
品として適切なものは，以下の1〜4のうちのどれか。

> フランスのラヴァルに生まれ，パリ市にある税関の職員と
> して働きながら絵を描いた素朴派の画家である。正統的な形
> 態把握，色彩用法，構図法にとらわれずに特異な画面を作り
> あげ，幻想的，夢幻的な絵画世界を作り上げた。

1

2

3

4

〔問5〕 次の記述は，ある芸術家に関するものである。この芸術家の作品として適切なものは，以下の1〜4のうちのどれか。

> 1890年オーストリアのトゥルンに生まれた画家である。ウィーンの美術アカデミー中退後，19歳で新芸術家集団を結成した。自画像を多く描いた。性や死をテーマとした作品も多く，当時，彼の表現は非常に過激であるとされ，世間には受け入れられなかった。

1

2

3   4

〔問6〕 次の記述は，以下の作品A・Bに関するものである。記述中の
空欄[　ア　]〜[　ウ　]に当てはまる語句の組合せとして適切なも
のは，あとの1〜6のうちのどれか。

> 　材木の節約や制作時の分業化が可能となる[　ア　]の技法の
> 完成者とも言われる仏師定朝のあとに，仏像A・Bの作者であ
> る[　イ　]派の仏師たちが登場した。仏像Aは，仏師たちが焼
> 失した大寺院の復興のために，仏師定朝が完成させたと言わ
> れる技法を用いて短期間で制作した。また，仏像Bは仏師
> [　ウ　]が，玉眼などの技法を用いて高僧を写実的に表現した。

A   B

1	ア	乾漆	イ	慶	ウ	運慶
2	ア	乾漆	イ	止利	ウ	鞍作鳥
3	ア	乾漆	イ	止利	ウ	運慶
4	ア	寄木	イ	慶	ウ	運慶
5	ア	寄木	イ	慶	ウ	鞍作鳥
6	ア	寄木	イ	止利	ウ	鞍作鳥

〔問7〕 次の作品の作者として適切なものは，以下のA群の1〜4のうち
のどれか。また，この作品に関する記述として最も適切なものは，
あとのB群の1〜4のうちではどれか。

【A群】

1 ヴィクトール・ヴァザルリ　　2 ジャクソン・ポロック

3 ジャスパー・ジョーンズ　　　4 ロイ・リクテンスタイン

【B群】

1 描きあがったものだけでなく，絵を描く作家の身体的な行為の
軌跡，描く行為自体に重要性を与えた，アクション・ペインティ
ングの作品の一つである。

2 ありきたりだと思っていたものの見方を変えることで，新しい
イメージを感じさせ，絵画としての存在感，現実感を表現して描
いた，ネオ・ダダの作品の一つである。

3 大衆文化や消費社会を象徴する日常的で通俗的なものを断片的
に取り出して，そのイメージをアート化して描いた，ポップ・ア
ートの作品の一つである。

4 色面や線を使った錯視効果で画面がふくらんだり揺らいだりし

て見える，視覚的美術，光学的美術として描いた，オプ・アート
の作品の一つである。

| 2023年度 | 東京都 | 難易度 ████▢▢

【17】次の文章を読んで，問1〜問8に答えなさい。

1905年，パリのサロン・ドートンヌの一室に集まった若い画
家たちは，当初は必ずしもまとまって絵画運動を目指していた
わけではないが，そこから，20世紀最初の絵画革命と言っても
よい[　1　]が生まれてきた。その主要な仲間は，パリの美術学
校でモローの教室に学び，作品Aを描いた[　2　]やジョルジ
ュ・ルオー，アルベール・マルケなどと，セーヌ河畔のシャト
ゥに共同のアトリエを構えていたモーリス・ド・ヴラマンク，
アンドレ・ドランなどである。

彼らは，新印象主義の理論や[　3　]の影響を受けて，絵画の
自律性を確立するのに大きく寄与した。

「西洋美術史」高階秀爾監修　美術出版社　から一部引用

作品A

問1　空欄1に当てはまる20世紀の新しい絵画運動として，最も適した
ものを選びなさい。

ア　ダダ　　　　　　　　イ　シュルレアリスム
ウ　エコール・ド・パリ　エ　フォーヴィスム
オ　キュビスム

問2　空欄1の絵画運動の絵画に見られる思想や技法として，最も適し
たものを選びなさい。

　　ア　過去の芸術や文化の徹底した破壊や否定
　　イ　徹底した対象解体
　　ウ　夢や無意識や非合理の解放
　　エ　強い抒情性
　　オ　鮮烈な色彩表現
問3　空欄2に当てはまる画家として，正しいものを選びなさい。
　　ア　オーギュスト・ルノワール　　イ　カミーユ・ピサロ
　　ウ　クロード・モネ　　　　　　　エ　ルネ・マグリット
　　オ　アンリ・マティス
問4　作品Aの作品名として，正しいものを選びなさい。
　　ア　ダンス　　　　　　イ　アヴィニョンの娘たち
　　ウ　タヒチの女たち　　エ　踊り子の報酬
　　オ　エトワール
問5　空欄3に当てはまる画家として，代表的な画家を選びなさい。
　　ア　エドガー・ドガ
　　イ　エドゥアール・マネ
　　ウ　アルノルト・ベックリーン
　　エ　フィンセント・ファン・ゴッホ
　　オ　ポール・ゴーギャン
問6　空欄3の画家と同じ「新印象主義」の画家として，代表的な画家を選びなさい。
　　ア　ワシリー・カンディンスキー　　イ　マルセル・デュシャン
　　ウ　ジョルジュ・スーラ　　　　　　エ　サルバドール・ダリ
　　オ　マックス・エルンスト
問7　空欄2の画家の他の作品として，正しいものを選びなさい。

　　　　　　ア　　　　　　　　　　　　　　　　イ

211

ウ　　　　　　　　　エ　　　　　　　　　オ

問8　空欄3の画家の作品として，正しいものを選びなさい。

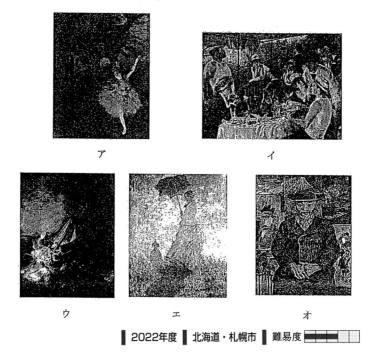

ア　　　　　　　　　　　　　イ

ウ　　　　　　　　エ　　　　　　　　オ

| 2022年度 | 北海道・札幌市 | 難易度 |

【18】次の文章を読んで，問1〜問6に答えなさい。

　　1937年，東京都生まれ。1945年に一家で北海道の鹿追町に入
　植。鹿追中学校では美術部に入り，卒業後は営農を継ぐ。
　　1956年，帯広の第31回平原社美術協会展に「痩馬」を公募展

初出品，朝日奨励賞を受賞する。その後，札幌の全道美術協会展，東京の独立美術協会展と発表の場を広げる。

　初期の作品「家」「ゴミ箱」「飯場の風景」などは，[　　]にペインティング・ナイフで描くという独自の画法と，こげ茶色モノクロームの色調から，十勝の大地に深く根ざした画家の生きざまが強く感じられる。

　また，1960年代当時，日本の美術界に吹き荒れた<u>アンフォルメル旋風</u>の影響を受け，1970年の第25回全道展に出品された作品Bは最後の完成作である。

作品B

問1　この文章は，作品Bを描いた北海道ゆかりの画家について書かれたものです。該当する画家として，正しいものを選びなさい。
　ア　木田　金次郎　　　イ　居串　佳一　　　ウ　三岸　好太郎
　エ　神田　日勝　　　　オ　国松　登
問2　作品Bの作品名として，正しいものを選びなさい。
　ア　一人　　イ　壁と顔　　ウ　人間　　エ　室内風景　　オ　男
問3　空欄に当てはまる語句として，正しいものを選びなさい。
　ア　帆布　　イ　ガラス　　ウ　ベニヤ　　エ　銅板　　オ　紙
問4　下線部の説明として，最も適したものを選びなさい。
　ア　絵画から形式を排斥し，描く身振りと素材のマチエールを強調

213

することにより，あらゆる絵画的伝統を否定し，描くという行為を根本から問い直そうとした。

イ　人間の無意識のうちに潜む創造力を引き出し，既成概念の枠組みや常識的な表現形式から創造性を解放することを目指した。

ウ　さまざまな角度から見たモチーフの形を一つの画面に収め，色彩よりも線と面により生み出されるリズムを重視した。

エ　イタリアのフィレンツェを中心に，古代ギリシャ・ローマ時代に培われた造形表現の復興を目指した。

オ　ルノワールやモネなどが，日常の一場面や見慣れた風景を，光と色彩あふれる華やかな様子で表現した。

問5　作品Bを描いた画家の他の作品として，正しいものを選びなさい。

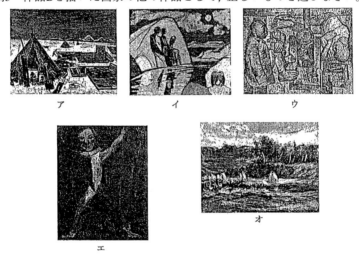

ア　　　　　　イ　　　　　　ウ

エ　　　　　　オ

問6　作品Bを描いた画家の作品を，制作年が古い順に並べた際の組合せとして，正しいものを選びなさい。

A　　　　　　B　　　　　　C

D

ア　A→C→D→B　　　イ　A→D→C→B　　　ウ　B→C→D→A
エ　B→D→C→A

┃ 2022年度 ┃ 北海道・札幌市 ┃ 難易度 ▓▓▓▓▓░░

【19】美術教育について，次の各問いに答えなさい。

問1　次の記述は，日本の美術教育について述べたものである。[　　]
に当てはまる人物として最も適切なものを，以下の①～⑤のうちか
ら選びなさい。

[　　]は，自分の子どもへの図画教育の経験に基づいて，『図画教
育論』を著した。この本の中で彼は，図画教育の第一の目的は必ず
しも美術や絵を教えることではなく，美術や絵によって真の徳育を
施そうとすることにあると述べた。自由画法(写生，想像または記
憶画)，見学法，手法教授，装飾法の4つの教授方法論を提示してい
る。

①　山本　鼎　　　　　　　②　岸田　劉生　　③　岡倉　天心
④　川上　寛(川上　冬崖)　⑤　小山　正太郎

問2　次の図版と記述は，バウハウスに関するものである。[　　]に当
てはまる人物として最も適切なものを，後の①～⑤のうちから選び
なさい。

　　バウハウスは1919年にグロピウスが創設した造形専門学校で，その特徴の一つは教育課程である。基礎造形教育は[　　]の提案によって設置され，最初は「予備課程」と，後に「基礎課程」と呼ばれた。[　　]のほかに担当者は，モホリ＝ナギ，アルベルス，カンディンスキー，クレーなどがいた。

① イッテン　　② シュタイナー　　③ モリス

④ ギマール　　⑤ ラスキン

問3　次の記述は，世界の美術教育について述べたものである。[　　]に当てはまる人物として最も適切なものを，以下の人物①〜⑤のうちから選びなさい。

　　また，この記述及び図版と関係が深い書籍として最も適切なものを，後の書籍①〜⑤のうちから選びなさい。

　　[　　]は，世界各国から100万枚の児童画を収集し，幼児期の描画を分析した。こうした大規模な分析により，児童の描く形体には，どの民族にも共通して見られる発達順序が認められるとした。

図版

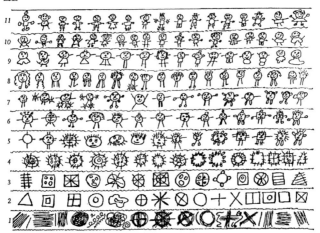

人物

　① チゼック　　② アルンハイム　　③ サリー

　④ クック　　⑤ ケロッグ

書籍

　① 児童期の研究　　② 芸術家としての子供達

③　児童画の発達過程　　④　子どもの絵
⑤　最初の線描から8歳の色彩画に至るまでの児童画

┃**2022年度**┃神奈川県・横浜市・川崎市・相模原市┃難易度┃■■■□□

【20】日本の美術について，次の各問いに答えなさい。

問1　次の図版A，Bと記述は，仏像に関するものである。[　ア　]，
[　イ　]に当てはまる語句の組合せとして最も適切なものを，後の
組合せ①〜⑧のうちから選びなさい。

図版 A　　　　　　　　**図版 B**

　　飛鳥，奈良時代の仏像には，法隆寺の釈迦三尊像(図版A)のよう
に端正で厳しい表情で正面性を重んじた[　ア　]と，広隆寺の弥勒
菩薩半跏思惟像(図版B)のように顔や姿が柔軟で丸みがあり，立体
感を有した[　イ　]がある。

組合せ

	ア	イ
①	盛唐様式	安阿弥様
②	南梁様式	北魏様式
③	初唐様式	定朝様
④	盛唐様式	定朝様
⑤	安阿弥様	初唐様式
⑥	定朝様	盛唐様式
⑦	北魏様式	南梁様式
⑧	初唐様式	盛唐様式

問2　次の記述は，明治から大正にかけての日本の彫刻について述べ

● 鑑賞

たものである。下線部の作者の作品として，図版ア～カの組合せで
二つとも適切ではないものを，後の組合せ①～⑧のうちから選びな
さい。

　彫刻では高村光雲が伝統的な木彫を近代の彫刻として再興させ
た。新海竹太郎は工部美術学校で洋風彫刻を学んだ小倉惣次郎に師
事し，塑造を学んだ。ロダンに学んだ荻原守衛は，生命力豊かな表
現で彫刻界に大きな影響を与えた。

図版

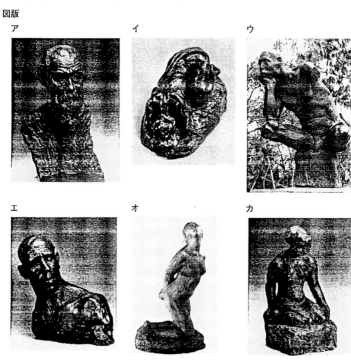

ア　イ　ウ
エ　オ　カ

組合せ
　①　ア，カ　　②　イ，ウ　　③　ウ，オ　　④　ア，イ
　⑤　ウ，カ　　⑥　エ，オ　　⑦　ア，ウ　　⑧　イ，カ

問3　次の記述は，江戸時代の琳派について述べたものである。下線
　部の作者の作品と図版ア～カの組合せとして最も適切なものを，後
　の組合せ①～⑦のうちから選びなさい。

　琳派は江戸時代を中心に活躍した絵画を主とする装飾的な芸術の

218

流派で，その作品は工芸や書など多岐にわたっている。京都で活躍
した俵屋宗達と本阿弥光悦を源流とし，尾形光琳と尾形乾山兄弟が
発展させ，酒井抱一と鈴木其一が江戸に広めた。

図版

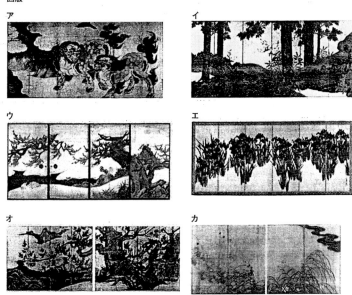

組合せ

	尾形　光琳	鈴木　其一
①	イ	ア
②	カ	オ
③	エ	イ
④	ア	オ
⑤	カ	ウ
⑥	エ	ウ
⑦	カ	イ

問4　次の図版は，桃山時代に描かれた「桜図」である。この作品の
作者名と，以下の記述の[　　]に当てはまる語句の組合せとして最
も適切なものを，後の組合せ①〜⑧のうちから選びなさい。

● 鑑賞

図版

　「桜図」は，桜の花を白色や下地などに使う[　ア　]で立体的に盛り上げ，花びらを一枚一枚大胆にデザイン化して描いている。金箔に白い花が映え，いっそう華やかさを演出している。

（部分拡大）

組合せ

	作者名	アの語句
①	長谷川　久蔵	水晶末
②	狩野　永徳	方解末
③	長谷川　久蔵	胡粉
④	狩野　永徳	白群
⑤	長谷川　等伯	胡粉
⑥	狩野　永徳	雲母
⑦	長谷川　久蔵	白群
⑧	長谷川　等伯	雲母

問5　次の記述は，江戸時代の陶芸について述べたものである。[　A　]に当てはまる語句と柿右衛門様式の図版の組合せとして最も適切なものを，後の組合せ①〜⑧のうちから選びなさい。

　17世紀，九州の有田では中国の上絵付け技法を学んだ酒井田柿右衛門が，日本で初めて[　A　]の焼成に成功し，その後の国内外の陶芸に影響を与えた。

図版

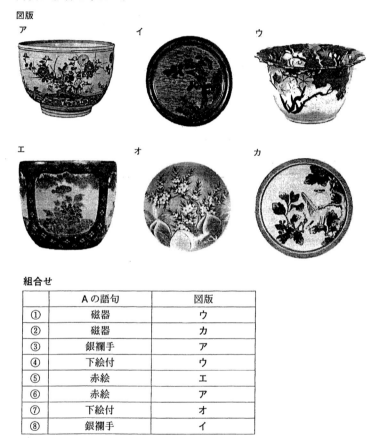

組合せ

	Aの語句	図版
①	磁器	ウ
②	磁器	カ
③	銀襴手	ア
④	下絵付	ウ
⑤	赤絵	エ
⑥	赤絵	ア
⑦	下絵付	オ
⑧	銀襴手	イ

問6　次の図版ア〜カは，日本の代表的な建築である。年代の古い順に並べたものの組合せとして最も適切なものを，以下の組合せ①〜⑧のうちから選びなさい。ただし，焼失等により再建されたものは，再建された年代ではなく，最初の建立年代として解答すること。

図版

組合せ

	古い	→			新しい	
①	カ	イ	エ	ウ	オ	ア
②	エ	カ	イ	オ	ウ	ア
③	イ	エ	カ	オ	ウ	ア
④	エ	イ	カ	オ	ア	ウ
⑤	エ	カ	イ	ア	オ	ウ
⑥	カ	エ	イ	オ	ウ	ア
⑦	カ	エ	イ	オ	ア	ウ
⑧	エ	イ	カ	ア	ウ	オ

問7　次の図版と記述は，石川県の兼六園のものである。[　　]に当てはまる語句として最も適切なものを，後の①～⑤のうちから選びなさい。

図版

　大きな池と，周囲を巡る園路を配した[　　]である。庭園の名称は宋時代の詩人，李格非が紹介した「宏大(広い様子)，幽邃(静寂さ)，人力(人工的)，蒼古(古びた趣)，水泉(滝や水)，眺望(遠くを眺める)」という名園の六要素をすべて兼ね備えている，という意味である。

① 露地　　　② 池泉舟遊式庭園　　③ 書院造庭園
④ 枯山水庭園　　⑤ 回遊式庭園

問8　次の記述と図版ア～キは，戦後の日本の美術展開についてのものである。この記述の下線部の美術集団の名称と，この集団の作品やパフォーマンスの組合せとして，最も適切なものを，後の組合せ①～⑧のうちから選びなさい。

　1950年代には，吉原治良を中心とした前衛美術集団や斎藤義重などが，絵画や彫刻など従来の形式や技法の枠を打ち破る多様な表現を展開した。

図版
ア

イ

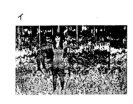

ウ

エ

オ

カ

● 鑑賞

キ
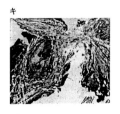

組合せ

	美術集団の名称	適切な図版
①	具体美術協会	エ、オ、キ
②	具体美術協会	ア、エ、カ
③	具体美術協会	イ、オ、カ
④	具体美術協会	ウ、エ、オ
⑤	実験工房	イ、ウ、カ
⑥	実験工房	ア、カ、キ
⑦	実験工房	エ、オ、カ
⑧	実験工房	イ、オ、カ

▌2022年度▐ 神奈川県・横浜市・川崎市・相模原市 ▌難易度▐

解答・解説

【1】問1　ア　　問2　ウ　　問3　イ　　問4　ア

解説 問1　Aは東洲斎写楽の『三世大谷鬼次の奴江戸兵衛』，Bは喜多川歌麿の『寛政三美人』，Cは歌川広重の『大はしあたけの夕立』，Dは歌川国芳の『酒のざしき』である。Dがややなじみが薄いと思われるが，歌川国芳は人を金魚に見立てた戯画をいくつか制作しており，他に『玉や玉や』『さらいとんび』等がある。　問2　版元は問題にあるとおり，企画・販売をするところで現在の出版社にあたる。また，浮世絵は木版画なので，彫師が作成した版木を基に，摺師が色刷りをして完成させる。　問3　イはゴッホの『タンギー爺さん』であり，モデルの後ろには浮世絵が飾られているのがわかる。なお，モデルにな

224

っているタンギーは画商であり，印象派やポスト印象派の画家と交流が深かったといわれる。　問4　ドライポイントは凹版，シルクスクリーンは孔版の技法である。

【2】問1　1　　問2　3　　問3　4　　問4　2　　問5　4　　問6　2

解　説　問1　ヴィレンドルフのヴィーナスはオーストリアのヴィレンドルフ近くで発見され，大きさはわずか11.1cmで，2～3万年前のものとされるが謎に包まれている点がいまだ多い。現在は，ウィーン自然史博物館の専用の小部屋に展示されている。　問2　正答の肢3沈金は，工芸史上重要な地位を占める漆芸法で芸術上価値が高いと見られており，特に石川県輪島で発達した伝統工芸である。原料の漆は，漆の木の樹液を使用するが，現在国内では約3％しかシェアがなく，その中の7割が岩手県二戸地域を中心に生産される浄法寺漆である。漆は樹液を採取するまで10～20年かかり，採取すると枯れてしまうため，原料の希少価値は非常に高い。現在，国をあげて国産漆の育樹，需要拡大，後継者育成が進められていることもおぼえておきたい。

問3　図版は「農民の婚宴」(1568年)である。作者であるピーテル・ブリューゲルは16世紀のオランダの画家だが，その生涯は多くの謎に包まれている。なお，同名の長男も画家であるため，父という表記が付けられることも多い。　問4　浮世絵史上最大のミステリーといわれ，わずか10か月で姿を消した謎の天才絵師と称される東洲斎写楽の作品である。江戸時代後期に約140点近い作品を制作したが，中でも人気歌舞伎役者を描いた役者絵が多い。画風の特徴には大胆なデフォルメがあげられる。あえて美化する手法を打ち破った独時の世界観を展開し，大きな鼻や受け口など，役者そのものの個性を大きく誇張した似顔絵が人気となった。　問5　記述文は菱田春草(1874～1911年)のものであり，菱田が描いた図版はイの「落葉」(1909年)である。なお，図版ア「遊蝶花」(1951年)を描いた岡鹿之助(1898～1978年)は1924年に渡仏，当時フランスで活躍していた藤田嗣治に指導を受けた画家である。現地で切磋琢磨した末に，自身の特色のひとつである点描による表現が生まれた。　問6　図版は「門」(1967年)。東京都の山種美術館にあ

る作品で，国宝・姫路城にある84の門の中のひとつ「はの門」を描いたものである。作者は日本の代表的な日本画の一人である奥村土牛(1889〜1990年)。代表作は晩年に近づくにつれ，数多く生まれ，鳴門の海のダイナミックな渦巻きを描いた「鳴門」(70歳で制作)，醍醐寺の枝垂れ桜を描いた「醍醐」(83歳で制作)，「吉野」(88歳で制作)などがあり，101歳で亡くなる直前まで精力的に描き続けたことでも知られる。

【3】 問1　4　　問2　3　　問3　A　2　　B　1

解説　問1　肢4の国際美術教育会議(略称InSEA)は，文化教育，美術教育，芸術研究を推進するため，国際連合教育科学文化機関の諮問機関として設立され，本部はポルトガルにある。世界の美術教育者の国際会議として知られ，3年に1度開催されてきた。記述文にあるように，1965年(昭和40年)には東京で第17回大会(開催テーマ：「科学技術と美術教育」)が開催された。海外からは約30カ国200名，日本中から熱意ある約1600名の専門家が集まり，戦後美術教育の集大成となる大会と位置付けられている。　問2　図版エは1416年頃にドナテルロによって制作された「聖ジョルジョ(ゲオルギウス)」。フィレンツェのバルジェロ美術館に展示されている。ちなみに石膏像のジョルジョ像はこの像の上半身を型どって作られている。図版アは1498〜1500年頃にミケランジェロによって制作された「ピエタ」である。数ある名作の中でも最高傑作のひとつといわれ，彫刻上には本人の現存する唯一の署名が刻まれている。バチカンのサン・ピエトロ大聖堂で展示されている。図版イは1647〜1652年頃にベルニーニによって制作された「聖テレジアの法悦」であり，盛期バロック美術の最高傑作のひとつといわれている。ローマのサンタ・マリア・デッラ・ヴィットーリア聖堂の中に飾られている。図版ウは1909年にブルーデルが制作した「弓をひくヘラクレス」で，日本では上野の国立西洋美術館に展示されている。ロダンやマイヨールらとともに近代ヨーロッパ彫刻の代表格として知られる。元々ロダンのアシスタントを務めていた経歴もあるが，独立後，彫刻家だけでなく，教育者としても数多くの作家を輩出した。

問3 図版は亀倉雄策(1915〜1997年)の代表作のひとつで，美しい蝶が燃えながら落下していく情景をデザインした，「ヒロシマ・アピールズ1983」(1983年)のポスター作品である。なお，B群で肢2は粟津潔，3は福田繁雄，4は田中一光の説明文である。

【4】1　1　　2　4　　3　5　　4　8　　5　7

解説　日本にお茶が伝わったのは鎌倉時代の僧，栄西が中国からお茶を持ってきたのが始まりといわれている。その後，室町時代に村田珠光がお茶に精神性を取り入れ，亭主と客人の交流を重んじる「侘茶」が成立，さらに千利休が「侘茶」を発展させ，茶室の造りや茶道具に深いこだわりをもった現代の茶道が確立した。お茶を喫する際に使用される茶道具を茶器と呼ぶことがあるが，特に茶碗は文化的価値を持ち，美術品としても重用されるようになった。茶器などを大きく区分すると唐物(中国産)，高麗物(朝鮮半島産)，和物(国産)があり，お茶伝来以降は派手な印象が強い唐物が主流であったが，安土桃山時代の千利休が素朴で雰囲気のある高麗物，和物を重用したことから，全体的に落ち着いた色柄の茶器などが普及するようになったといわれる。

【5】問1　1　　問2　4　　問3　2

解説　問1　図版は奈良県にある興福寺が所蔵する国宝「阿修羅像」(734年頃)である。インドの戦いの神である阿修羅は顔が3面，手が6本の姿をしている。脱活乾漆造という漆を使った伝統的な製法で作られていることが大きな特徴である。仏像については東大寺や興福寺，薬師寺，唐招提寺などのものは，必ず学習しておきたい。　問2　正答のジャン・フォートリエはフランスの画家・彫刻家で，抽象表現主義(タシスム)の重要な作家として知られる。作品は45歳の第二次世界大戦の戦時下(1943年)に制作された連作「人質」である。　問3　なお，肢1，4は美術Ⅰ，3は美術Ⅲの内容である。

【6】問1　③　　問2　時代…②　　作品名…③　　問3　④　　問4　⑦
問5　②　　問6　①　　問7　⑤

解説　問1　日本を代表する仏像を年代の古い順に図版を並べると，イ　釈迦三尊像(国宝)，623年，法隆寺，飛鳥文化を代表する彫刻。→エ　阿修羅像(国宝)，奈良時代，興福寺，脱活乾漆造で作られる。→ア　如意輪観音坐像(国宝)，平安時代初期(842年前後)，観心寺，年一回のご開帳で知られる。→ウ　雲中供養菩薩像(国宝)(北25番)，1053年，平等院鳳凰堂。→オ　木喰上人，16羅漢像，1806年，清源寺の順になる。　問2　図版は平安時代後期の12世期頃の絵巻物「信貴山縁起絵巻」(国宝)の「山崎長者の巻」の部分であるとされる。「鳥獣人物戯画」，「源氏物語絵巻」，「伴大納言絵詞」などと並び日本を代表する絵巻物と称される。　問3　「太陽の塔」などで知られる岡本太郎(1911～1996年)は，自身が東京国立博物館で観た縄文土器をきっかけに，1952年の初め，「縄文土器論」を雑誌に発表している。考古学としてしか観られてこなかった縄文土器は，美的な鑑賞の対象として着目されるようになった。この後，著書『日本の伝統』の出版に際し，本人によって撮影された縄文土器が図版の写真作品である。2019年には川崎市岡本太郎美術館で「岡本太郎と日本の伝統」展が開催された。神奈川県にゆかりの深い作家や美術館などは出題率も高い。日頃からチェックしておくとよいだろう。　問4　神奈川県では適切ではない図版を選択する設問は珍しい。勘違いして尾形光琳の代表作を選ばないように注意が必要である。まず，この設問の中に出てくる作品の作者は3人。桃山から江戸初期の総合芸術プロデューサー(書・画・漆芸・陶芸)として知られる本阿弥光悦(1558～1637年)の作品は，図版ウ「舟橋蒔絵硯箱」(国宝)で東京国立博物館所蔵である。光悦とコラボレーション作品を手掛け，世の中の常識を覆した後，「風神雷神図」を生んだ俵屋宗達(生没年不明)の作品は，図版ア「杉戸図(白像図)」(重要文化財)で京都・養源院所蔵である。江戸中期，宗達の作品様式に大きな影響を受け，「燕子花図」を生み出した尾形光琳(1658～1716年)の作品は，図版イ，エ，オである。彼らの活躍により，緻密に計算された大胆な構図，優れたデザイン感覚は，現在になお引き継がれ，田中一光もその影響を大きく受けている。　問5　奈良県にある東大寺正門にあたる「南大門」(国宝)は，鎌倉時代に東大寺を復興した重源上人が，新たな様式である「大仏様」を取り入れ再建された。門内には，約

8.4mもの像高を持ち，運慶や快慶らによって造られた「金剛力士像(阿形像・吽形像)」(国宝)が納められている。　問6　作者の木下晋(1947年〜)は，10Hから10Bの鉛筆の濃淡を駆使し，独自のリアリズムを追求しながら表現活動を続ける「鉛筆画の鬼才」である。老人や病に侵された人を繊細な描写で描き，生と死を静かに見つめるような作品が鑑賞者の心を打つ。平塚市美術館では2012年に「木下晋の世界展－祈りの心－」を開催し，図版「合掌図」の新作が発表された。また，神奈川県在住画家のひとりであることも知っておきたい。　問7　日本グラフィックデザイン史において，設問にある「ヒロシマ・アピールズ」の歴代ポスター作品は外すことができないと覚えておこう。その作者・作風・作品の特徴についてはすべて網羅しておきたい。本問において，時代を代表するデザイナーの中で，近年活躍する佐藤卓(1955年〜)が出題されたということは，今後ますます現役世代の出題が予想される。以下は，歴代制作者である。どのポスター作品も深い想いを感じる秀作揃いだ。1983年：亀倉雄策，1984年：粟津潔，1985年：福田繁雄，1986年：早川良雄，1987年：永井一正，1988年：田中一光，1989年：勝井三雄，2005年：仲條正義，2006年：佐藤晃一，2007年：松永真，2008年：青葉益輝，2009年：浅葉克己，2010年：長友啓典，2011年：遠藤享，2012年：奥村靫正，2013年：葛西薫，2014年：井上嗣也，2015年：佐藤卓，2016年：上條喬久，2017年：原研哉，2018年：服部一成，2019年：澁谷克彦である。

【7】(1)　1　5　　2　7　　3　2　　(2)　4　3　　5　1

解説　(1)　ジェームス・タレルはアメリカの現代美術家で，主に光と空間を題材とした作品を制作している。タレルの作品は日本でもみることができ，代表的な作品として『光の館』(新潟県)，『ブルー・プラネット・スカイ』(金沢21世紀美術館・石川県)があげられる。アンネ・イムホフはベルリンとフランクフルトを拠点に活動している現代芸術家で，パフォーマンス作品『ファウスト』で大きな注目を集めた。ローマン・オンダックは，モダンアートを牽引するといわれる現代芸術家で，スロバキア北部のジリナで生まれ，本国のアカデミーで芸術を学んだ後，芸術家として活動を開始した。ニューヨークのMoMA，パ

リの市立近代美術館など，世界に名だたる美術館で展覧会を開催した実績を持つ。ロバート・スミッソンはアメリカの現代美術家で，アースワークス(ランド・アート)と呼ばれる作品を残している。代表作としては『アスファルト・ランダウン』等があげられる。

(2)　エ　インスタレーションとは展示空間を含めて作品とみなす手法のこと。塩田千春はベルリン在住の芸術家で『不確かな旅』など，糸を使用したインスタレーションを発表してきた。なお，『不確かな旅』での赤い糸は毛細血管など身体の中のミクロコスモス，血縁などの人のつながりと考えるとされている。　オ　草間彌生は幼少期から幻視・幻聴を体験し，網目模様や水玉をモチーフにした絵画を制作し始める。本人にとって網目模様と水玉はネガポジの関係にあるという。

【8】問1　⑥　　問2　③　　問3　⑥　　問4　⑤　　問5　図版ア…⑦図版イ…②　問6　③　　問7　①

解説　問1　記述はイタリアが生んだ盛期ルネサンスの巨匠レオナルド・ダ・ヴィンチ(1452～1519年)についてである。ヴェロッキオ工房で，一部分を描いた「キリストの洗礼」(1470～1475年)は，共作の師を超える描写力が当時から話題になった。現在，イタリア・ウフィッツィ美術館に展示され，初期の頃の作品として多くのファンを魅了する。図版⑥「岩窟の聖母」(1483～1486年)は，フランス・ルーヴル美術館が所蔵するダ・ヴィンチの作品である。この作品はほぼ同じ構図で描かれたものがもう1点あり，イギリス・ナショナル・ギャラリーに収蔵されている。「モナリザ」，「最後の晩餐」と並ぶ代表作である。なお，このほかの図版はボッティチェリ，ミケランジェロ，ラファエロ，マンテーニャ，エル・グレコ，など頻出作品が揃っている。問2　19世紀イギリスにおいてロマン主義を代表する作家がウィリアム・ターナー(1775～1851年)である。図版③はロンドン・ナショナル・ギャラリー所蔵の作品「雨，蒸気，速度—グレート・ウェスタン鉄道」(1844年)で，雨と霧の中で蒸気機関車が疾走する場面が描かれている。　問3　これまでにはない難易度の高い問題である。8体もの彫刻を時代順に並び替えるため，その数に焦ってしまいがちだが，冷

静に消去法で解いていくとよいだろう。「クーロス」，「ミロのビーナ
ス」，「プリマポルタのアウグスウトゥス」，「ダヴィデ」，「青銅時代」，
「ヴィーナス」などが選択肢に選ばれている。　問4　8つものパブ
ロ・ピカソ(1881〜1973年)作品を年代順に並び替えるという，間違え
やすい問題である。10代半ばの少年時代に描いた図版カの「自画像」
から歴史をたどり，生涯に描いたとされる1万3500点の油絵・素描，
300点の彫刻・陶器，10万点の版画，3万4000点の挿絵などの中から，
代表的な作品が時代ごとに選別され設問になっている。以下，それぞ
れの作品名と年代を正答に沿って年代順にあげる。図版カ「自画像」
(1896年)，図版エ「海辺の母子像」(1902年)，図版イ「サルタンバン
クの家族」(1905年)，図版ア「アビニョンの娘たち」(1907年)，図版オ
「海辺を走る二人の女」(1922年)，図版キ「ゲルニカ」(1937年)，図版
ウ「雄牛の頭部」(1942年)，図版ク「ラス・メニーナス」(1957年)であ
る。　問5　図版アのサグラダ・ファミリア聖堂はスペイン・バルセ
ロナにあるカトリック教会である。世界文化遺産に登録され，アント
ニオ・ガウディの未完成建築としてあまりにも有名な建物である。な
お，完成に向かい今もなお建設が続いており，日本では外尾悦郎が長
年従事。2013年より主任彫刻家として全体の取り仕切りを行っている。
図版イのヴェルサイユ宮殿はフランスのルイ14世が建てた宮殿であ
る。バロック建築の代表作として絢爛豪華な建物と広大な庭園で知ら
れる。1979年に世界文化遺産に登録されている。建築物の外観の出題
はあっても，内部や装飾についての設問はこれまでに例がない。世界
遺産や世界の聖堂・宮殿などについては，今後内部の特徴もしっかり
とらえておくべきだろう。　問6　図版はフィンセント・ファン・ゴ
ッホ(1853〜1890年)の「僧侶としての自画像」(1888年)で，アメリカの
ハーバード大学フォッグ美術館が所蔵する作品である。ゴッホが自分
を日本の僧侶に見立てて坊主の自画像を描いたものである。日本文化
や精神文化に傾倒していたことを知ることのできる1枚である。ゴッ
ホの代表作といえば，7点描いた「ひまわり」である。その中でも代
表作と呼ばれるロンドン・ナショナル・ギャラリー所蔵の作品が図版
③で正答となる。そのほかの図版は，マティス，シャガール，ロート
レック，ドガ，ルソー，ゴーギャンなどの代表作が選択肢に選ばれて

いる。　問7　正答のピエト・モンドリアン(1872〜1944年)は19世期末から20世期に活躍したオランダの画家である。説明文は『花盛りの林檎の木』(1912年)でありながら，選択肢①〜⑤は別の作品が並んでいるので注意が必要である。図版①が正答。ニューヨーク近代美術館(MOMA)が所蔵する「ブロードウェイ・ブギ・ウギ」(1943年)である。アメリカ移住後に聞いたジャズの曲に影響を受けて作られた晩年の傑作といわれている。このほかの図版には，ミロ，カンディンスキー，ポロック，ロスコなどの作品が選択肢として選ばれている。いずれも頻出作品であるため，類題を予想して対策をしておきたい。

【9】(1)　2　　(2)　6　　(3)　7　　(4)　6　　(5)　7

解説 塑造とは心木に粘土などをつけて固めたもの，脱活乾漆造は粘土で原型をつくり，表面に麻布を貼り固めた後に像内の粘土を除去，また麻布の表面に漆木屎を盛り付ける方法で，どちらも奈良時代に隆盛した方法である。寄木造は頭と身体について2以上の木材を継ぎあわせて像を造り上げるもので，少ない木材で大きな像を造ることができるという特徴がある。なお，写真Eは新薬師寺にある伐折羅大将である。

【10】(1)　3　　(2)　6　　(3)　7　　(4)　4　　(5)　1

解説 アのマックス・エルンストはドイツの画家・彫刻家で，物の上に紙を置き，鉛筆でこすって模様を浮かび上がらせる手法「フロッタージュ」を発明した人物としても知られる。イのマリノ・マリーニは20世紀に活躍した画家・彫刻家・版画家で，活動期前半は絵画，後半は彫刻に力を入れていたとされる。日本でもマリノ・マリーニを所蔵している美術館がある。ウのフランソワ・ポンポンは20世紀初頭のアール・デコ期に人気を博した動物彫刻家で，身近な動物や家畜，動物園で見ることが多い動物などをなめらかなラインで造形するといった特徴を持つ。作品の大部分が小型で愛らしさを兼ね備えている。エのアントニー・ゴームリーはイギリスの彫刻家で，自身の身体を型取った人体像で知られる。作品が置かれる空間，時間，自然との関係性を重視して制作しており，1980年代末から，一つの場を数十万体の小さな

土人形で埋め尽くす『フィールド』を世界各地で展開している。オの
ウンベルト・ボッチョーニは20世紀にイタリアで興った，過去の芸術
の徹底破壊と新しい時代にふさわしい機械化によるスピード感，ダイ
ナミズムを賛美する「未来派」の主要メンバーであった。また，ボッ
チョーニは絵画だけでなく立体表現にも関心を持ち，彫刻論と制作に
大きな影響を及ぼした。物質を運動とその持続により表現することを
意図した「歩く人」はメインテーマでもあった。

【11】問1　A群　1　　B群　4　　問2　6　　問3　1　　問4　2
　　問5　3

解説　問1　図版はウィリアム・モリス(1834～96年)の作品である。モリ
スはイギリスを代表する工芸家，デザイナー。産業革命の結果，工場
で大量生産された商品が街にあふれ，職人の手仕事の美しさがすっか
り失われたことを憂い，自らモリス商会を設立。壁面装飾，ステンド
グラス，金工，インテリア製品などの室内装飾，書籍作りに取り組ん
だ。中でも，植物をモチーフとした壁紙，テキスタイルなどが有名で，
現在も世界中で高い人気を誇る。また，多方面で活躍をみせたモリス
は，1880年代にデザイン運動「アーツ・アンド・クラフツ」を主導。
人間味あふれる手仕事の復興を唱えた。日常生活の美を取り戻し，工
芸と芸術を一致させようとする思想は，世界各国に大きな影響を与え
た。日本では柳宗悦の民藝運動にその影響が見られる。なお，エミー
ル・ガレはアール・ヌーヴォーを代表するフランスのガラス工芸家。
ヘリト・トーマス・リートフェルトは芸術運動デ・ステイルに参加し
たオランダの建築家，デザイナー。ペーター・ベーレンスはドイツ工
作連盟に参加した建築家，工業デザイナー，デザイナーである。
問2　記述文は桃山時代を代表する絵師である長谷川等伯(1539～1610
年)について説明している。等伯の現存作品数は80点ほどで，その多く
が国宝，重要文化財に指定されている。図版Bの作品は，金碧障壁画
「楓図」(1593年頃)である。息子の絵師久蔵が急逝した悲しみを乗りこ
え，描き上げた作品と言われる。京都の智積院では，この作品だけで
なく，「桜図」(久蔵の遺作)，「松に秋草図」などもある。なお，図版A
は江戸時代中期に活躍した絵師，丸山応挙の国宝「雪松図屏風」(18世

紀頃)である。　問3　図版は色彩の魔術師とも呼ばれるマルク・シャガール(1887～1985年)の代表作「私と村」(1911年)。この作品はタイトルのとおり，故郷ヴィーツェプスク村(現・ベラルーシ)のユダヤ教コミュニティを想い描かれた作品である。農民，山羊，搾乳する人，ユダヤ教の象徴である木，教会，十字のネックレスなど，懐かしいイメージを重ね，画面上で大胆に分割構成している。　問4　西欧化が進んだ明治時代，日本古来の制度，習慣，価値観，伝統文化，芸術などが，西欧より劣っていると軽視される風潮が強かった。洋服，洋食，洋画など西洋風に文明開化する一方で，従来の日本らしさや日本人であることすら，捨て去ってしまうような極端な価値観が溢れてしまった時期でもあった。そんな時代に現れたのが，「日本美術を救ったアメリカ人」と呼ばれる，アーネスト・フェノロサ(1853～1908年)である。いわゆる政府のお雇い外国人として1878年に来日し，東大で哲学などを講じた。この講義を受けていたのが，岡倉天心である。この二人の出会いこそが，今日の日本美術や美術教育に多大な功績を残すきっかけとなった。　問5　フランツ・チゼック(1865～1946年)は美術教育の父，創造主義教育のパイオニアと呼ばれる。それまで主流であった幾何画・臨画(模写)的図画教育に対し，子ども独自の自己表現と創造性を認め，自由に表現できる児童のための美術教室を作った。幼児期(1～7歳)の造形表現の重要性を唱え，「夏や秋にも多くのことがあるけれども，春は二度と来ない」という名言を残している。なお，エリオット・アイスナーはカリキュラム開発で知られるアメリカの研究者で，DBAE理論を提唱した。フリードリヒ・フレーベルは幼児教育，特に「幼稚園の父」とも呼ばれ，「恩物」という教材(遊具)を提唱した。ハーバート・リードは『芸術による教育』の著者で戦後日本の美術教育に多大な影響を与えたイギリスの美術批評家である。

【12】(1)　1　5　　2　2　　3　6　　(2)　2　　(3)　4

解説　(1)・(2)　ア　ダヴィッドは，画家だけでなくフランス革命期の政治家，若手画家の教育家として様々な顔を持ち，18世期後半から19世期前半にかけて活動した。ナポレオン・ボナパルトの庇護を受け，主席画家として，大作『ナポレオン一世の戴冠式と皇妃ジョセフィー

ヌの戴冠』(1806～1807年／ルーブル美術館蔵)などを描いた。
イ　エル・グレコは，16世紀から17世紀初頭にかけて活躍したスペインの画家で，スペインのトレドで宗教画，肖像画を数多く残した。
ウ　モディリアニは，20世紀を代表するエコール・ド・パリの画家である。卵形の顔や長い首，アーモンド形の瞳など唯一無二の画風や色調が特徴で，肖像画や裸婦を数多く手がけた。　(3)　1はモディリアニの『大きな帽子を被ったジャンヌ・エビュテルヌ』(1918年／個人蔵)，2はダヴィッドの『マラーの死』(1793年／ベルギー王立美術館蔵)，3はグレコの『受胎告知』(1600年前後／大原美術館蔵)，4はベラスケスの『ラス・メニーナス』(1656年／プラド美術館蔵)である。

【13】問1　④　　問2　教会…④　　技法…②　　問3　制作年代の組合せ…⑥　　作品の組合せ…②　　問4　①　　問5　記述…④　　語群…④

解説　問1　図版はカンボジアのアンコール・ワットである。なお，出題傾向として宗教・民族対立による破壊や大火災による焼失があった場合，取り上げられる可能性がある。そういった意味でもニュースなどに耳を傾けておくべきだろう。　問2　図版はイタリア・ラヴェンナのサン・ヴィターレ聖堂(6世紀前半)にある，ユスティニアヌス帝と随臣をテーマにしたモザイク壁画である。古代ローマ時代から中世初期にかけて栄えた古都には，精巧なモザイク画に飾られた世界遺産「初期キリスト教建築物群」があり，その中にある8つの建物の一つがサン・ヴィターレ聖堂である。ビザンチン帝国の黄金期に建てられ，きらびやかに輝く圧倒的な数のモザイク装飾を見ることができる。モザイクは，色を分けた鉱石や貝殻のかけらなどの角片を埋め込んでいく技法で，そのかけらが小さければ小さいほど精巧な表現が可能となる。　問3　エはマザッチオ(イタリア)の「貢ぎの銭」(1420年代)→イはベラスケス(スペイン)の「ラス・メニーナス(女官たち)」(1656年)→カはフラゴナール(フランス)の「ぶらんこ(The swing)」(1768年頃)→オはドラクロワ(フランス)の「サルダナパールの死」(1827年)→アはミレー(フランス)の「落穂拾い」(1857年)→ウはピカソ(スペイン)の「アヴィニョンの娘たち」(1907年)である。　問4　図版はフランシス・ベー

コンの「絵画1946」である。ベーコンは人間の本質を追究し，「神経組織を攻撃する」作品を生み出そうとした。特徴的なゆがみや，激しく大胆な筆致，生々しい表現などで，見る者の感覚を揺さぶるような作風で知られる。なお，ジャン・フォートリエはフランスの画家・彫刻家で，第二次世界大戦後の抽象芸術において先駆的な存在であり，抽象表現主義(タンシム)を語るうえで欠かせない芸術家の一人である。ジャン・デュビュッフェはフランスの画家で，抽象絵画の動向の一つ「アンフォルメル」の代表的な作家の一人に数えられる。砂やタールなどを混合し厚い油絵具を使った表現が特徴的。また，現在，世界で関心を集めている「アール・ブリュット」(アウトサイダーアート)の協会設立メンバーとして，作り手にも光を当て，膨大な数の作品を収集したことでも知られる。ダミアン・ハーストはイギリスの現代美術家で，彫刻，インスタレーション，絵画，ドローイングといった創作活動において，生と死，過剰さ，儚さといったテーマを探求。死んだ動物をホルムアルデヒドで保存したシリーズで知られ，美術界で議論を巻き起こした。　問5　図版の彫刻は未来派の主要メンバーであったウンベルト・ボッチョーニ「空間における連続性の唯一の形態」(1913年)である。未来派の宣言では過去の具象美術の伝統から自由となり，同時代のダイナミックで発展し続ける社会へ進んで行くことが芸術家の目標であるとした。

【14】問1　③　　問2　②　　問3　①　　問4　④

解説　問1　明治初期に誕生した初の教科書『西画指南』は，主として英人ロベルト・スコットボルンの著書を翻訳したもの。西欧の指導法が導入され，日本の美術教育に大きな影響を与えた。訳者の川上寛は，江戸幕府の図画取調役に任じられたことで西洋画法を研究。明治維新後に働きながら洋画塾を開き，高橋由一や小山正太郎ら後進を指導した。近代洋画の先駆者として知られる。　問2　川喜田煉七郎は昭和5年にウクライナのハリコフ劇場建築国際設計コンペに入選し，注目された建築家。昭和7年に建築工芸研究所を開き，ドイツ・バウハウス流の構成教育を行った。その後，昭和9年に設問の『構成教育体系』を著し，尋常小学校教員であった武井勝雄と共に構成教育運動を広め，

学校への普及に務めた。なお，武井勝雄は『美術による人間形成』(ローウェンフェルド著)の共訳や『バウハウス・システムによるデザイン教育入門』などの著書もある。　問3　フランツ・チゼック(1865～1946年)は美術教育の父，創造主義教育のパイオニアとも呼ばれる。それまで主流であった幾何画・臨画(模写)的図画教育に対し，子ども独自の自己表現と創造性を認め，自由に表現できる児童のための美術教室を作った。　問4　「DBAE」(Discipline-Based Art Education＝学問分野に基づいた美術教育)」は，1980年代にアメリカで誕生した美術教育の方法論であり，エリオット・アイスナー(1933～2014年)がその研究を精力的に主導した。それまで行われていた制作活動を中心とする美術教育に対し，学問分野として4つの専門性(美学・美術批評・美術史・制作)を取り入れた。これにより今日の鑑賞教育につながる流れを生み出したともいわれている。

【15】問1　3　　問2　2　　問3　3　　問4　6　　問5　4　　問6　2
解説　問1　図版は，ジャン＝フランソワ・ミレーの代表作「落穂拾い」(1857年)である。フランス郊外のバルビゾンに住み，広大な自然や光，大気への情緒，働く農民の姿そのものに接近し，写実主義の作品を生み出した。このバルビゾンに滞在し，風景を描いた画家たちの総称を「バルビゾン派」と呼び，ミレー，テオドール・ルソー，フランソワ・ドービニー，カミーユ・コローらの画家がいる。身近な自然を親しみ深く描き，絵画の新しい一面を作り上げた。この後の印象主義にも影響を与え，印象派のルノワールらもこの地を訪れ制作している。なお，肢1はイギリスを代表する風景画家であるウィリアム・ターナー，2は叙情的な風景画を描き，バルビゾン派の1人として，印象派への橋渡しをしたカミーユ・コロー，4は光学理論から点描画法を創始し，新印象主義を確立したジョルジュ・スーラと思われる。ただし，スーラは点画という技法を完成させた人物といわれる。　問2　図版はヘレニズム期を代表する勝利の女神像「サモトラケのニケ」(紀元前220～185年とされる)である。サモトラケ(現在のサモトラキ島)は，エーゲ海北東部に位置するギリシャ領の島。この地で1863年にフランス領事によって発掘された。まず，大理石で作られた胴体と細かくなっ

た翼の断片が発見され，修復したところ「ニケ」であることが判明した。現在はフランスのルーブル美術館の中でも，一際広く開放的なダリュの階段踊り場に展示される。「ミロのビーナス」とともに世界中から愛されるルーブル彫刻の至宝である。　問3　図版はエル・グレコの最高傑作と言われる「オルガス伯の埋葬」(1586～88年)である。作品の上部を天界，下部を現世の葬儀の情景に分割して描いている。トレドのサント・トメ教会に所蔵される。なお，肢1はティツィアーノ・ヴェチェリオ，2はパルミジャニーノ，4はマザッチョについて説明である。　問4　図版の作品はジャン・オノレ・フラゴナールの代表作「ぶらんこ(The swing)」(1767年頃)で，18世紀フランス・ロココ時代を象徴する絵画作品として知られている。設問の記述は，ロココ様式の特徴を説明したもので，優美，優雅，華やか，豊かな色彩，曲線，装飾美などのキーワードがよく出題される。なお，肢1はアール・ヌーヴォー期の特徴，3はバロック期の特徴である。時代ごとの特徴をキーワードで覚えておきたい。　問5　図版の作品は「ムーラン・ド・ラ・ギャレットの舞踏会」(1877年)。ピエール・オーギュスト・ルノワール(1841～1919年)の代表作である。なお，肢1はクロード・モネ(1840～1926年)，2はエドワール・マネ(1832～83年)。3はポール・セザンヌ(1839～1906年)である。いずれも印象派の先駆者～ポスト印象派に位置付けられる代表的な作家である。　問6　図版は大判錦絵の作品で，「下野黒髪山きりふりの滝」(1833年頃)。葛飾北斎の全八図からなる諸国瀧廻りシリーズの1枚である。日光三名瀑に数えられる霧降の滝を題材に，岩間を流れる水の様子を独特の曲線で表現している。また，滝を見上げる旅人と，見下ろす旅人が描かれ，ダイナミックな構図の中に異なる2つの視点が置かれている。なお，Aの説明の中にある「雲母摺」の技法を使った作品は，東洲斎写楽の傑作などに見られる。

【16】問1　3　　問2　4　　問3　4　　問4　1　　問5　1　　問6　4
問7　A群　2　　B群　1
解説　問1　記述文はCのコンスタンティン・ブランクーシ(1876～1957年)について書かれている。ルーマニアで生まれ，パリで活躍したブラ

ンクーシの作品は図版アの「空間の鳥」。20世紀を象徴する彫刻のひとつとして知られる。この作品について本人は、「抽象ではなく本質を表現した具象だ」と語っているという。1923年から1941年にかけ、ブロンズや大理石で16作が制作され、さらにその作品を原型に再鋳造された作品も国内外で展示されている。なお、図版イは、動く彫刻を発明・制作した、米国の彫刻家・現代美術家アレクサンダー・カルダーの「モビール」である。　問2　図版アはフランスの画家ジャック＝ルイ・ダヴィット「マラーの死」(1793年)、イはウジェーヌ・ドラクロワ「民衆を導く自由の女神」(1830年)、ウはギュスターヴ・クールベ「オルナンの埋葬」(1849〜50年)である。なお、時代の流れは新古典主義 → ロマン主義 → 写実主義の順で、その後に印象主義と続いていく。時代ごとの特徴と代表的な作品を年表上で覚えていくとよい。　問3　記述は図版4の桂離宮について説明されたものである。17世紀に八条宮初代智仁親王と二代智忠親王によって造られ、敷地は約7万平方メートル。日本的な建築と庭園の独自の美しさで知られる。1933年に来日したドイツ人建築家のブルーノ・タウトが絶賛したことで、その魅力が世界中に広まり、海外からも多くの人が訪れる。なお、図版1は慈照寺(銀閣寺)、2は平等院鳳凰堂、3は鹿苑寺(金閣寺)であり、いずれも京都にある。　問4　記述は、肢1「風景の中の自画像(私自身、肖像＝風景)」(1890年)を描いたアンリ・ルソー(1844〜1910年)のものである。この作品は、税関の職員として働きながら、将来画家として立派に生きている自分の大きな姿を想い描いた作品として知られる。背景にはエッフェル塔、セーヌ川、船舶、万国博覧会、気球、雲などを独自の構成で配置し、太陽の表現は歌川広重の版画集による影響があると指摘されている。自身の姿と散りばめた背景モチーフへの想いを一体化させることで、新たな自画像の世界を生んだ作品といわれる。ルソーは生涯この絵を手放さず、加筆し続けた。チェコのプラハ国立美術館に所蔵される。　問5　記述文は、肢1「ほおずきのある自画像」(1912年)の作者エゴン・シーレ(1890〜1918年)について説明している。ウィーン分離派、象徴派、表現主義に影響を受け、グスタフ・クリムトに師事した後、独自の作風を模索し、新たな道を歩んだ。当時の絵画界でタブーとされていたテーマを、強調するような作品を制作し、

絵の中に強烈な個性を放った。スペイン風邪により，28歳という短い生涯を駆け抜けた夭折の画家として，日本でも人気が高い作家である。

問6　図版Aは東大寺南大門「金剛力士像」の「吽形像」(1203年)である。南大門で左右に並ぶ阿形像とともに，運慶・快慶や定覚・湛慶ら「慶派」の仏師らによって，わずか69日間で造像された。図版Bは興福寺北円堂「無著像」(1212年頃)である。肖像彫刻の傑作として知られ，兄弟の「世親像」と合わせてひとつの国宝に指定される。瞳には水晶をはめ込んだ玉眼という技法が用いられ，生きて魂が宿るかのような眼差しが表現されている。作者の運慶は一門を率い，慶派と呼ばれる仏師の一派の棟梁として，次々に写実的な彫刻を生み出していった。なお，図版A，Bともに，木造彫刻の技法である「寄木造」で制作された。仏像の各部をそれぞれ彫刻し，組み合わせて一体化させる方法で，定朝が完成させたと言われる。　問7　図版はジャクソン・ポロック(1912〜56年)が描いた作品である。ポロックはアメリカの抽象表現主義の代表的存在。アクションペインティングは，絵の具を飛び散らせたり，垂らしたりするような手法で作品を完成させていく様式。代表的な作家にはポロックやウィレム・デ・クーニングなどがあげられる。なお，ヴィクトール・ヴァザルリの説明文は4。ジャスパー・ジョーンズの説明文は2。ロイ・リクテンスタインの説明文は3である。

【17】問1　エ　　問2　オ　　問3　オ　　問4　ア　　問5　エ
問6　ウ　　問7　ア　　問8　オ

解説　フォーヴィスムとはアンリ・マティスやモーリス・ド・ブラマンクらによってフランスで起こされた絵画運動で，フォーヴ(野獣)という名のように単純な形と原色に近い色を激しい筆遣いで描いたことによると言われている。マティスでは他に「ダンスⅡ」(1910年)などがある。なお問7のアは「帽子の女」(1905年)である。空欄3のフィンセント・ファン・ゴッホは，ポール・セザンヌ，ポール・ゴーギャンとともに後期印象派に位置付けられ，自己の内面を反映させたかのような明快な色調と大胆な筆致で表現したと言われる。なお問8のオは「タンギー爺さんの肖像」(1887〜88年)である。なお，ジョルジュ・スーラは，いわゆる新印象主義の理論的中枢を担うとされた画家であり，

諸々の色彩理論をふまえつつ，キャンバスや画布の上で色を混色することはせずに，一つ一つの細かい点で描くことを試みているとされる。「グランド・ジャット島の日曜日の午後」(1886年)などが代表作である。

【18】問1　エ　　問2　エ　　問3　ウ　　問4　ア　　問5　ウ
　　問6　ア

解説　神田日勝は農家と画業を並行して行っており，彼の作品は身近なものを題材にしたものが多かった。なお，「室内風景」という作品は2つあり，作品Bは後に作成されたものである。　問4　アンフォルメルとは，1950年代初頭にパリで起こった前衛的非具象絵画運動で，ほぼ同時期にアメリカで展開されたアクション・ペインティングと軌を一にしていると言われている。　問5　ウは「飯場の風景」(1963年)で，これもベニヤに油彩で描かれたものである。　問6　Aは「牛」(1964年)，Bは「雪の農場」(1970年)，Cは「画室A」(1966年)，Dは「晴れた日の風景」(1968年)である。

【19】問1　②　　問2　①　　問3　人物…⑤　　書籍…③

解説　問1　岸田劉生は，図画教育徳育論により，人格形成の手段としての図画教育の意義論を唱えたとされる。　問2　バウハウスでは，入学直後の半年間，学生は予備課程において，ヨハネス・イッテンやワシリー・カンディンスキーが担当する基礎造形教育を受けた。この予備課程(当初は半年。後に1年)で理念や構成を学んだのち，工房教育，建築教育など実践的な技術を学んだ。　問3　設題にある図版は，ローダ・ケロッグの主著『児童画の発達過程』内で示されたもので，この図についてケロッグは「下から上へ，初期のスクリブルから『人間』への進歩を示す」として，一番下の「スクリブル(様式段階)」から始まり，例えば，図版4行目「太陽」，同5行目「太陽の顔」と「太陽人」，同10行目「胴に腕のついている『人間』」，同11行目「比較的完成に近い人間像」(著者のスケッチ)などと注釈を入れ，多くの児童によって描かれた莫大な絵に，うまくこの段階があてはまり，「同様な進化段階は『人間』以外の絵画対象についても，適用できるに違いない」と説明している。

【20】 問1 ⑦ 問2 ① 問3 ③ 問4 ③ 問5 ⑥
問6 ② 問7 ⑤ 問8 ②

解 説 問1 図版Aの釈迦三尊像は鞍作止利(くらつくりのとり)の作といわれる。「北魏様式」の作品として，ほかに飛鳥寺の釈迦如来像などがある。また，図版Bの弥勒菩薩半跏思惟像を代表とする「南梁様式」の作品には，ほかに法隆寺の百済観音像などがある。 問2 荻原守衛(碌山)による作品は，イ「デスペア」(1909年)，ウ「労働者」(1909年)，エ「坑夫」(1907年)，オ「女」(1910年)である。 問3 尾形光琳の作品であるエの「燕子花図」(18世紀・右隻)は国宝，鈴木其一の作品であるイの「夏秋渓流図」(19世紀・右隻)は重要文化財である。問4 「桜図」は，長谷川等伯の子・久蔵が，豊臣秀吉の息子・鶴松の法要のために依頼されて描いたものとされる。胡粉とは，カキやホタテ貝などの殻を焼いてつくる白色顔料のひとつ。 問5 アは重要文化財の「色絵花鳥文大深鉢」(17世紀)である。 問6 アは「桂離宮」で17世紀半ば，イは「室生寺五重塔」で8世紀末〜9世紀初，ウは「金閣寺(正式名称は鹿苑寺)」で14世紀末，エは「法隆寺西院伽藍」で7世紀後半，オは「平等院鳳凰堂」で11世紀半ば，カは「唐招提寺金堂」で8世紀後半である。 問7 金沢・兼六園とは，水戸・偕楽園，岡山・後楽園とならぶ日本三名園の一つといわれる。 問8 具体美術とは，1954年，吉原治良を中心に大阪で結成されたもので，浜辺を掘り返した野外展や舞台でのパフォーマンスなど，それまでの美術作品に対するイメージを打ち破りながら新しい発想と問題を提起する活動を展開し，海外からも注目を集めた。図版アの作者・吉原治良は，1960年代から円をモチーフとする作品を数多く発表した。エは白髪一雄によるフット・ペインティングで，天井から吊るしたロープを持ち，足を使って描く。カは村上三郎による「通過」(1956年)である。

用語

【1】美術教育について，次の各問いに答えなさい。

問1　次の記述は，1921年に出版された美術教育に関する書籍の内容である。この書籍名として最も適切なものを，以下の①～⑤のうちから選びなさい。

　　　子供にはお手本を備へて教へてやらなければ画は描けまい，と思ふならば，大間違ひだ。吾々を囲んで居るこの豊富な『自然』はいつでも色と形と濃淡で彼れ等の眼の前に示されて居るではないか，それが子供らにとつても大人にとつても唯一のお手本なのだ。それ等のものが直覚的に，綜覚的に，或は幻想的に自由に描かるべきである。教師の任務はただ生徒らを此自由な創造的活機にまで引き出す事だ。

　　①　絵を描く子供たち　　　②　図画教育論
　　③　想画による子供の教育　　④　自由画教育
　　⑤　農山村図画教育の確立

問2　次の記述は，日本の美術教育について述べたものである。[　　]に当てはまる人物として最も適切なものを，以下の①～⑤のうちから選びなさい。

　　　建築家，川喜田煉七郎は新建築工芸研究所において構成教育の実践を行った。川喜田の行った教育は[　　]との共著で，1934年に『構成教育大系』としてまとめられ，出版された。

　　①　武井　勝雄　　②　上原　六四郎　　③　正木　直彦
　　④　白濱　徴　　　⑤　小山　正太郎

問3　次の記述は，世界の美術教育について述べたものである。[　　]に当てはまる人物として最も適切なものを，以下の①～⑤のうちから選びなさい。

　　　[　　]はアメリカ哲学を代表する哲学者，教育学者であり，プラグマティズムの創始者の一人である。[　　]は「教育は経験の不断の再組織化または経験の再構成である」と述べ，1934年に芸術を「経験」という視点でとらえた『経験としての芸術』を著した。

① ペスタロッチ　　②　ヘルバルト　　③　フレーベル

④　デューイ　　　　⑤　ルソー

問4　次の記述は，世界の美術教育について述べたものである。[　　]
　　に当てはまる人物として最も適切なものを，以下の①～⑤のうちか
　　ら選びなさい。

　　　『美術教育と子どもの知的発達』の著者である[　　]の顕著な業績
　　の一つに，1960年代に行った「ケタリング・プロジェクト」と呼ば
　　れる美術教育カリキュラム開発がある。このカリキュラムは製作活
　　動を主とした美術授業(表現的領域)の形態に加えて批評的領域，歴
　　史的領域を構成内容に設定したことで，現在のDBAE理論に基づく
　　カリキュラムの先導的な役割を果たした。

①　アイスナー　　②　リード　　　　③　アルンハイム

④　ブルーナー　　⑤　ガードナー

2024年度 ▎神奈川県・横浜市・川崎市・相模原市 ▎難易度 ■■■□□

【2】次の文は，鉛筆について説明したものである。[　1　]～[　5　]に
　　あてはまる言葉として，最も適当なものを一つ選び，それぞれ番号で
　　答えよ。

　　　我々にとって鉛筆とは最も手に馴染んだ日常的な筆記用具で
　　ある。鉛筆の始源を辿ると13～14世紀頃から普及したメタルポ
　　イントにあるようだ。
　　　現在我々が手にしている[　1　]芯の鉛筆は，16世紀にイギリ
　　スで[　1　]の鉱床が発見され，棒状に切り出された[　1　]を使
　　ったのが始まりである。
　　　その後，フランスのニコラ・J・コンテによって[　1　]と
　　[　2　]の混合物を[　3　]して芯がつくられた。そのことにより
　　芯に滑らかさと[　4　]を増したことが，画材のみならず広く筆
　　記具として普及させるのに大いに貢献した。
　　　現在市販されている鉛筆には，2Bや2Hなどの分類がある。こ
　　れは，芯の濃さ(黒さ)からの分類ではなく，あくまでも[　4　]の
　　分類による。Bの数が大きくなるに従い[　1　]の量が増えて，軟

らかく，色自体も黒色に近づく。BはBlack(黒い)，HはHard(硬い)，FはFirm(しっかりとした)という意味であり，Fは[　5　]の中間の性質を持った芯のことである。

1　粘土	2　石炭	3　木炭		4　黒鉛		5　圧縮		
6　焼成	7　硬さ	8　鮮やかさ		9　HBとH		0　BとHB		

‖ 2024年度 ‖ 愛知県 ‖ 難易度 ■■■■□ ‖

【3】次の各文は，現代美術について説明したものである。以下の問いに答えよ。

> ア　第一次世界大戦中，従来の芸術を根底的に否定する[　1　]の運動が生まれた。美術家では抽象表現を模索する一方で，紙をまき散らした作品などで偶然の法則を制作に導入したハンス・アルプが参加した。
>
> イ　デュシャンは，便器にサインをして『泉』という作品にした。ありふれた大量生産による[　2　]を選んで，出品したことで，天才や個性といった美術家による創造を巡る常識があっさり覆された。デュシャンは，常識こそが人間の創造的な思考を阻止すると考えた。
>
> ウ　創造過程の行為そのものを重視した表現を[　3　]と呼ぶ。[　3　]の代表的な作家である[　4　]は絵の内部に入り，無意識になって心の自由な流れを表現した。[　4　]は多くの絵で床に敷いたキャンバスに筆から絵具を滴らせるなどして描き，巨大な画面全体をほぼ均質に絵具で埋め尽くした。
>
> エ　抽象(アブストラクト)という考え方では，作品を単純で純粋な形や色で構成し，作者の気持ちや精神を表現する。[　5　]は，水平線と垂直線と三原色と白黒のみを用いて，普遍的な単純で力強い構成を完成させた。

(1)　[　1　]～[　3　]にあてはまる言葉として，最も適当なものを一つ選び，それぞれ番号で答えよ。

1　レディ・メイド　　　　　　　2　ロシア・アヴァンギャルド

3　ダダ　　　　　　　　　　　4　グラフィティ

5　アクション・ペインティング　　6　ポップアート

(2)　[　4　]，[　5　]にあてはまる作家の名前として，最も適当なも
のを一つ選び，それぞれ番号で答えよ．．

1　マーク・ロスコ　　　　2　ジャン・デュビュッフェ

3　フランク・ステラ　　　4　ピエト・モンドリアン

5　パウル・クレー　　　　6　ジャクソン・ポロック

7　ワシリー・カンディンスキー

8　カジミール・マレーヴィッチ

| 2023年度 | 愛知県 | 難易度 ■■■■■□ |

【4】次の各文は，日本の壁画について説明したものである。以下の問い
に答えよ。

> ア　1972年に発見された[　1　]古墳壁画は白鳳時代後半の制作
> とされ，フレスコに似た手法が用いられている。画題は[　2　]，
> 白虎，朱雀(欠失)，玄武の四神を四方の中心に描き，左右に男
> 女の群像，日輪，月輪を，天井に星宿を描く。[　3　]の墳墓
> 壁画の影響を強く受けながら，大まかな色面処理や[　4　]し
> た群像構成などには日本化の方向が示されている。1998年に
> 発見された[　5　]古墳壁画とともに，古墳の歴史の最終段階
> に飛鳥地方で行われた，新しい壁画形式のものである。
>
> イ　[　6　]金堂壁画は日本最古の本格的絵画である。壁画全面
> には[　7　]で下地が施してある。[　8　]を用いた陰影法によ
> って立体感豊かに彩色され，[　9　]によって明快に描き起こ
> された諸尊像は，引き締まった端正な表情と均斉のとれた理
> 想的な体つきを示している。1949年[　6　]金堂壁画は出火に
> より一部を残して焼損した。この大惨事を契機として[　10　]
> 法が制定されることとなった。

(1)　[　1　]〜[　5　]にあてはまる言葉として，最も適当なものを一
つ選び，それぞれ番号で答えよ。

1　高松塚　　2　キトラ　　3　青竜　　4　高句麗や初唐

　　5　麒麟　　　6　平面化　　7　立体化　　8　北宋や南宋

(2)　[　6　]～[　10　]にあてはまる言葉として，最も適当なものを一つ選び，それぞれ番号で答えよ。

　　1　飛鳥寺　　2　国宝保存　　3　鉄線描　　4　隈取り

　　5　法隆寺　　6　胡粉　　　7　白土　　　8　文化財保護

【5】次の各文は，古墳時代以前の日本の美術について説明したものである。以下の問いに答えよ。

> ア　[　1　]とは，土で「ひとがた」をかたどった焼物で，縄文時代草創期に発生し，早期には各地に定着した。その後約8000年間にわたってつくられ続け，やがて弥生時代初頭に終焉を迎えた。その用途には様々な意見があって，決着をみていない。
>
> イ　古墳時代の赤焼きの土器を[　2　]と呼ぶ，その大半は日常生活の中で使用された甕（かめ）と壺，高杯（たかつき）などの器種で，いずれも飾りが少なく，実用に適した容器である。
>
> ウ　5世紀の前半から中葉，朝鮮半島から日本列島に多くの渡来集団がやって来たころ，[　3　](陶質土器)の製法も伝えられた。[　3　]は，専用の粘土と窯，豊富な燃料の確保を必要とする。日常生活の容器として使用されるのと同様に，古墳の中に副葬されることも多い。
>
> エ　[　4　]は，古墳時代を代表する立体的な造形物であり，古代人の美的感覚の多様さを見いだすことができる。4世紀の武具や家の[　4　]には，実物に忠実な表現を心掛けたことによる威風堂々とした様が読みとれる。遅れて5世紀に登場する人物[　4　]には，顔の表情の豊かさと手のしぐさの簡潔明瞭さが読みとれる。

(1)　[　1　]～[　4　]にあてはまる言葉として，最も適当なものを一つ選び，それぞれ番号で答えよ。

　　1　須恵器　　　　　　2　縄文式土器　　3　弥生式土器

　4　土師器(はじき)　　　5　土偶　　　　　　6　埴輪

　7　銅鐸　　　　　　　　8　銅鏡

(2)　エの造形物として，最も適当なものを図から一つ選び，番号で答えよ。

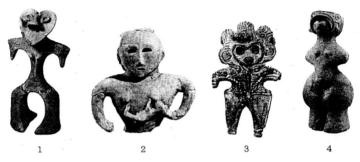

　　　　1　　　　　　　　2　　　　　　　3　　　　　　4

▌2023年度▐ 愛知県▐ 難易度 ■■■□□

【6】次の各文は，遠近法について説明したものである。[1]〜[5]
　にあてはまる言葉として，最も適当なものを一つ選び，それぞれ番号
　で答えよ。

> ア　一点透視図法は空間のある一点から事物に投射した線を画
> 面上に投影する図法である。この場合，描かれる事物の稜線
> は平行ではなく，水平線上の[1]点と呼ばれる点に収束す
> る。
>
> イ　[2]は，大気中の水蒸気，塵芥の影響で遠くの事物が不
> 明瞭になる現象を利用した表現法である。遠方の事物をぼん
> やり描いたり，薄紫や薄青に描いたりすることがこれにあた
> る。
>
> ウ　俯瞰図法や虫瞰図法は，視点を極度に高く，もしくは低く
> 設定するものである。俯瞰図法の場合，東洋画の[3]と類
> 似して，遠い事物ほど上部に描かれるので，上下遠近法とも
> いえる。
>
> エ　[4]は，遠方のものを上に積み重ねる方法，遮蔽法は遠
> くのものが近くのものにさえぎられるように描く方法，[5]

は，キアロスクーロとも呼ばれ，陰影による遠近法である。

1　明暗法　　　2　心理遠近法　　　3　重積法　　　4　遠小・近大法
5　三遠法　　　6　空気遠近法　　　7　消失　　　8　焦

┃ 2023年度 ┃ 愛知県 ┃ 難易度 ▓▓▓▓░░

【7】次の各文は，絵画技法について説明したものである。[　1　]〜[　5　]にあてはまる言葉として，最も適当なものを一つ選び，それぞれ番号で答えよ。

> ア　[　1　]とは，「粉と液体を混ぜる」というラテン語に由来する。中世から初期ルネサンスまで，最も広く用いられた板絵の技法である。基本的には顔料にメディウムとして卵を合わせる。
>
> イ　[　2　]とは，「新鮮な，塗りたての」という意味で，壁画技法の代表的なものである。壁の上塗りの漆喰が乾かず，柔らかいうちに，水で溶いた顔料で絵を描く。顔料が壁体に吸収され，乾燥する際に化学反応が生じて壁画の表面が透明の薄い膜で覆われるため，保存が極めてよい技法である。
>
> ウ　[　3　]とは，「灰色」を意味するフランス語に由来する。灰色の濃淡だけで描かれたモノクロームの絵画である。
>
> エ　[　4　]とは，「削り取り」という意味である。キャンバスに絵具を塗って凹凸のあるものの上に重ね，上からこすって絵具を削り取り，形を写し取る技法である。フロッタージュの油彩画への応用ともいえる。
>
> オ　[　5　]とは，「氷」を意味するフランス語に由来する。絵具を塗った上に希釈剤で薄めて半透明にした他の色の絵具を塗り重ね，微妙な調子を出す油彩画の技法である。

1　グラッシ　　　2　バチック　　　　3　グラッタージュ
4　フレスコ　　　5　グリザイユ　　　6　メゾチント
7　テンペラ

┃ 2022年度 ┃ 愛知県 ┃ 難易度 ▓▓▓▓▓░

【8】次の各文は，1960年代頃から登場した様々な美術傾向について説明したものである。ア〜オの美術傾向として，最も適当なものを1つ選び，それぞれ番号で答えよ。

> ア　自然の物質を用いて，屋外空間の環境に作品を構築する。大地が支持体であり，同時に素材となる。主な作家は，ロバート・スミッソン。
>
> イ　幾何学模様や波形の規則的配列と色彩の同時対比などによって，錯視効果をもたらす抽象絵画。主な作家は，ヴィクトル・ヴァザルリ，ブリジット・ライリー。
>
> ウ　形態や色彩を最小限に切り詰め，幾何学的な構造や一つの単位を反復するような表現。主な作家は，ドナルド・ジャッド，フランク・ステラ。
>
> エ　イタリア語で「貧しい芸術」の意。日常にある素材を拾ってきて手を加え，インスタレーションとして提示する。主な作家は，ヤニス・クネリス，マリオ・メルツ。
>
> オ　目に見えない意識を主役として扱い，目に見えるものは認識装置とする美術傾向。主な作家は，ジョセフ・コスース。

1　オプ・アート　　　　2　ランド・アート
3　ミニマル・アート　　4　コンセプチュアル・アート
5　アルテ・ポーヴェラ

▌2021年度 ▌愛知県 ▌難易度 ■■■□□

【9】次の各文は，伝統的な日本の文様と色名について説明したものである。後の問いに答えよ。

> ア　海面に見える波頭を幾何学的にとらえた[　1　]は，古代から用いられた文様であるが，舞楽「[　1　]」の装束に用いられたことからこの名がついたという。
>
> イ　日本において[　2　]文は，中国から伝来した蔓草(つるくさ)文様としてとらえられてきたが，文様そのものは，エジプト，メソポタミア，[　3　]などに起源をもつ。一方，中国では，

西方から伝わった蔓草文様とは別に，殷(いん)・周時代から蟠螭(ばんち)文といって，龍をあたかも蔓草のように連続させる文様も存在した。

ウ　[　4　]文とは，一般的に色の違う正方形を上下左右に交互に敷き詰めた格子状の文様を指す。この名称は，江戸時代中期の上方歌舞伎役者佐野川[　4　]が舞台衣装の袴に愛用していた文様を，同時代の女性がこぞって小袖に取り入れたことから広まったといわれる。

エ　[　5　]とは，円から連続する様から四方・十方と呼ばれ，後に[　5　]となった吉祥文様の一つである。

オ　[　6　]色は，JISの色彩規格では「あざやかな緑みの青」となっている。西洋の色に例えると少しグレーみの入ったエメラルドグリーンに近い。

カ　[　7　]色は，JISの色彩規格では「やわらかい黄」としているが，一般的にはくすんだ濃い黄色のことである。

キ　[　8　]色とは，黒みをおびた濃い紅色のことである。現在，[　8　]色は化学染料を使うこともあるが，カメムシ目カイガラムシ科の虫などから採集された天然の色素の染料が，今でも友禅や紅型に多く使われている。早稲田大学をはじめとする多くのスクールカラーにも使われ，正統なイメージを与える。

ク　[　9　]は，英名では「アジュール」という色名で，もともと宝石の[　10　]に由来する色である。[　10　]に関連する色としては瑠璃色，群青色などもある。

(1)　[　1　]～[　5　]にあてはまる言葉として，最も適当なものを1つ選び，それぞれ番号で答えよ。

　1　七宝　　　　　2　唐草　　　3　籠目　　4　市松　　　5　青海波
　6　ギリシャ　　7　アフリカ

(2)　[　6　]～[　9　]にあてはまる言葉として，最も適当なものを1つ選び，それぞれ番号で答えよ。

　1　亜麻色(あまいろ)　　　2　紺碧(こんぺき)　　　3　芥子(からし)

4　臙脂(えんじ)　　　　5　浅葱(あさぎ)

(3)　[　10　]にあてはまる言葉を，片仮名6文字で答えよ。

┃ 2021年度 ┃ 愛知県 ┃ 難易度 ■■■□□

【10】次の各文は，デッサンについて説明したものである。[　1　]～
[　5　]にあてはまる言葉として，最も適当なものを一つ選び，それぞ
れ番号で答えよ。

> ア　[　1　]は，言葉としては「比例」「釣り合い」の意味で，単
> 一な形体での高さに対する幅，奥行きの比例もいう。デッサ
> ンにおける[　1　]の狂いは，形を歪んだ不自然なものにする。
> イ　石膏像の立体感を捉えるためには，像全体を構成している
> 主要部分，例えば頭，首，胴を[　2　]として捉え，その各部
> 分の[　2　]を比較対照しながら，相対的な立体感を画面に表
> すことが大切である。また，ルネサンス以来用いられてきた
> 方法で，石膏デッサンに役立つのは，[　3　]の概念に基づい
> て，両面に空間(形と形の間の距離)を築く方法である。
> ウ　[　4　]とは，単なる膨らみではなく，動的なものとして，
> 形体に存在する力や重さなど，外に張り出してくるエネルギー
> 感を表す言葉として使われる。
> エ　[　5　]とは，面を平行な線で埋め，様々な効果をねらう描
> き方である。主に陰影をつけるときに用いられる。

1　ストローク　　2　ハッチング　　3　ヴァルール　　4　マッス
5　透視図法　　6　ムーブマン　　7　プロポーション　8　量感

┃ 2021年度 ┃ 愛知県 ┃ 難易度 ■■■□□

【11】次の文は，漫画の表現について説明したものである。[　1　]～
[　5　]にあてはまる言葉として，最も適当なものを一つ選び，それぞ
れ番号で答えよ。

> 漫画の表現では，顔や体などの表情や動作を[　1　](形の変化)
> したり，単純化したり，誇張することで，物語を読み手に楽し

くわかりやすく伝えている。また，セリフを書き入れる[2]
や，擬音語，擬態語を用いて音などを強調し効果を高める
[3]，強調線なども漫画を演出する大切な要素である。

　漫画は[4]で場面を割っていくことで成り立つ。[4]割
りの基本は，右から左へ，上から下へ流れるように描く。

　背景の効果としては，線の太さや方向によって，スピード感
や勢いを出したり，情景に合わせて背景の点や線，様々な模様
や柄の[5]などを使って，登場人物の心情を表したりする。

1　絵コンテ	2　デフォルメ		3　オノマトペ
4　シルクスクリーン	5　コマ		6　吹き出し
7　コラム	8　スクリーントーン		

‖ 2021年度 ‖ 愛知県 ‖ 難易度 ■■■□□

解答・解説

【1】問1　④　　問2　①　　問3　④　　問4　①

解説　問1　山本鼎(1882〜1946年)が提唱した自由画運動について記述さ
れている。この時代の日本に浸透していた，手本を模写するだけの美
術教育を問題視し，子どもが自由に描く必要性を説いた。この運動が
全国に広がる中，特に長野県では当時の個性教育の流行もあり，急速
に普及したといわれる。このため，第1回児童自由画展覧会には長野
県から約1万点の作品が出展され，その作品を7千人以上の児童が鑑賞
するという盛り上がりを見せた。この美術教育は現在まで大きな影響
をもたらしている。　問2　川喜田煉七郎は昭和5(1930)年にウクライ
ナのハリコフ劇場建築国際設計コンペに入選し注目された建築家。
1932(昭和7)年に建築工芸研究所(東京・銀座)を開き，ドイツ・バウハ
ウス流の構成教育を行った。その後，昭和9(1934)年に『構成教育大系』
を著し，尋常小学校教員であった武井勝雄と共に構成教育運動を広め，

学校への普及に務めた。なお，武井勝雄は『美術による人間形成』
(ローウェンフェルド著)の共訳や『バウハウス・システムによるデザ
イン教育入門』などの著書もある。日本の美術教育では2年連続で川
喜田煉七郎と武井勝雄の『構成教育大系』が出題された。　問3　例
年出題される世界の教育者についての設問である。前年度から遡って，
チゼック，ケロッグ，ローウェンフェルド，アイスナーなどの出題と
なる。代表的な教育者が繰り返し問われるため，確実におさえておき
たい。正答のジョン・デューイ(1859～1952年)は20世期前半に活躍し
た哲学者である。教育や芸術のみならず，様々な分野で研究を重ね，
各方面に多くの影響を与えた。『経験としての芸術』(1934年)は，自身
の経験概念を駆使した芸術論の集大成。芸術，鑑賞を価値あるものへ
と導いていった。　問4　DBAE(Discipline-Based Art Education＝学問分
野に基づいた美術教育)理論は，1980年代にアメリカで誕生した美術教
育の方法論であり，エリオット・アイスナー(1933～2014年)がその研
究を精力的に主導した。それまで行われていた制作活動を中心とする
美術教育に対し，学問分野として4つの専門性(美学・美術批評・美術
史・制作)を取り入れた。これにより今日の鑑賞教育につながる流れを
生み出したともいわれている。なお，この設問も昨年から問い方を変
え，引き続き出題されている。

【2】1　4　　2　1　　3　6　　4　7　　5　9

解説　鉛筆の起源はイギリスのボローデール鉱山から発見された黒鉛
で，棒状の黒鉛に糸などを巻いて使用していた。ボローデール鉱山の
黒鉛が枯渇した後，黒鉛の粉を硫黄などで固めた芯を経て，コンテに
よる芯が作られた。黒鉛と粘土の配合を変えることで，芯の硬さなど
を調整でき，現在でもこの方法が基礎となっている。現在，鉛筆の硬
度は22段階あり，硬い順に10H～H，F，HB，B～10Bとなっている(JIS
規格では9H～6Bの17段階)。

【3】(1)　1　3　　2　1　　3　5　　(2)　4　6　　5　4

解説　ア　ダダは，反美学的姿勢や既成の価値観の否定などを特徴とす
る芸術運動で，ダダ特有の破壊や否定の精神は，20世紀芸術の原動力

となった。後にダダの姿勢や方法論の一端が「シュルレアリスム」に継承され，ダダとシュルレアリスムが20世紀の前衛芸術の二大潮流を形成した。　イ　デュシャンは，従来の絵画から離れて，自転車の車輪，ビンかけ，シャベルなどの既製品を作品化し，レディメイドの概念を打ち出した。　ウ　アクション・ペインティングは，絵の具でキャンバスに絵を描くのではなく，絵の具を垂らしたり，飛び散らしたりして絵を描くという「アクション」に重きを置いた絵画である。代表的な画家であるジャクソン・ポロックは，抽象表現に革新をもたらす中で，ドリッピングやスプラッシュ，オールオーバーなどの技法を考案した。　エ　抽象は，現実という表層の下に隠れた世界の本質を表現することを目的としている。モンドリアンの作品は，近代芸術作品に留まらず，タイポグラフィーや建築，工業デザインなど幅広い分野に影響を与えた。

【4】(1) 1　1　　2　3　　3　4　　4　6　　5　2　　(2) 6　5　　7　7　　8　4　　9　3　　10　8

解説 ア　フレスコ画は，西洋で古代から用いられている壁画の技法で，壁に生乾きの漆喰を塗り，乾かないうちに顔料で絵を描く。表面にできた層によって顔料が閉じ込められ，長時間色あせない。高松塚古墳やキトラ古墳の壁画は，日本が古代オリエントから端を発したフレスコ画の最終到達地点であることの証とされている。東西南北の壁に描かれている中国古代思想の方角の守護神「四神」は，青竜，白虎，朱雀，玄武だが，朱雀は盗掘にあい壊されている。　イ　法隆寺の金堂壁画は，7世紀から8世紀初めごろの飛鳥時代に描かれたとされている。壁画は，白土下地に彩色・文様が加えられ，さらに鉄線描と呼ばれるしなやかで強靱な弾力を持つ朱線を用いて描き起こされ，適度な隈取りを用いた陰影法が施されている。昭和24(1949)年に法隆寺金堂が消失したのが契機となり，翌年の昭和25(1950)年に文化財保護法が制定された。

【5】(1) 1　5　　2　4　　3　1　　4　6　　(2) 2

解説 (1) ア　土偶は，縄文時代の比較的早い時期に出現し，縄文時代

を通して存続が確認されており，縄文時代の代表的遺物の一つである。しかし，弥生時代には，土偶はほとんどみつかっていない。

イ・ウ　古墳時代の土器には，土師器(はじき)と須恵器の2種類がある。土師器は弥生時代の流れをくみ，野焼きで焼かれた茶褐色でやや軟質の土器で，主に煮炊きや食器などに使われた。一方，須恵器は，5世紀以降，朝鮮半島から製作技術が伝わり生産が始まった。窯を使って1000度以上の高い温度で焼いた青灰色で硬質の土器で，貯蔵や供膳などに使われた。　エ　埴輪は，古墳の上や周囲に並べられた，主に素焼きの焼き物のことである。埴輪は，円筒埴輪と，人物，馬，猪，盃，家などの形象埴輪に大別される。　(2)　1　縄文時代後期の「ハート型土偶」で，重要文化財である。人の顔を眉毛周辺からデフォルメしたハート形が特徴である。　2　古墳時代の「乳飲み児を抱く埴輪」で，茨城県指定文化財である。ひたちなか市大平にあった大型前方後円墳から出土した。　3　縄文時代後期の「みみずく土偶」で，重要文化財である。埼玉県真福寺貝塚で出土した。鳥のみみずくに似ていたことから命名された。　4　縄文時代中期の縄文のビーナスと呼ばれる立像の土偶で，国宝に指定されている。長野県茅野市で出土された。現在は長野県茅野市尖石縄文考古館に展示されている。

【6】1　7　　2　6　　3　5　　4　3　　5　1

解説　ア　一点透視図法は，消失点が一つだけの図法で，立体物を構成する高さ，横幅，奥行きの要素のうち，奥行きの線だけを消失点に集めるように描写する図法である。　イ　空気遠近法では，遠景にあるものほど青く，形態をぼやかして描いたり，色彩をより大気の色に近づけるなどして，空間の奥行きを表現する。　ウ　三遠法は中国の山水画の遠近法で，高遠，平遠，深遠からなる。下方から山の頂上を見上げる高遠では，色は清く明るく，前山から後方の山を眺望する平遠の色は明暗さまざまで，山の前方から背後をのぞき込む深遠では，色は重く暗く表現されている。　エ　やまと絵では，遠くのものを同じ大きさで上へ上へと積み重ねて描く重積法が用いられる。明暗法は，光と影の対比・変化・均衡がもたらす効果を用いて，立体感や画面における遠近感を表現する方法である。キアロスクーロは，イタリア語

で明暗法を意味し，版画用語としても用いられている。

【7】1　7　　2　4　　3　5　　4　3　　5　1

解説　なお，選択肢2のバチックとはいわゆるはじき絵のことで，はじめにクレヨンやろうなどの油性の描画材を用いて絵や図柄を描き，その上から多めの水で溶いた水彩絵の具で彩色する。油性のところは絵の具をはじき，そうでないところは絵の具が残って着彩され作品となる。選択肢6のメゾチントとは銅版画の凹版の技法の一つで，まず銅板をロッカーという道具で細かなやすり状に目立てをする。この状態で黒インクをつめて印刷し，真っ黒な状態になったところをスクレーパーで削り取るなどして黒から白までの諧調をつくる。こうして目立てを完全に削り取った部分は白く，何もしない部分は真っ黒に刷られる。

【8】ア　2　　イ　1　　ウ　3　　エ　5　　オ　4

解説　ア　ロバート・スミッソンは「螺旋形の突堤」(1970年)などが代表的な作品である。　イ　ヴィクトル・ヴァザルリは「ゲシュタルト・ゼルド」(1976年)，ブリジット・ライリーは「朝の歌」(1975年)などが代表的な作品である。　ウ　ドナルド・ジャッドは「無題」(1989年)，フランク・ステラは「ヒラクラⅢ」(1968年)などが代表的な作品である。　エ　ヤニス・クネリスには「無題」とされる作品が多数存在するが，生き物や鉄，生肉などを展示するなどその内容は多岐に及ぶ。マリオ・メルツは「廃棄される新聞，自然，蝸牛の体のうちに，空間の力として継起する螺旋がある」(1979年)などが代表的な作品である。　オ　ジョセフ・コスースは「一つと三つの椅子」(1965年)などが代表的な作品である。

【9】(1)　1　5　　2　2　　3　6　　4　4　　5　1　　(2)　6　5
7　3　　8　4　　9　2　　(3)　ラピスラズリ

解説　(1)　伝統的な日本の文様には，他にも様々な種類がある。工字繋ぎは，「工」の文字の組み合わせを繰り返したものである。鱗は，三角形を交互に組み合わせた連続文様である。鹿の子は，小鹿の背中

のまだら模様に似ていることにその名が由来する。矢羽根(矢がすり)は，矢の上部に付けるタカやワシなどの鳥の羽根を意匠化したものである。　(2)　日本の伝統色には，自然や身の回りのものにちなんだものが数多く見られる。例えば，設題にもある浅葱色は葱，芥子色は芥子などをはじめ，紅梅色は梅，茄子紺色は茄子にちなんでいると言われている。　(3)　ラピスラズリは，古代から装飾品などとして珍重されてきた。

【10】 1　7　　2　4　　3　5　　4　8　　5　2

解 説 デッサンとは日本語では素描と表され，ものの形や明暗をよく観察して鉛筆などの単色の描画材で正確に描くことである。美術におけるプロポーションについては，黄金比にもよく言及される。マッスとは塊を表す言葉で，建築で使われる場合には空間を占めるひとかたまりの大きさを，彫刻の場合では塊そのものの物体感を指し，デッサンでは実際に存在する立体的な塊そのものではなく，塊の感じを表現する色や光や陰を指すとされる。具体的には，例えば頭像をデッサンするというとき，顔の細部について目や鼻や口などとして意識するのではなく，マッスに注意して描くこと，つまり，全体の塊感が出ているかに留意して描くことが大事であるということである。そうしてマッスを表現できるようになると，デッサンに量感や存在感が出てくると言われている。また，ハッチングとは，斜線やクロスした線を重ねて明暗の段階をつくることである。

【11】 1　2　　2　6　　3　3　　4　5　　5　8

解 説 吹き出しとは，登場人物のセリフが入る専用の枠のことで，それが発せられる状況に応じて様々な種類がある。破裂したような形状のものや丸みを帯びたものなどがあり，叫んでいる声や心の中の考えを表すために使い分けられる。なお，物語の各画面を順次描いていく際の単位となるコマは，右から左へと読み進めるのが基本とされるが，吹き出し内のセリフも同じように右から左へと読み，また，吹き出しは話している人物の絵に近いところに配置するとされる。オノマトペとは，擬音語と擬態語を総称したものである。擬音語は，物や動物が

発する音や声を真似て文字で示す(ドカーン，ワンワンなど)。擬態語は，状態や心情など物理的には音を発しないものを音によって表す(ニヤニヤ，ガーンなど)。

実技

【1】次の図は，ある立体を平面図，正面図，右側面図の三面で表したものである。どのような立体か，図で示す三面が見えるように二点透視図法で描け。ただし，図中の線は見えている境界線を表している。立体は白い石膏でできており，陰影，消失点，補助線は描かないものとする。

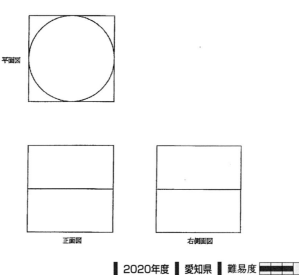

平面図

正面図　　　　　　右側面図

▌2020年度 ▌愛知県 ▌難易度▆▆▆▆▁▁

【2】次の図は，ある立体を平面図，正面図，右側面図の三面で表したものである。どのような立体か，図で示す三面が見えるように二点透視図法で描け。ただし，図中の実線は見えている境界線，破線は奥側に隠れている境界線を表している。立体は白い石膏でできており，影，消失点，補助線は描かないものとする。

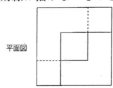

平面図

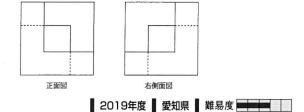

正面図　　　　　　　右側面図

┃ 2019年度 ┃ 愛知県 ┃ 難易度 ███░░

【3】立方体の展開図は，稜線で切った場合，11種類ある。次の図に示したもの以外の残り5種類の展開図について，下の実線部分の続きを破線に沿ってそれぞれ描け。

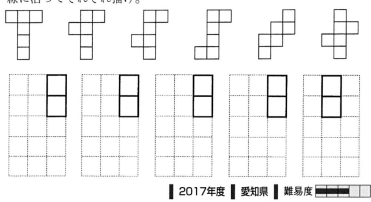

┃ 2017年度 ┃ 愛知県 ┃ 難易度 ███░░

● 実技

解答・解説

【1】

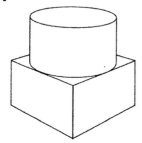

解説 立体を製図する際には，投影法で描き表す。投影法は正面図，側面図，平面図で構成される。三面図を作成する際は，図の配置場所は決まっており，まず物体の最も代表的な面を，正面図として描き，平面図は正面図の真上に配置し，側面図は，基本的には右側面図を正面図の右側に配置する。透視図法は，3次元の物体を2次元の平面上に描く手法で，二点透視図法は物をななめ横から見た構図などで用いられる。

【2】

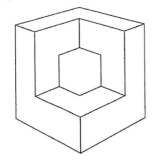

解説 通常，設計図は三面図(正面図・平面図・右側面図)で表される。これは，第三角法といわれる製図で用いられる正投影図法の一つである。この正投影図法とは，立体を平面上に表す方法の一つで，物の形状を正確に表すことができる点が長所とされる。なお，この第三角法

を用いて三面図を作成する際は，図の配置場所は決まっており，まず物体の最も代表的な面を，正面図として描き，平面図は正面図の真上に配置し，側面図は，基本的には右側面図を正面図の右側に配置するとされている。解答の作図であるが，いわゆる「遠近法」とは，三次元の空間と立体を絵画などの二次元平面上で視覚的に再現する際の方法で，時代や地域などにより様々なものがある。なかでも西洋近世に特徴的な方法とされるのが「線遠近法(透視図法)」であり，イタリア・ルネサンス期に開発され，17〜18世紀に完成されたといわれる。この線遠近法とは，端的には水平線と消失点を決めて描くことで遠近感を出す方法であり，消失点が水平線上の一点に集まる図法のことを一点透視図法(対象物を正面から見る)，一本の水平線の両端に二つの消失点を持つ図法のことを二点透視図法(対象物を斜めから見る)という。

【3】

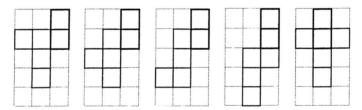

解説 立方体の展開図の基本形は，設問の図中左端のT字型といわれる。これは連続する面が4枚でそれを挟むように左右の面(または上面と底面)があるパターンである。そして，この左右の面(または上面と底面)は必ずしも図のようなT字型とは限らず，どこにスライドさせても構わない。これに適うパターンは6種類で，これ以外のパターンは5種類となる。実際に展開図から立方体をつくるなどして，立方体の展開パターンを確認しておこう。

学習指導要領

中学校

【1】(1)～(9)は,「中学校学習指導要領」(平成29年3月告示)に関する内容,
(10)は,「『指導と評価の一体化』のための学習評価に関する参考資料」
(令和2年3月文部科学省国立教育政策研究所教育課程研究センター作
成)に関する内容について引用したものである。次の(1)～(10)の問いに
答えよ。

(1) 「中学校学習指導要領 第2章 第6節 美術 第2 各学年の目標
及び内容」について,〔第1学年〕と〔第2学年及び第3学年〕の目標
を,次表の通り並べて表記した。【 ① 】～【 ⑤ 】に入る正し
い語句の組合せはどれか。1～4から一つ選べ。

〔第1学年〕	〔第2学年及び第3学年〕
(1) 対象や事象を捉える造形的な視点について理解するとともに,意図に応じて表現方法を工夫して表すことができるようにする。	(1) 対象や事象を捉える造形的な視点について理解するとともに,意図に応じて自分の表現方法を追求し,【 ① 】に表すことができるようにする。
(2) 自然の造形や美術作品などの造形的なよさや美しさ,表現の意図と工夫,機能性と美しさとの調和,美術の働きなどについて考え,主題を生み出し豊かに発想し構想を練ったり,美術や美術文化に対する見方や感じ方を【 ③ 】することができるようにする。	(2) 自然の造形や美術作品などの造形的なよさや美しさ,表現の意図と【 ① 】な工夫,機能性と洗練された美しさとの調和,美術の働きなどについて【 ② 】・総合的に考え,主題を生み出し豊かに発想し構想を練ったり,美術や美術文化に対する見方や感じ方を【 ④ 】することができるようにする。
(3) 楽しく美術の活動に取り組み創造活動の喜びを味わい,美術を愛好する心情を培い,心豊かな生活を創造していく態度を養う。	(3)【 ⑤ 】に美術の活動に取り組み創造活動の喜びを味わい,美術を愛好する心情を深め,心豊かな生活を創造していく態度を養う。

	①	②	③	④	⑤
1	創造的	具体的	深めたり	広げたり	主体的
2	独創的	創造的	広げたり	深めたり	積極的
3	創造的	独創的	広げたり	深めたり	主体的
4	具体的	独創的	深めたり	広げたり	協働的

(2) 「中学校学習指導要領　第2章　第6節　美術　第2　各学年の目標及び内容　〔第1学年〕　2　内容　A　表現　(2)　ア　(ア)及び(イ)」について，【　①　】～【　④　】に入る正しい語句の組合せはどれか。1～4から一つ選べ。

---

(2)　表現の活動を通して，次のとおり技能に関する資質・能力を育成する。
　　ア　発想や構想をしたことなどを基に，表現する活動を通して，技能に関する次の事項を身に付けることができるよう指導する。
　　(ア)　材料や用具の生かし方などを身に付け，【　①　】工夫して表すこと。
　　(イ)　材料や用具の【　②　】などから制作の【　③　】などを考えながら，【　④　】表すこと。

---

	①	②	③	④
1	意図に応じて	特性	順序	見通しをもって
2	自分の表現方法を	特質	方法	見通しをもって
3	自分の表現方法を	特長	方法	独創的に
4	意図に応じて	特徴	順序	創造的に

(3) 「中学校学習指導要領　第2章　第6節　美術　第2　各学年の目標及び内容　〔第1学年〕　3　内容の取扱い　(2)」について，【　】に入る内容の記述として当てはまらないものはどれか。1～4から一つ選べ。（なお，部分的に語尾の表記を変更している。）

　「A表現」及び「B鑑賞」の指導に当たっては，発想や構想に関する資質・能力や鑑賞に関する資質・能力を育成する観点から，〔共通事項〕に示す事項を視点に，【　】などして対象の見方や感じ方を広げるなどの言語活動の充実を図ること。

1　アイデアスケッチで構想を練る
2　主題に合わせてイメージを確認する
3　作品などについて説明し合う
4　言葉で考えを整理する

(4) 「中学校学習指導要領　第2章　第6節　美術　第2　各学年の目標
及び内容　〔第2学年及び第3学年〕　2　内容　B　鑑賞　(1)　イ
(イ)」では，生活や社会の中の美術の働きや美術文化についての見
方や感じ方を深める活動を通して，鑑賞に関する事項を身に付ける
指導について述べられている。【　①　】～【　④　】に入る正しい
語句の組合せはどれか。1～4から一つ選べ。

> 日本の美術作品や受け継がれてきた【　①　】などから，
> 伝統や文化のよさや美しさを感じ取り【　②　】を深めると
> ともに，諸外国の美術や文化との相違点や共通点に気付き，
> 美術を通した【　③　】や美術文化の継承と創造について考
> えるなどして，【　④　】を深めること。

	①	②	③	④
1	伝統工芸	理解	国際理解	見方や感じ方
2	表現の特質	愛情	国際理解	見方や感じ方
3	表現方法	見方や感じ方	平和教育	国際理解
4	表現の工夫	見方や感じ方	平和教育	文化理解

(5) 「中学校学習指導要領　第2章　第6節　美術　第2　各学年の目標
及び内容　〔第2学年及び第3学年〕　3　内容の取扱い　(1)」につい
て，【　】に入る正しい語句はどれか。1～4から一つ選べ。

> 第2学年及び第3学年では，第1学年において身に付けた資
> 質・能力を柔軟に活用して，表現及び鑑賞に関する資質・能
> 力をより豊かに高めることを基本とし，第2学年と第3学年の
> 【　】を考慮して内容の選択や一題材に充てる時間数などに
> ついて十分検討すること。

1　指導事項の違い　　2　創造活動の経験の違い
3　発達の特性　　　　4　内容のまとまり

(6) 「中学校学習指導要領　第2章　第6節　美術　第3　指導計画の作
成と内容の取扱い　1　(4)」について，【　①　】～【　④　】に入る
正しい語句の組合せはどれか。1～4から一つ選べ。

> 　第2の各学年の内容の「A表現」については，(1)のア及びイと，(2)は原則として【　①　】行い，(1)のア及びイそれぞれにおいて描く活動とつくる活動の【　②　】経験させるようにすること。その際，第2学年及び第3学年の各学年においては，(1)のア及びイそれぞれにおいて，描く活動とつくる活動の【　③　】扱うことができることとし，2学年間を通して描く活動とつくる活動が【　④　】に行えるようにすること。

	①	②	③	④
1	単独で	いずれかを選択して	いずれも	段階的
2	関連付けて	いずれも	いずれかを選択して	調和的
3	いずれかを選択して	双方を	いずれも	総合的
4	交互に	いずれも	いずれかを選択して	体系的

(7) 「中学校学習指導要領解説　美術編」における「中学校学習指導要領　第2章　第6節　美術　第3　指導計画の作成と内容の取扱い　1　(6)」に関する解説に記載されている内容について，次の各文のうち誤っているものはどれか。1〜4から一つ選べ。

1　障害のある生徒などの指導に当たっては，個々の生徒によって，学習活動を行う場合に生じる困難さが異なることに留意し，個々の生徒の困難さに応じた指導内容や指導方法を工夫すること。

2　美術科の目標や内容の趣旨，学習活動のねらいを踏まえ，学習内容の変更や学習活動の代替を安易に行うことがないよう留意するとともに，生徒の学習負担や心理面にも配慮する必要がある。

3　造形的な特徴などからイメージを捉えることが難しい場合などにおいて，形や色などに対する気付きや豊かなイメージにつながるように，自分や他の人の感じたことや考えたことを言葉にする場を設定するなどが考えられる。

4　表現及び鑑賞に関する資質・能力を育成する観点から，一人一

人の状況や発達の特性に配慮し，協働的な学習を充実させていくことが求められる。

(注)

　　大阪府では，「障害」という言葉が，前後の文脈から人や人の状態を表す場合は，「害」の漢字をひらがな表記とし，「障がい」としています。問題中では，法令からの引用部分については，もとの「障害」の表記にしています。

(8) 「中学校学習指導要領　第2章　第6節　美術　第3　指導計画の作成と内容の取扱い　2　(5)」について，【　　】に入る正しい語句はどれか。1〜4から一つ選べ。

> 互いの個性を生かし合い協力して創造する喜びを味わわせるため，適切な機会を選び【　　】創造活動を経験させること。

1　対話的に行う　　　　2　協働的に行う
3　グループで行う　　　4　共同で行う

(9) 「中学校学習指導要領解説　美術編」における「中学校学習指導要領　第2章　第6節　美術　第3　指導計画の作成と内容の取扱い　4　(2)」に関する解説に記載されている内容について，次の各文のうち誤っているものはどれか。1〜4から一つ選べ。

1　美術室における作品展示の仕方に創意工夫を図るとともに，それ以外の場所として，玄関ホールや廊下，階段，空き教室などの壁面を活用してミニギャラリーを設け，展示することなどが考えられる。

2　作品の展示などについて，学校や生徒の実態に応じて，地域住民が主となって企画・運営を計画することや，校区にある幼稚園，保育所，小学校，高等学校などの児童生徒の作品，他の地域の生徒作品，諸外国の児童生徒の作品などの交流による校内展示を行うことも考えられる。

3　美術科は，作品を介して教室内の人間関係だけにとどまらず，教職員や保護者，地域の人々などと連携ができる教科であり，身近なところから社会に関わる活動を進めていくことは，生徒の学びを深めていく上で効果的である。

4 地域の施設やイベントなどに生徒作品を展示したり，校区内の小学校と双方の作品を貸し借りするなどして展示し合ったりすることで，新たな交流が生まれ，より多くの人との鑑賞の活動が可能となる。

(10) 「『指導と評価の一体化』のための学習評価に関する参考資料　第3編　第1章　2」では，題材の評価規準の作成のポイントについて述べられている。【　①　】〜【　④　】に入る正しい語句の組合せはどれか。1〜4から一つ選べ。

> 平成29年告示の美術科の中学校学習指導要領では，その改訂において，教科の目標では，育成を目指す資質・能力を一層明確にし，生徒の発達の段階や特性等を踏まえつつ，(1)「知識及び技能」，(2)「思考力，判断力，表現力等」，(3)「学びに向かう力，人間性等」の三つの柱で整理している。また，内容についても目標に対応して，資質・能力を相互に関連させながら育成できるよう整理している。具体的には，「知識」は，【　①　】，「技能」は，【　②　】の指導事項に位置付けられている。「思考力，判断力，表現力等」は，【　③　】及び【　④　】の指導事項に位置付けられている。「学びに向かう力，人間性等」は，「A表現」，「B鑑賞」及び〔共通事項〕を指導する中で，一体的，総合的に育てていくものとして整理している。

	①	②	③	④
1	〔共通事項〕	「A表現」(1)	「A表現」(2)	「B鑑賞」(1)
2	「B鑑賞」(1)	「A表現」(2)	「A表現」(1)	〔共通事項〕
3	〔共通事項〕	「A表現」(2)	「A表現」(1)	「B鑑賞」(1)
4	「B鑑賞」(1)	「A表現」(1)	「A表現」(2)	〔共通事項〕

▌2024年度▌大阪府・大阪市・堺市・豊能地区▌難易度▌

【2】「中学校学習指導要領(平成29年3月告示)」「第2章　第6節　美術」について，次の各問いに答えなさい。
問1 次の記述は，「第1　目標」である。[　]に当てはまる語句として最も適切なものを，以下の①〜⑤のうちから選びなさい。

表現及び鑑賞の幅広い活動を通して，造形的な見方・考え方を働かせ，生活や社会の中の美術や美術文化と豊かに関わる資質・能力を次のとおり育成することを目指す。

(1) 対象や事象を捉える造形的な視点について理解するとともに，表現方法を創意工夫し，創造的に表すことができるようにする。

(2) 造形的なよさや美しさ，表現の意図と工夫，美術の働きなどについて考え，主題を生み出し豊かに発想し構想を練ったり，美術や美術文化に対する見方や感じ方を深めたりすることができるようにする。

(3) 美術の創造活動の喜びを味わい，美術を愛好する心情を育み，感性を豊かにし，心豊かな生活を創造していく[　　]を養い，豊かな情操を培う。

① 感性　　② 態度　　③ 能力　　④ 資質　　⑤ 技能

問2 〔第1学年〕の「2　内容」の「B　鑑賞　(1)　イ(ア)」の記述として最も適切なものを，次の①～④のうちから選びなさい。

① 造形的なよさや美しさを感じ取り，作者の心情や表現の意図と創造的な工夫などについて考えるなどして，美意識を高め，見方や感じ方を深めること。

② 日本の美術作品や受け継がれてきた表現の特質などから，伝統や文化のよさや美しさを感じ取り愛情を深めるとともに，諸外国の美術や文化との相違点や共通点に気付き，美術を通した国際理解や美術文化の継承と創造について考えるなどして，見方や感じ方を深めること。

③ 身の回りにある自然物や人工物の形や色彩，材料などの造形的な美しさなどを感じ取り，生活を美しく豊かにする美術の働きについて考えるなどして，見方や感じ方を広げること。

④ 目的や機能との調和のとれた洗練された美しさなどを感じ取り，作者の心情や表現の意図と創造的な工夫などについて考えるなどして，美意識を高め，見方や感じ方を深めること。

問3 〔第2学年及び第3学年〕の「2　内容」の「A　表現　(1)　ア(ア)」の記述として最も適切なものを，次の①～④のうちから選びなさい。

① 使う目的や条件などを基に，使用する者の立場，社会との関わ

り，機知やユーモアなどから主題を生み出し，使いやすさや機能と美しさなどとの調和を総合的に考え，表現の構想を練ること。

② 構成や装飾の目的や条件などを基に，用いる場面や環境，社会との関わりなどから主題を生み出し，美的感覚を働かせて調和のとれた洗練された美しさなどを総合的に考え，表現の構想を練ること。

③ 対象や事象を深く見つめ感じ取ったことや考えたこと，夢，想像や感情などの心の世界などを基に主題を生み出し，単純化や省略，強調，材料の組合せなどを考え，創造的な構成を工夫し，心豊かに表現する構想を練ること。

④ 伝える目的や条件などを基に，伝える相手や内容，社会との関わりなどから主題を生み出し，伝達の効果と美しさなどとの調和を総合的に考え，表現の構想を練ること。

問4 次の記述は，〔第2学年及び第3学年〕の「2 内容」の〔共通事項〕(1)である。[　]に当てはまる語句として最も適切なものを，以下の①〜⑤のうちから選びなさい。

(1) 「A 表現」及び「B 鑑賞」の指導を通して，次の事項を身に付けることができるよう指導する。

ア 形や色彩，材料，光などの性質や，それらが[　]にもたらす効果などを理解すること。

イ 造形的な特徴などを基に，全体のイメージや作風などで捉えることを理解すること。

① 感情　② 作品　③ 表現　④ 視覚　⑤ 生活

| 2024年度 | 神奈川県・横浜市・川崎市・相模原市 **| 難易度 |** ▓▓▓▓□□

【3】次の文は，中学校学習指導要領(平成29年告示)の一部である。[　1　]〜[　3　]にあてはまる言葉として，適切なものを一つ選び，それぞれ番号で答えよ。

【中学校学習指導要領　第6節美術　第2各学年の目標及び内容
　第2学年及び第3学年　1目標より】

(1) 対象や事象を捉える造形的な視点について理解するとと

もに，意図に応じて自分の表現方法を追求し，[1]に表すことができるようにする。

(2) 自然の造形や美術作品などの造形的なよさや美しさ，表現の意図と創造的な工夫，機能性と洗練された美しさとの調和，美術の働きなどについて独創的・[2]に考え，主題を生み出し豊かに発想し構想を練ったり，美術や美術文化に対する見方や感じ方を深めたりすることができるようにする。

(3) [3]に美術の活動に取り組み創造活動の喜びを味わい，美術を愛好する心情を深め，心豊かな生活を創造していく態度を養う。

1	個性豊か	2	感性豊か	3	総合的	4	概括的
5	創造的	6	主体的	7	実感的	8	対話的
9	文化的						

▌2024年度 ▌愛知県 ▌難易度 ▌■■■□□

【4】次は，中学校学習指導要領(平成29年3月)「美術」の一部です。問1
　～問3に答えなさい。

第2　各学年の目標及び内容
〔第1学年〕
2　内容
B　鑑賞
(1) 鑑賞の活動を通して，次のとおり鑑賞に関する資質・能力を育成する。
　ア　美術作品などの見方や感じ方を広げる活動を通して，鑑賞に関する次の事項を身に付けることができるよう指導する。
　　(ア)　造形的なよさや美しさを感じ取り，作者の心情や表現の[1]などについて考えるなどして，見方や感じ方を広げること。

　　　　(イ)　目的や機能との調和のとれた美しさなどを感じ取
　　　　　　り，作者の心情や表現の[　1　]などについて考えるな
　　　　　　どして，見方や感じ方を広げること。
　　　イ　生活の中の美術の働きや美術文化についての見方や感
　　　　　じ方を広げる活動を通して，鑑賞に関する次の事項を身
　　　　　に付けることができるよう指導する。
　　　　(ア)　[　2　]の形や色彩，材料などの造形的な美しさな
　　　　　　どを感じ取り，生活を[　3　]美術の働きについて考え
　　　　　　るなどして，見方や感じ方を広げること。
　　　　(イ)　<u>身近な地域や日本及び諸外国の文化遺産などのよ
　　　　　　さや美しさなどを感じ取り，美術文化について考える
　　　　　　などして，見方や感じ方を広げること。</u>

問1　空欄1に当てはまる語句として，正しいものを選びなさい。
　ア　目的と工夫
　イ　目的と特徴
　ウ　意図と工夫
　エ　意図と特徴

問2　空欄2，3に当てはまる語句の組合せとして，正しいものを選び
　なさい。
　　ア　2－生活の中にあるデザインや工芸　　3－心豊かにする
　　イ　2－生活の中にあるデザインや工芸　　3－美しく豊かにする
　　ウ　2－身の回りにある自然物や人工物　　3－心豊かにする
　　エ　2－身の回りにある自然物や人工物　　3－美しく豊かにする

問3　――に関わって，次は中学校学習指導要領解説(平成29年7月)
　「美術編」の一部です。空欄1，2に当てはまる語句の組合せとして，
　正しいものを選びなさい。

　　　第3章　各学年の目標及び内容
　　　第1節　第1学年の目標と内容
　　2　内容
　　B　鑑賞

(略)

(イ)は，身近な地域や日本及び諸外国の美術の文化遺産などを鑑賞し，受け継がれてきた独自の美意識や創造の精神などを感じ取り，美術文化と伝統について考えるなどして，見方や感じ方を広げる鑑賞に関する指導事項である。ここでは，複数の作品を鑑賞する中で，[　1　]表現の特質や美意識，価値観などに気付かせ，美術文化や伝統に対する[　2　]考えさせるなどして，見方や感じ方を広げることが重要である。

ア　1－共通して見られる　　　　　2－実感を伴いながら
イ　1－共通して見られる　　　　　2－関心を高めながら
ウ　1－それぞれの作品に見られる　2－実感を伴いながら
エ　1－それぞれの作品に見られる　2－関心を高めながら

┃ 2024年度 ┃ 北海道・札幌市 ┃ 難易度 ┃

【5】次は，中学校学習指導要領(平成29年3月)「美術」及び学習指導要領解説(平成29年7月)「美術編」の一部です。問1～問3に答えなさい。

【中学校学習指導要領(平成29年3月)「美術」】
第2　各学年の目標及び内容
〔第2学年及び第3学年〕
2　内容
A　表現
(1)　表現の活動を通して，次のとおり発想や構想に関する資質・能力を育成する。
　ア　感じ取ったことや考えたことなどを基に，絵や彫刻などに表現する活動を通して，発想や構想に関する次の事項を身に付けることができるよう指導する。
　　(ア)対象や事象を深く見つめ感じ取ったことや考えたこと，夢，想像や感情などの心の世界などを基に[　1　]，単純化や省略，強調，材料の組合せなどを考え，創造的な構成を工夫し，心豊かに表現する構想を練ること。

【中学校学習指導要領解説(平成29年7月)「美術編」】
第3章　各学年の目標及び内容
第2節　第2学年及び第3学年の目標と内容
2　内容
A　表現
（略）

> ア　感じ取ったことや考えたことなどを基に，絵や彫刻などに表現する活動を通して，発想や構想に関する次の事項を身に付けることができるよう指導する。

　第2学年及び第3学年では，第1学年における自然をはじめとする身近な事物に加え，自己の[　2　]や社会の様相などを深く見つめ感じ取ったこと，考えたこと，夢，想像や感情などの心の世界などを基に発想や構想をすることをねらいとしている。

問1　空欄1に当てはまる語句として，正しいものを選びなさい。
　ア　主題を生み出し
　イ　よりよい価値を求め
　ウ　自分の考えを整理し
　エ　客観的な視点を高め
問2　空欄2に当てはまる語句として，正しいものを選びなさい。
　ア　生活
　イ　感覚
　ウ　経験
　エ　内面
問3　——に関わって，中学校学習指導要領解説(平成29年7月)「美術編」に示されている説明として，正しいものを選びなさい。
　ア　不要なものを省き，必要な要素のみを表すこと
　イ　ものの形や色の本質的・基本的な要素だけを取り出し概略的に表すこと
　ウ　形や色の効果によって部分を強調して，全体の感じを引きしめること

エ　同じ形やユニットを規則的に繰り返すこと

‖ 2024年度 ‖ 北海道・札幌市 ‖ 難易度 ‖■■■□□‖

【6】次は，中学校学習指導要領(平成29年3月)「美術」の一部です。問1
　〜問4に答えなさい。

> 第3　指導計画の作成と内容の取扱い
> 　1　指導計画の作成に当たっては，次の事項に配慮するものと
> 　　する。
> 　(1)　[　1　]を見通して，その中で育む資質・能力の育成に向
> 　　けて，①生徒の主体的・対話的で深い学びの実現を図るよ
> 　　うにすること。その際，②造形的な見方・考え方を働かせ，
> 　　③表現及び鑑賞に関する資質・能力を相互に関連させた学
> 　　習の充実を図ること。

問1　空欄1に当てはまる語句として，正しいものを選びなさい。
　ア　教科等の目標や内容
　イ　3年間の美術科の学習
　ウ　制作の効率や順序
　エ　題材など内容や時間のまとまり

問2　①――に関わって，次は学習指導要領解説(平成29年7月)「美術
　編」の一部です。空欄1，2に当てはまる語句の組合せとして，正し
　いものを選びなさい。

> 　　第4章　指導計画の作成と内容の取扱い
> 　1　指導計画作成上の配慮事項
> 　(略)
> 　主体的・対話的で深い学びの実現に向けた授業改善
> 　(略)
> 　　これまで美術科では，美術の創造活動を通して，自己の創
> 　出した主題や，自分の見方や感じ方を大切にし，創造的に考
> 　えて表現したり鑑賞したりする学習を重視してきた。「深い学
> 　び」の視点から学習活動の質を向上させるためには，造形的
> 　な見方・考え方を働かせ，表現及び鑑賞に関する資質・能力

を相互に関連させた学習を充実させることで，美術を学ぶことに対する必要感を実感し目的意識を高めるなどの「主体的な学び」の視点も大切である。さらに，[　1　]を深めることや，[　2　]に示す事項を視点に，表現において発想や構想に対する意見を述べ合ったり，鑑賞において作品などに対する自分の価値意識をもって批評し合ったりすることなどの「対話的な学び」の視点が重要である。

ア　1－自己との対話　　　2－教科の目標
イ　1－自己との対話　　　2－〔共通事項〕
ウ　1－作品との対話　　　2－教科の目標
エ　1－作品との対話　　　2－〔共通事項〕

問3　②――に関わって，次は学習指導要領解説(平成29年7月)「美術編」の一部です。空欄1，2に当てはまる語句の組合せとして，正しいものを選びなさい。

第2章　美術科の目標及び内容
第1節　美術科の目標
1　教科の目標
(1)　教科の目標について
○　「造形的な見方・考え方を働かせ」について
造形的な見方・考え方とは，美術科の特質に応じた物事を捉える視点や考え方として，表現及び鑑賞の活動を通して，よさや美しさなどの価値や心情などを感じ取る力である感性や，[　1　]を働かせ，対象や事象を[　2　]な視点で捉え，自分としての意味や価値をつくりだすことが考えられる。

ア　1－美に対する感覚　　　2－主体的
イ　1－美に対する感覚　　　2－造形的
ウ　1－想像力　　　　　　　2－主体的
エ　1－想像力　　　　　　　2－造形的

問4　③――に関わって，中学校学習指導要領解説(平成29年7月)「美

術編」に示されているものとして，適切な組合せを選びなさい。

> A　表現と鑑賞の相互の関連を図る際には，特に「技能」を育
> 成する観点からは，創造的に表す技能と鑑賞に関する資
> 質・能力を総合的に働かせて学習が深められるよう十分配
> 慮する必要がある。
>
> B　表現と鑑賞の相互の関連を図る際には，特に「思考力，判
> 断力，表現力等」を育成する観点からは，発想や構想と鑑
> 賞に関する資質・能力を総合的に働かせて学習が深められ
> るよう十分配慮する必要がある。
>
> C　鑑賞の学習において，単に表現のための参考作品として，
> 表面的に作品を見るのではなく，発想や構想と鑑賞の学習
> の双方に働く中心となる考えを軸にそれぞれの資質・能力
> を高められるようにする。
>
> D　鑑賞の学習において，日本及び諸外国の美術の作品などに
> おける多様な表現を制作の参考にするなど，鑑賞の活動を
> 表現のための発想や構想の補助的な役割として位置付ける。

　ア　A－C　　イ　A－D　　ウ　B－C　　エ　B－D

┃2024年度┃北海道・札幌市┃難易度

【7】次は，中学校学習指導要領(平成29年3月)「美術」及び中学校学習
指導要領解説(平成29年7月)「美術編」の一部です。問1～問3に答えな
さい。

> 【中学校学習指導要領(平成29年3月)「美術」】
> 第3　指導計画の作成と内容の取扱い
> 2　第2の内容の取扱いについては，次の事項に配慮するものと
> する。
> (3)　各学年の「A表現」の指導に当たっては，生徒の学習経
> 　験や資質・能力，発達の特性等の実態を踏まえ，生徒が自
> 　分の表現意図に合う表現形式や技法，材料などを[　1　]し
> 　創意工夫して表現できるように，次の事項に配慮すること。

(略)

　　イ　美術の表現の[　2　]ために，写真・ビデオ・コンピュ
　　　ータ等の映像メディアの積極的な活用を図るようにする
　　　こと。

【中学校学習指導要領解説(平成29年7月)「美術編」】
　第4章　指導計画の作成と内容の取扱い
2　内容の取扱いと指導上の配慮事項
　(略)
　映像メディアの活用
　　映像メディアによる表現は，今後も大きな発展性を秘めて
　いる。デジタル機器の普及などにより，映像メディアの活用
　は従前に比べると図りやすくなってきているといえる。これ
　らを活用することは表現の幅を広げ，様々な表現の可能性を
　引き出すために重要である。
　　また映像メディアは，アイデアを練ったり編集したりする
　など，発想や構想の場面でも効果的に活用できるものである。
　次のような特徴を生かし，積極的な活用を図るようにするこ
　とが大切である。
　(略)
　【コンピュータ】
　　コンピュータの特長は，何度でもやり直しができたり，取
　り込みや貼り付け，形の自由な変形，配置換え，色彩換えな
　ど，構想の場面での様々な試しができたりすることにある。
　そのよさに気付かせるようにするとともに，それを生かした
　[　3　]独創的な表現をさせることが大切である。

問1　空欄1に当てはまる語句として，正しいものを選びなさい。
　ア　理解　　イ　選択　　ウ　検討　　エ　構想
問2　空欄2に当てはまる語句として，正しいものを選びなさい。
　ア　美しさを感じ取る　　　イ　本質を捉える
　ウ　イメージを豊かにする　　エ　可能性を広げる
問3　空欄3に当てはまる語句として，正しいものを選びなさい。

ア　文化的で　　イ　幅広く　　ウ　楽しく　　エ　効果的で

┃ 2024年度 ┃ 北海道・札幌市 ┃ 難易度 ■■■□□

【8】次の各文は，中学校学習指導要領(平成29年告示)「美術」と高等学校学習指導要領(平成30年告示)「芸術」の一部である。[　1　]～[　5　]にあてはまる言葉として，最も適当なものを一つ選び，それぞれ番号で答えよ。

【中学校学習指導要領　第6節美術　第3指導計画の作成と内容の取扱い2より】

(7)　創造することの価値を捉え，自己や他者の作品などに表れている創造性を[　1　]する態度の形成を図るとともに，必要に応じて，美術に関する知的財産権や[　2　]などについて触れるようにすること。また，こうした態度の形成が，美術文化の[　3　]，発展，創造を支えていることへの理解につながるよう配慮すること。

【高等学校学習指導要領　第2章　第7節芸術　第2款各科目　第4美術Ⅰ　2内容　A表現より】

(3)　映像メディア表現

映像メディア表現に関する次の事項を身に付けることができるよう指導する。

ア　映像メディアの特性を踏まえた発想や構想

(ア)　感じ取ったことや考えたこと，目的や[　4　]などを基に，映像メディアの特性を生かして主題を生成すること。

(イ)　[　5　]や視点，動きなどの映像表現の視覚的な要素の働きについて考え，創造的な表現の構想を練ること。

1　明暗　　2　機能　　3　尊重　　4　組織　　5　色光
6　肖像権　　7　特許権　　8　重視　　9　継承　　0　刷新

┃ 2023年度 ┃ 愛知県 ┃ 難易度 ■■■□□

【9】「中学校学習指導要領(平成29年3月告示) 第2章 第6節 美術」について，次の各問いに答えなさい。

問1 次の記述は，「第1 目標」である。[ ]に当てはまる語句として最も適切なものを，以下の①〜⑤のうちから選びなさい。

　表現及び鑑賞の幅広い活動を通して，造形的な見方・考え方を働かせ，生活や社会の中の美術や美術文化と豊かに関わる資質・能力を次のとおり育成することを目指す。

(1) 対象や事象を捉える造形的な視点について理解するとともに，表現方法を創意工夫し，創造的に表すことができるようにする。

(2) 造形的なよさや美しさ，表現の意図と工夫，美術の働きなどについて考え，主題を生み出し豊かに発想し構想を練ったり，美術や美術文化に対する見方や感じ方を深めたりすることができるようにする。

(3) 美術の創造活動の喜びを味わい，美術を愛好する心情を育み，感性を[ ]，心豊かな生活を創造していく態度を養い，豊かな情操を培う。

① 深め　　② 豊かにし　　③ 広げ　　④ 働かせ
⑤ 理解し

問2 「第2 各学年の目標及び内容 〔第1学年〕2 内容 A 表現(1)」の記述として最も適切なものを，次の①〜④のうちから選びなさい。

① 材料や用具の特性を生かし，意図に応じて自分の表現方法を追求して創造的に表すこと。

② 材料や用具の特性などから制作の順序などを考えながら，見通しをもって表すこと。

③ 伝える目的や条件などを基に，伝える相手や内容などから主題を生み出し，分かりやすさと美しさなどとの調和を考え，表現の構想を練ること。

④ 使う目的や条件などを基に，使用する者の立場，社会との関わり，機知やユーモアなどから主題を生み出し，使いやすさや機能と美しさなどとの調和を総合的に考え，表現の構想を練ること。

問3 次の記述は，「第3 指導計画の作成と内容の取扱い」の2の(1)のアである。[1]，[2]に当てはまる語句として最も適切なも

のを，以下の①～⑦のうちからそれぞれ選びなさい。

　〔共通事項〕のアの指導に当たっては，造形の要素などに着目して，次の事項を実感的に理解できるようにすること。

(ア)　色彩の色味や明るさ，鮮やかさを捉えること。

(イ)　材料の性質や質感を捉えること。

(ウ)　形や色彩，材料，光などから感じる優しさや楽しさ，寂しさなどを捉えること。

(エ)　形や色彩などの[　1　]による構成の美しさを捉えること。

(オ)　[　2　]の効果，立体感や遠近感，量感や動勢などを捉えること。

① 　要素　　　　　② 　組合せ　　　　③ 　形式
④ 　作風や様式　　⑤ 　余白や空間　　⑥ 　材料や技法
⑦ 　感情や心情

┃ 2023年度 ┃ 神奈川県・横浜市・川崎市・相模原市 ┃ 難易度 ▰▰▰▱▱

【10】次は，中学校学習指導要領(平成29年3月)「美術」及び中学校学習指導要領解説(平成29年7月)「美術編」の一部です。問1～問3に答えなさい。

> 【中学校学習指導要領(平成29年3月)「美術」】
> 　第6節　美術
> 　第1　目標
> 　　　表現及び鑑賞の幅広い活動を通して，造形的な見方・考え方を働かせ，生活や社会の中の美術や美術文化と豊かに関わる資質・能力を次のとおり育成することを目指す。
> 　　(1)　対象や事象を捉える造形的な視点について理解するとともに，表現方法を創意工夫し，創造的に表すことができるようにする。
> 　　(2)　造形的なよさや美しさ，表現の意図と工夫，美術の働きなどについて考え，[　1　]豊かに発想し構想を練ったり，美術や美術文化に対する見方や感じ方を深めたりすることができるようにする。

(3) 美術の創造活動の喜びを味わい，[2]心情を育み，感性を豊かにし，心豊かな生活を創造していく態度を養い，豊かな情操を培う。

【中学校学習指導要領解説(平成29年7月)「美術編」】

第2章 美術科の目標及び内容

第1節 美術科の目標

1 教科の目標

(1) 教科の目標について

(略)

造形的な視点とは，造形を豊かに捉える多様な視点であり，形や色彩，材料や光などの造形の要素に着目してそれらの働きを捉えたり，[3]に着目して造形的な特徴などからイメージを捉えたりする視点のことである。

問1 空欄1に当てはまる語句として，正しいものを選びなさい。

ア 見通しをもち　　イ 主題を生み出し

ウ 経験を生かし　　エ 自己を見つめて

問2 空欄2に当てはまる語句として，正しいものを選びなさい。

ア 造形に親しもうとする　　　イ よりよい創造を目指す

ウ 表現活動を楽しもうとする　　エ 美術を愛好する

問3 空欄3に当てはまる語句として，正しいものを選びなさい。

ア 主題　　イ 全体　　ウ 技法　　エ 様式

▎2023年度 ▎北海道・札幌市 ▎難易度 ▰▰▱▱

【11】次は，中学校学習指導要領(平成29年3月)「美術」の一部です。問1〜問3に答えなさい。

第6節 美術

第2 各学年の目標及び内容

〔第1学年〕

2 内容

A 表現

(1) 表現の活動を通して，次のとおり発想や構想に関する

資質・能力を育成する。

ア　[　1　]などを基に，絵や彫刻などに表現する活動
　を通して，発想や構想に関する次の事項を身に付け
　ることができるよう指導する。

　(ア)　対象や事象を見つめ感じ取った形や色彩の特
　　　徴や美しさ，想像したことなどを基に主題を生み
　　　出し，全体と部分との関係などを考え，創造的な
　　　構成を工夫し，心豊かに表現する構想を練ること。

イ　伝える，使うなどの[　2　]を考え，デザインや工
　芸などに表現する活動を通して，発想や構想に関す
　る次の事項を身に付けることができるよう指導す
　る。

　(ア)　構成や装飾の目的や条件などを基に，対象の
　　　特徴や用いる場面などから主題を生み出し，美的
　　　感覚を働かせて調和のとれた美しさなどを考え，
　　　表現の構想を練ること。

　(イ)　伝える目的や条件などを基に，伝える相手や
　　　内容などから主題を生み出し，分かりやすさと美
　　　しさなどとの調和を考え，表現の構想を練ること。

　(ウ)　使う目的や条件などを基に，使用する者の気
　　　持ち，材料などから主題を生み出し，[　3　]と美
　　　しさなどとの調和を考え，表現の構想を練ること。

問1　空欄1，2に当てはまる語句の組合せとして，正しいものを選び
　なさい。

　ア　1－身に付けた知識や技能　　　　2－手段や方法
　イ　1－感じ取ったことや考えたこと　2－手段や方法
　ウ　1－身に付けた知識や技能　　　　2－目的や機能
　エ　1－感じ取ったことや考えたこと　2－目的や機能

問2　下線部の指導に当たり，中学校学習指導要領解説(平成29年7月)
　「美術編」に示されている指導のうち，ア～エの下線部の内容が適
　切ではないものを選びなさい。

　ア　教師の専門性や指導のねらいに応じて材料や技法を試しながら発想や構想をする指導を位置付ける。

　イ　小学校図画工作科の学習からの連続性を考えて指導する。

　ウ　量感や動勢などが醸し出す雰囲気や空間について考える指導を位置付ける。

　エ　形や色彩の大きさや配置の変化などを捉えるなどして創造的な構成を考える指導を位置付ける。

問3　空欄3に当てはまる語句として，正しいものを選びなさい。

　ア　形や用途　　　　　　　イ　使いやすさや機能

　ウ　親しみやすさや品質　　エ　デザインやオリジナリティ

┃2023年度┃ 北海道・札幌市 ┃ 難易度 ■■■□□

【12】次は，中学校学習指導要領(平成29年3月)「美術」の一部です。問1～問4に答えなさい。

第6節　美術

　第2　各学年の目標及び内容

　　〔第2学年及び第3学年〕

　　　2　内容

　　　B　鑑賞

　　(1)　鑑賞の活動を通して，次のとおり鑑賞に関する資質・能力を育成する。

　　　ア　[　1　]などの見方や感じ方を深める活動を通して，鑑賞に関する次の事項を身に付けることができるよう指導する。

　　　　(ア)　造形的なよさや美しさを感じ取り，作者の心情や表現の意図と創造的な工夫などについて考えるなどして，美意識を高め，見方や感じ方を深めること。

　　　　(イ)　目的や機能との調和のとれた洗練された美しさなどを感じ取り，作者の心情や表現の意図と創造的な工夫などについて考えるなどして，美意識

289

を高め，見方や感じ方を深めること。

イ　①生活や社会の中の美術の働きや美術文化についての見方や感じ方を深める活動を通して，鑑賞に関する次の事項を身に付けることができるよう指導する。

(ア)　身近な環境の中に見られる造形的な美しさなどを感じ取り，安らぎや自然との共生などの視点から生活や社会を美しく豊かにする美術の働きについて考えるなどして，見方や感じ方を深めること。

(イ)　日本の美術作品や受け継がれてきた表現の特質などから，伝統や文化のよさや美しさを感じ取り愛情を深めるとともに，諸外国の美術や文化との相違点や共通点に気付き，美術を通した国際理解や美術文化の継承と創造について考えるなどして，見方や感じ方を深めること。

(略)

3　内容の取扱い

(1)　2学年及び第3学年では，第1学年において身に付けた資質・能力を柔軟に活用して，表現及び鑑賞に関する資質・能力をより豊かに高めることを基本とし，第2学年と第3学年の[　2　]を考慮して内容の選択や一題材に充てる時間数などについて十分検討すること。

(2)　「A表現」及び「B鑑賞」の指導に当たっては，発想や構想に関する資質・能力や鑑賞に関する資質・能力を育成する観点から，〔共通事項〕に示す事項を視点に，アイデアスケッチで構想を練ったり，言葉で考えを整理したりすることや，作品などに対する自分の価値意識をもって批評し合うなどして対象の見方や感じ方を深めるなどの言語活動の充実を図ること。

(3)　②「B鑑賞」のイの(イ)の指導に当たっては，日本の美術の概括的な変遷などを捉えることを通して，各時

290

> 代における作品の特質，人々の感じ方や考え方，願い
> などを感じ取ることができるよう配慮すること。

問1　空欄1に当てはまる語句として，正しいものを選びなさい。

ア　身の回りの作品　　イ　身近にある作品

ウ　親しみのある作品　　エ　美術作品

問2　下線部①の指導に当たり，学習指導要領解説(平成29年7月)「美術編」に示されている指導のうち，ア～エの下線部の内容が適切ではないものを選びなさい。

ア　鑑賞と表現が関連し合いながら繰り返されるように指導を工夫すること。

イ　自然と人間の生活を対立するものとして捉えず，人間も生活も自然の一部とする世界観をもつ日本の文化の特質やよさにも気付かせるようにすること。

ウ　諸外国の美術作品と比較するに当たり，諸外国の美術については，特にヨーロッパの国々の美術に目を向けること。

エ　我が国のよき美術文化を伝える技法や材料・用具を扱った表現の活動に取り組むなど，鑑賞と表現の一層の関連を図ること。

問3　空欄2に当てはまる語句として，正しいものを選びなさい。

ア　目標や内容　　イ　知識や技能　　ウ　技能の定着

エ　発達の特性

問4　下線部②の指導に当たり，中学校学習指導要領解説(平成29年7月)「美術編」に示されている指導のうち，ア～エの下線部の内容が適切ではないものを選びなさい。

ア　日本の美術の変遷については，時代的な流れを詳細に捉えさせること。

イ　単に美術の通史や知識として暗記させる学習になることのないよう留意すること。

ウ　調べる活動では，美術館や図書館などを効果的に活用すること。

エ　調べる活動を行うに当たっては，発表の機会を設けること。

┃ 2023年度 ┃ 北海道・札幌市 **┃** 難易度 ■■■■■□

【13】次は，中学校学習指導要領(平成29年3月)「美術」の[共通事項]に関する記述です。問1〜問3に答えなさい。

> 第2　各学年の目標及び内容
> 〔共通事項〕
> (1)　「A表現」及び「B鑑賞」の指導を通して，次の事項を身に付けることができるよう指導する。
> 　ア　形や色彩，材料，光などの性質や，それらが感情にもたらす効果などを理解すること。
> 　イ　造形的な特徴などを基に，全体のイメージや作風などで捉えることを理解すること。
> (略)
> 第3　指導計画の作成と内容の取扱い
> 　2　第2の内容の取扱いについては，次の事項に配慮するものとする。
> 　(1)〔共通事項〕の指導に当たっては，生徒が造形を豊かに捉える多様な視点をもてるように，以下の内容について配慮すること。
> 　　ア　<u>〔共通事項〕のアの指導に当たっては，造形の要素などに着目して，次の事項を実感的に理解できるようにすること</u>。
> 　　　(ア)　色彩の色味や明るさ，鮮やかさを捉えること。
> 　　　(イ)　材料の性質や質感を捉えること。
> 　　　(ウ)　形や色彩，材料，光などから感じる優しさや楽しさ，寂しさなどを捉えること。
> 　　　(エ)　形や色彩などの組合せによる構成の美しさを捉えること。
> 　　　(オ)　余白や空間の効果，立体感や遠近感，量感や動勢などを捉えること。
> 　　イ　〔共通事項〕のイの指導に当たっては，全体のイメージや作風などに着目して，次の事項を実感的に理解できるようにすること。

> (ア) 造形的な特徴などを基に，[1]，心情などと関
> 連付けたりして全体のイメージで捉えること。
> (イ) 造形的な特徴などを基に，作風や様式などの
> [2]な視点で捉えること。

問1 下線部の指導に当たり，中学校学習指導要領解説(平成29年7月)
「美術編」に示されている指導のうち，ア～エの下線部の内容が適
切ではないものを選びなさい。

ア 色彩には，色味や明るさ，鮮やかさなどの性質があることを理
解するために，色の三属性などについて単に言葉を暗記させるこ
とに終始するのではなく，<u>学習活動を通して，実感を伴って理解</u>
<u>できるようにする</u>。

イ 材料の性質や質感を捉えさせるために，<u>実際に材料を手に取ら</u>
<u>せ，その感触などを十分に確かめさせる</u>。

ウ 形や色彩，材料，光などが感情にもたらす効果を捉えさせる際
に，<u>絵や彫刻などに表現する活動では，多くの人が共感できるか</u>
<u>どうかを検討する</u>など客観的な捉え方を重視する。

エ 形や色彩などの組合せによる構成の美しさを捉えるために，例
えば，リズムやリピテーションなどによる構成が単に類型的な狭
い扱いにならないよう，<u>動きや躍動感を実感的に捉え，試したり，</u>
<u>組合せを楽しんだりする</u>中で造形的な視点を豊かに育てていく。

問2 空欄1に当てはまる語句として，正しいものを選びなさい。

ア 調べたり イ 説明したり ウ 整理したり
エ 見立てたり

問3 空欄2に当てはまる語句として，正しいものを選びなさい。

ア 文化的 イ 学術的 ウ 技術的 エ 地域的

▌ 2023年度 ▌ 北海道・札幌市 ▌ 難易度 ▌■■■■■

【14】次の各文は，中学校学習指導要領(平成29年告示)「美術」の一部で
ある。[1]～[5]にあてはまる言葉として，最も適当なものを一
つ選び，それぞれ番号で答えよ。

【中学校学習指導要領　第6節美術　第1目標より】

(1)　対象や事象を捉える造形的な[　1　]について理解するとともに，表現方法を創意工夫し，創造的に表すことができるようにする。

(2)　造形的なよさや美しさ，表現の意図と工夫，美術の[　2　]などについて考え，主題を生み出し豊かに発想し構想を練ったり，美術や美術文化に対する見方や感じ方を[　3　]たりすることができるようにする。

(3)　美術の創造活動の喜びを味わい，美術を[　4　]する心情を育み，感性を豊かにし，心豊かな生活を創造していく[　5　]を養い，豊かな情操を培う。

1　態度　　2　改め　　3　視点　　4　愛育　　5　意義　　6　活動
7　深め　　8　工夫　　9　愛好　　0　働き

▌2022年度▐ 愛知県 ▌難易度▐■■■□□

【15】「中学校学習指導要領　第2章　第6節　美術(平成29年3月告示)」について，次の各問いに答えなさい。

問1　次の記述は，「第1　目標」である。[　　　]に当てはまる語句として最も適切なものを，以下の①～⑤のうちから選びなさい。

　　表現及び鑑賞の幅広い活動を通して，造形的な見方・考え方を働かせ，生活や社会の中の美術や美術文化と豊かに関わる資質・能力を次のとおり育成することを目指す。

(1)　対象や事象を捉える造形的な視点について理解するとともに，表現方法を創意工夫し，創造的に表すことができるようにする。

(2)　造形的なよさや美しさ，表現の意図と工夫，美術の[　　　]などについて考え，主題を生み出し豊かに発想し構想を練ったり，美術や美術文化に対する見方や感じ方を深めたりすることができるようにする。

(3)　美術の創造活動の喜びを味わい，美術を愛好する心情を育み，感性を豊かにし，心豊かな生活を創造していく態度を養い，豊かな情操を培う。

① 価値　② 可能性　③ 意味　④ 働き

⑤ 表現形式

問2 〔第1学年〕の「2　内容」の「A　表現　(2)　ア　(イ)」の記述として最も適切なものを，次の①～④のうちから選びなさい。

① 材料や用具の特性を生かし，意図に応じて自分の表現方法を追求して創造的に表すこと。

② 材料や用具の特性などから制作の順序などを考えながら，見通しをもって表すこと。

③ 伝える目的や条件などを基に，伝える相手や内容などから主題を生み出し，分かりやすさと美しさなどとの調和を考え，表現の構想を練ること。

④ 使う目的や条件などを基に，使用する者の立場，社会との関わり，機知やユーモアなどから主題を生み出し，使いやすさや機能と美しさなどとの調和を総合的に考え，表現の構想を練ること。

問3 〔第2学年及び第3学年〕の「2　内容」の「B　鑑賞　(1)　イ (ア)」の記述として最も適切なものを，次の①～④のうちから選びなさい。

① 身近な環境の中に見られる造形的な美しさなどを感じ取り，安らぎや自然との共生などの視点から生活や社会を美しく豊かにする美術の働きについて考えるなどして，見方や感じ方を深めること。

② 身近な地域や日本及び諸外国の文化遺産などのよさや美しさなどを感じ取り，美術文化について考えるなどして，見方や感じ方を広げること。

③ 造形的なよさや美しさを感じ取り，作者の心情や表現の意図と創造的な工夫などについて考えるなどして，美意識を高め，見方や感じ方を深めること。

④ 目的や機能との調和のとれた洗練された美しさなどを感じ取り，作者の心情や表現の意図と創造的な工夫などについて考えるなどして，美意識を高め，見方や感じ方を深めること。

問4 次の記述は，「第3　指導計画の作成と内容の取扱い　1　(1)」である。[　]に当てはまる語句として最も適切なものを，以下の①

〜④のうちから選びなさい。

(1) 題材など内容や時間のまとまりを見通して，その中で育む資質・能力の育成に向けて，生徒の主体的・対話的で深い学びの実現を図るようにすること。その際，[　]働かせ，表現及び鑑賞に関する資質・能力を相互に関連させた学習の充実を図ること。

① 自分の価値意識を　　　　　② 情操を豊かに
③ 造形的な見方・考え方を　　④ 思考力，判断力，表現力等を

2022年度 ▌ 神奈川県・横浜市・川崎市・相模原市 ▌ **難易度** ▌▌▌

【16】次の文は，中学校学習指導要領解説(平成29年7月)「美術編」の一部です。問1，問2に答えなさい。

問1　次の文章を読んで，(1)，(2)に答えなさい。

第1章　総説
　2　美術科改訂の趣旨と要点
　　(2)　改訂の要点
　　　①　目標の改善
　　　　目標は，次のような視点を重視して改善を図る。
　　　　教科の目標では，美術は何を学ぶ教科なのかということを明示し，[　1　]を働かせ，造形的な視点を豊かにもち，生活や社会の中の美術や美術文化と豊かに関わる資質・能力を育成することを一層重視する。そのため，育成を目指す資質・能力を明確にし，生徒の発達の段階や特性等を踏まえつつ，(1)「知識及び技能」，(2)「思考力，判断力，表現力等」，(3)「学びに向かう力，人間性等」の三つの柱で整理し，これらが実現できるよう以下のように目標を示した。
　　　　(1)「知識及び技能」については，造形的な視点を豊かにするために必要な知識と，表現における[　2　]に表す技能に関するもの。
　　　　(2)「思考力，判断力，表現力等」については，表現における発想や構想と，鑑賞における見方や感じ

296

方などに関するもの。

(3)「学びに向かう力，人間性等」については，学習に主体的に取り組む態度や美術を愛好する心情，豊かな感性や情操などに関するもの。

　教科の目標では，これらの(1)，(2)，(3)を相互に関連させながら育成できるように整理した。

(1)　空欄1に当てはまる語句として，正しいものを選びなさい。

　ア　経験や発想　　　イ　個性や創造性　　　ウ　知性や美意識
　エ　感性や想像力　　オ　イメージや美的感覚

(2)　空欄2に当てはまる語句として，正しいものを選びなさい。

　ア　創造的　　イ　効果的　　ウ　個性的　　エ　独創的
　オ　感覚的

問2　次の文章を読んで，(1)〜(3)に答えなさい。

第1章　総説

　2　美術科改訂の趣旨と要点

　　(2)　改訂の要点

　　　②　内容の改善

　　　　イ　鑑賞領域の改善

　　　　　「B鑑賞」の内容を，アの「美術作品など」に関する事項と，イの「美術の働きや美術文化」に関する事項に分けて示した。アの「美術作品など」に関する事項では，「A表現」の絵や彫刻などの感じ取ったことや考えたことなどを基にした表現と，デザインや工芸などの目的や機能などを考えた表現との関連を図り，これら二つの視点から分けて示し，特に発想や構想に関する資質・能力と鑑賞に関する資質・能力とを[　1　]に働かせて「思考力，判断力，表現力等」を育成することを重視した。

　　　　　（略）

> エ　各学年の内容の取扱いの新設
> 　　第1学年，第2学年及び第3学年のそれぞれに各学年の内容の取扱いを新たに示し，発達の特性を考慮して，各学年においての学習内容や[　2　]を十分検討するとともに，「思考力，判断力，表現力等」を高めるために，[　3　]を図るようにする。

(1)　空欄1に当てはまる語句として，正しいものを選びなさい。
　　ア　意図的　　イ　段階的　　ウ　総合的　　エ　効果的
　　オ　計画的
(2)　空欄2に当てはまる語句として，正しいものを選びなさい。
　　ア　教材　　　　イ　題材の配列
　　ウ　評価方法　　エ　題材に配する時間数
　　オ　障害のある生徒などへの配慮
(3)　空欄3に当てはまる語句として，正しいものを選びなさい。
　　ア　美術館等の活用　　イ　安全指導の充実
　　ウ　スケッチの活用　　エ　言語活動の充実
　　オ　家庭や地域社会との連携

‖ 2022年度 ‖ 北海道・札幌市 ‖ 難易度 ■■■□□

【17】「幼稚園，小学校，中学校，高等学校及び特別支援学校の学習指導要領等の改善及び必要な方策等について(答申)」(平成28年12月21日中央教育審議会)と「中学校学習指導要領」(平成29年3月告示)に関する内容及び昨今の感染症対応における拡大防止対策と新たな生活様式に向けた規制改革として令和3年3月にまとめられ4月に文部科学省ホームページより報道提供された「教育現場におけるオンライン教育の活用」(令和2年12月22日　内閣府　規制改革推進会議)についての内容を踏まえて，次の(1)～(10)の問いに答えよ。
※中央教育審議会の内容については「第2部　各学校段階，各教科等における改訂の具体的な方向性」の「第2章　各教科・科目等の内容の見直し」の「8. 図画工作，美術，芸術(美術，工芸)」(以下，

「答申」という)を引用している。

(1) 「答申」の「(1)現行学習指導要領の成果と課題を踏まえた図画工作科，美術科，芸術科(美術，工芸)の目標の在り方　③図画工作科，美術科，芸術科(美術，工芸)における「見方・考え方」について，【　①　】～【　④　】に入る正しい語句の組合せはどれか。1～4から一つ選べ。

> また，特に重要な【　①　】の働きは，感じるという【　②　】だけではない。感じ取って自己を形成していくこと，【　③　】や【　④　】を創造していくことなども含めて【　①　】の働きである。

	①	②	③	④
1	「表現力」	豊かな情操	造形的な視点	対象
2	「感性」	受動的な面	新しい意味	価値
3	「情操」	個別の感覚	造形的な視点	学び
4	「創造力」	情操的な面	新しい視点	発想

(2) 「答申」の「(2)具体的な改善事項　①教育課程の示し方の改善 i)資質・能力を育成する学びの過程についての考え方」について，【　①　】～【　④　】に入る正しい語句の組合せはどれか。1～4から一つ選べ。

> 図画工作科，美術科，芸術科(美術，工芸)においては，感性や想像力等を働かせて，【　①　】やイメージなどと幅広く関わり，【　②　】し，表現したり鑑賞したりするなどの【　③　】を相互に関連させながら学習することができるように，【　④　】の能力，創造的な技能，鑑賞の能力を位置付けた。

	①	②	③	④
1	形や色などの特徴	思考・判断	資質・能力	発想や構想
2	柔軟な発想	体験・活動	興味・関心	表現や構想
3	造形的な視点	想像・判断	改善・充実	表現や構想
4	形や色彩	創造・判断	主体・対話	知識や構想

(3) 「中学校学習指導要領　第2章　第6節　美術　第1　目標　(1)　」について，【　】に入る正しい語句はどれか。1～4から一つ選べ。

> 対象や事象を捉える造形的な視点について理解するとともに，
> 【　】，創造的に表すことができるようにする。

1　主題を生みだし主体的に発想し　　2　生涯にわたり美術を愛好し

3　見方や感じ方を深めたり　　　　4　表現方法を創意工夫し

(4) 「中学校学習指導要領　第2章　第6節　美術　第2　各学年の目標及び内容　〔第1学年〕2　内容　A　表現　(2)ア(ア)(イ)」では，発想や構想をしたことなどを基に，表現する活動を通して，技能に関する資質・能力を育成することについて記載されている。正しいものはどれか。1～4から一つ選べ。

1　(ア)　材料や用具の特性を生かし，自分の表現方法を追求して創造的に表すこと。

　　(イ)　材料や用具，表現方法の特性などから総合的に考えながら，見通しをもって表すこと。

2　(ア)　材料や用具の生かし方や表現方法に創意工夫し，個性豊かで創造的に表すこと。

　　(イ)　機能や効果，材料や用具の特性などについて考え，創造的に表すこと。

3　(ア)　材料や用具の生かし方などを身に付け，意図に応じて工夫して表すこと。

　　(イ)　材料や用具の特性などから制作の順序などを考えながら，見通しをもって表すこと。

4　(ア)　材料や用具の生かし方などを身に付け，意図に応じて材料や用具の特性を生かすこと。

　　(イ)　機能や効果を考え，目的や計画を基に，創造的に表すこと。

(5) 「中学校学習指導要領　第2章　第6節　美術　第2　各学年の目標及び内容　〔第2学年及び第3学年〕2　内容　A　表現(1)イ」では，伝える，使うなどの目的や機能を考え，デザインや工芸などに表現する活動を通して，発想や構想に関する事項を身に付ける指導について述べられている。

正しいものを○，誤っているものを×とした場合，正しい組合せは
どれか。1～4から一つ選べ。

> ① 伝える目的や条件などを基に，伝える相手や内容などか
> ら主題を生み出し，分かりやすさと美しさなどとの調和を
> 総合的に考え，表現の構想を練ること。
> ② 伝える目的や条件などを基に，伝える相手や内容，社会
> との関わりなどから主題を生み出し，伝達の効果と美しさ
> などとの調和を総合的に考え，表現の構想を練ること。
> ③ 使う目的や条件などを基に，使用する者の立場，社会と
> の関わり，機知やユーモアなどから主題を生み出し，使い
> やすさや機能と美しさなどとの調和を総合的に考え，表現
> の構想を練ること。
> ④ 使う目的や条件などを基に，使用する者の気持ち，材料
> などから主題を生み出し，使いやすさや機能と美しさなど
> の調和を総合的に考え，表現の構想を練ること。

	①	②	③	④
1	×	○	×	○
2	×	○	○	×
3	○	×	○	×
4	○	×	×	○

(6) 「中学校学習指導要領　第2章　第6節　美術　第2　各学年の目標
及び内容　〔第2学年及び第3学年〕　3　内容の取扱い(2)」につい
て，【　】に入る正しい語句はどれか。1～4から一つ選べ。

> 「A表現」及び「B鑑賞」の指導に当たっては，発想や構想に関
> する資質・能力や鑑賞に関する資質・能力を育成する観点か
> ら，〔共通事項〕に示す事項を視点に，アイデアスケッチで構
> 想を練ったり，【　】や，作品などに対する自分の価値意識
> をもって批評し合うなどして対象の見方や感じ方を深めるな
> どの言語活動の充実を図ること。

1　他者の発表をまとめたりすること
2　他の作品との共通点を見い出したりすること

3　言葉で考えを整理したりすること

4　自分のいいところを見つけ出したりすること

(7)　「中学校学習指導要領　第2章　第6節　美術　第3　指導計画の作成と内容の取扱い　1(1)」について，【　①　】～【　④　】に入る正しい語句の組合せはどれか。1～4から一つ選べ。

> 題材など内容や時間のまとまりを見通して，その中で育む資質・能力の育成に向けて，生徒の主体的・【　①　】で【　②　】の実現を図るようにすること。その際，【　③　】見方・考え方を働かせ，表現及び鑑賞に関する【　④　】を相互に関連させた学習の充実を図ること。

	①	②	③	④
1	対話的	深い学び	造形的な	資質・能力
2	会話的	創造的な学び	造形的な	発想・構想
3	対話的	創造的な学び	造形的な	資質・能力
4	対話的	深い学び	創造的な	発想・構想

(8)　「中学校学習指導要領　第2章　第6節　美術　第3　指導計画の作成と内容の取扱い　2(3)」について，【　①　】～【　⑤　】に入る正しい語句の組合せはどれか。1～4から一つ選べ。

> ア　見る力や【　①　】力，考える力，描く力などを育成するために，スケッチの学習を効果的に取り入れるようにすること。
>
> イ　美術の表現の可能性を広げるために，写真・ビデオ・コンピュータ等の映像メディアの【　②　】な活用を図るようにすること。
>
> ウ　日本及び諸外国の作品の独特な【　③　】，漫画やイラストレーション，図などの多様な表現方法を活用できるようにすること。
>
> エ　表現の材料や題材などについては，地域の【　④　】や【　⑤　】も取り上げるようにすること。

	①	②	③	④	⑤
1	観察する	主体的	表現方法	有名なもの	文化的なもの
2	創造する	総合的	表現様式	特産物	独創的なもの
3	想像する	総合的	表現様式	民芸品	造形的なもの
4	感じ取る	積極的	表現形式	身近なもの	伝統的なもの

(9) 「中学校学習指導要領　第2章　第6節　美術　第3　指導計画の作成と内容の取扱い　3」について，【　①　】～【　③　】に入る正しい語句の組合せはどれか。1～4から一つ選べ。

> 【　①　】のため，特に，刃物類，塗料，器具などの【　②　】，【　③　】などを徹底するものとする。

	①	②	③
1	表現活動	維持管理や保全	美術教室等における事故防止
2	事故防止	使い方の指導と保管	活動場所における安全指導
3	制作活動	適切な使用の指導・保管	活動場所における事故防止
4	事故防止	適切な使用の指導・管理	美術教室等における安全指導

(10) 内閣府の規制改革推進会議において「教育現場におけるオンライン教育の活用」が論議され，令和3年4月1日に文部科学省が取りまとめ資料をホームページにおいて報道提供している。(「取りまとめ資料」より)

「1．オンラインを活用し，教師等がより児童生徒等に寄り添う質の高い教育の実現」について【　】に入る正しい語句はどれか。1～4から一つ選べ。

> また，各学校が【　】を活かすとともに，オンラインを活用して国内外の社会的・文化的な教育資源を十分に活用した教育を展開できるよう，全国どの地域に住んでいても，充実した学習コンテンツを活用できる環境整備に取り組む。

1　そのカリキュラム　　2　その地域における強み
3　その生徒たちの特性　　4　その学齢に応じた特性

2022年度　大阪府・大阪市・堺市・豊能地区　難易度

高等学校

【 1 】 (1)～(9)は,「高等学校学習指導要領」(平成30年3月告示)に関する内容, (10)は,「『指導と評価の一体化』のための学習評価に関する参考資料」(令和3年8月文部科学省国立教育政策研究所教育課程研究センター作成)に関する内容について引用したものである。次の(1)～(10)の問いに答えよ。

(1) 「高等学校学習指導要領　第2章　第7節　芸術　第2款　各科目　第4　美術Ⅰ　1　目標」について,【　①　】～【　④　】に入る正しい語句の組合せはどれか。1～4から一つ選べ。

> 　美術の幅広い創造活動を通して, 造形的な見方・考え方を働かせ, 美的体験を重ね, 生活や社会の中の美術や美術文化と幅広く関わる資質・能力を次のとおり育成することを目指す。
>
> (1)　対象や事象を捉える造形的な視点について理解を深めるとともに, 意図に応じて表現方法を創意工夫し,【　①　】に表すことができるようにする。
>
> (2)　造形的なよさや美しさ, 表現の意図と創意工夫, 美術の働きなどについて考え, 主題を生成し【　①　】に発想し構想を練ったり,【　②　】をもって美術や美術文化に対する見方や感じ方を【　③　】することができるようにする。
>
> (3)　主体的に美術の幅広い創造活動に取り組み,【　④　】美術を愛好する心情を育むとともに, 感性を高め, 美術文化に親しみ, 心豊かな生活や社会を創造していく態度を養う。

	①	②	③	④
1	創造的	自己の価値観	広げたり	生涯にわたり
2	独創的	幅広い視点	深めたり	深く
3	創造的	価値意識	深めたり	生涯にわたり
4	具体的	主体的に関心	広げたり	深く

(2) 「高等学校学習指導要領　第2章　第7節　芸術　第2款　各科目　第4　美術Ⅰ　2　内容　A　表現　(2)　イ　(ア)及び(イ)」について,

【 ① 】～【 ④ 】に入る正しい語句の組合せはどれか。1～4から一つ選べ。

> (2) デザインに関する次の事項を身に付けることができるよう指導する。
>   イ 発想や構想をしたことを基に，創造的に表す技能
>   (ア) 【 ① 】材料や用具の【 ② 】を生かすこと。
>   (イ) 表現方法を創意工夫し，【 ③ 】を基に【 ④ 】表すこと。

	①	②	③	④
1	意図に応じて	特性	目的や計画	創造的に
2	目的に合わせて	特質	目的や計画	見通しをもって
3	目的に合わせて	特長	主題	独創的に
4	意図に応じて	特徴	主題	見通しをもって

(3) 「高等学校学習指導要領 第2章 第7節 芸術 第2款 各科目 第4 美術Ⅰ 2 内容 B 鑑賞 (1) イ(イ)」では，生活や社会の中の美術の働きや美術文化についての見方や感じ方を深める鑑賞に関する事項を身に付ける指導について述べられている。【 ① 】～【 ④ 】に入る正しい語句の組合せはどれか。1～4から一つ選べ。

> 日本及び諸外国の美術作品や【 ① 】などから【 ② 】や創造性などを感じ取り，日本の美術の歴史や【 ③ 】，それぞれの国の美術文化について考え，【 ④ 】を深めること。

	①	②	③	④
1	表現方法	美的感覚	伝統工芸	見方や感じ方
2	文化遺産	美意識	表現の特質	見方や感じ方
3	伝統工芸	美意識	表現方法	理解
4	文化遺産	美的感覚	表現の工夫	愛情

(4) 「高等学校学習指導要領 第2章 第7節 芸術 第2款 各科目 第4 美術Ⅰ 3 内容の取扱い (2)」について，【 ① 】～【 ④ 】に入る正しい語句の組合せはどれか。1～4から一つ選べ。

> 生徒の特性，【　①　】を考慮し，内容の「A表現」の(1)については絵画と彫刻の【　②　】したり【　③　】に扱ったりすることができる。また，(2)及び(3)については【　②　】して扱うことができる。その際，感じ取ったことや考えたことなどを基にした表現と，目的や機能などを考えた表現の学習が【　④　】に行えるようにすること。

	①	②	③	④
1	発達の段階	いずれかを選択	総合的	一体的
2	学校や地域の実態	いずれかを選択	一体的	調和的
3	授業進度	交互に実施	体系的	総合的
4	生徒の学習状況	選択して実施	調和的	体系的

(5) 「高等学校学習指導要領　第2章　第7節　芸術　第2款　各科目　第4　美術Ⅰ　3　内容の取扱い　(4)」について，【　】に入る正しい語句はどれか。1～4から一つ選べ。

> 内容の〔共通事項〕は，表現及び鑑賞の学習において共通に必要となる資質・能力であり，「A表現」及び「B鑑賞」の指導と併せて，十分な指導を行い，各事項の【　】を通して，生徒が造形を豊かに捉える多様な視点がもてるように配慮するものとする。

1　造形的な見方・考え方　　　2　造形的な特徴
3　実感的な理解　　　　　　　4　具体的な学習活動

(6) 「高等学校学習指導要領　第2章　第7節　芸術　第2款　各科目　第4　美術Ⅰ　3　内容の取扱い　(8)」について，【　】に入る内容の記述として当てはまらないものはどれか。1～4から一つ選べ。(なお，部分的に語尾の表記を変更している。)

> 内容の「A表現」及び「B鑑賞」の指導に当たっては，芸術科美術の特質に応じて，発想や構想に関する資質・能力や鑑賞に関する資質・能力を育成する観点から，〔共通事項〕に示す事項を視点に，【　】活動などを取り入れるようにする。

　　1　アイデアスケッチで構想を練る

　　2　主題に合わせてイメージを確認する

　　3　作品について批評し合う

　　4　言葉などで考えを整理する

(7)　「高等学校学習指導要領解説　芸術編　音楽編　美術編」におけ
　　る「高等学校学習指導要領　第2章　第7節　芸術　第2款　各科目
　　第4　美術Ⅰ　3　内容の取扱い　(10)」に関する解説に記載されて
　　いる内容について，次の各文のうち誤っているものはどれか。1～4
　　から一つ選べ。

　　1　事故防止のためには，刃物類をはじめとした用具や材料の正し
　　　　い使い方や手入れや片付けの仕方などの安全指導を徹底すること
　　　　が必要である。

　　2　用具や機械類は学期ごとによく点検整備し，特に，刃物類の扱
　　　　いや保管・管理には劣化の点検など十分留意し，事故を招かない
　　　　ようにすることが必要である。

　　3　塗料類及び薬品類の使用に際しては，換気や保管・管理を確実
　　　　に行う。

　　4　薬品などに対してアレルギーのある生徒などを事前に把握する
　　　　などの配慮も必要である。

(8)　「高等学校学習指導要領解説　芸術編　音楽編　美術編」におけ
　　る「高等学校学習指導要領　第2章　第7節　芸術　第3款　各科目
　　にわたる指導計画の作成と内容の取扱い　1　(3)」に関する解説に
　　記載されている内容について，次の各文のうち誤っているものはど
　　れか。1～4から一つ選べ。

　　1　障害のある生徒などの指導に当たっては，個々の生徒によって，
　　　　学習活動を行う場合に生じる困難さが異なることに留意し，個々
　　　　の生徒の困難さに応じた指導内容や指導方法を工夫すること。

　　2　芸術科の目標や内容の趣旨，学習活動のねらいを踏まえ，学習
　　　　内容の変更や学習活動の代替を安易に行うことがないよう留意す
　　　　るとともに，生徒の学習負担や心理面にも配慮する必要がある。

　　3　形や色彩，材料などの変化を見分けたり，微妙な変化を感じ取
　　　　ったりすることが難しい場合などでは，生徒の実態やこれまでの

　　経験に応じて，造形の要素の特徴や働きが分かりやすいものを例示する。

4　主題に応じて一人一人が自分に合ったものが選べるように，多様な材料や用具を用意したり種類や数を幅広く選択できるようにしたりするなどの配慮をする。

(注)

　　大阪府では，「障害」という言葉が，前後の文脈から人や人の状態を表す場合は，「害」の漢字をひらがな表記とし，「障がい」としています。問題中では，法令からの引用部分については，もとの「障害」の表記にしています。

(9)　「高等学校学習指導要領解説　芸術編　音楽編　美術編」における「高等学校学習指導要領　第2章　第7節　芸術　第3款　各科目にわたる指導計画の作成と内容の取扱い　2　(1)及び(2)」に関する解説に記載されている内容について，次の各文のうち誤っているものはどれか。1～4から一つ選べ。

1　各科目の特質を踏まえ，学校の実態に応じて学校図書館を活用するとともに，コンピュータや情報通信ネットワークなどを指導に生かすこと。

2　インターネットを活用した情報収集は即時性，利便性等において優れているが，情報の見極めなどに配慮する必要がある。

3　各科目の特質に応じて，地域の文化施設や社会教育施設等の活用を図ったり，地域の伝統芸術を鑑賞する機会を設けたり，優れた技能をもつ地域の人々の協力を求めたり連携を図ったりするなど，様々な指導上の工夫をすることが大切である。

4　各科目の表現や鑑賞の学習では，適切な資料や情報を提示することによって，生徒の発想や意欲を刺激し，効果的に学習を深めることができる。

(10)　「『指導と評価の一体化』のための学習評価に関する参考資料　高等学校　芸術(美術)第3編　第1章　2」では，題材の評価規準の作成のポイントについて述べられている。【　①　】～【　④　】に入る正しい語句の組合せはどれか。1～4から一つ選べ。

　平成30年告示の芸術科(美術)の高等学校学習指導要領では，その改訂において，教科の目標では，育成を目指す資質・能力を一層明確にし，生徒の発達の段階や特性等を踏まえつつ，(1)「知識及び技能」，(2)「思考力，判断力，表現力等」，(3)「学びに向かう力，人間性等」の三つの柱で整理している。また，内容についても目標に対応して，資質・能力を相互に関連させながら育成できるよう整理している。具体的には，(中略)「知識」は，【　①　】，「技能」は，「A表現」(1)〜(3)【　②　】の指導事項に位置付けられている。「思考力，判断力，表現力等」は，「A表現」(1)〜(3)【　③　】及び【　④　】の指導事項に位置付けられている。「学びに向かう力，人間性等」は，「A表現」，「B鑑賞」及び〔共通事項〕を指導する中で，一体的，総合的に育てていくものとして整理している。

	①	②	③	④
1	〔共通事項〕	ア	イ	「B鑑賞」(1)
2	「B鑑賞」(1)	ア	イ	〔共通事項〕
3	〔共通事項〕	イ	ア	「B鑑賞」(1)
4	「B鑑賞」(1)	イ	ア	〔共通事項〕

┃ 2024年度 ┃ 大阪府・大阪市・堺市・豊能地区 ┃ 難易度 ■■■■■

【2】次の文は，高等学校学習指導要領(平成30年告示)の一部である。[　1　]，[　2　]にあてはまる言葉として，適切なものを一つ選び，それぞれ番号で答えよ。

【高等学校学習指導要領　第2章　第7節芸術　第2款各科目　第4美術Ⅰ　2内容　B鑑賞より】
　イ　生活や社会の中の美術の働きや美術文化についての見方や感じ方を深める鑑賞
　　(ア)　環境の中に見られる造形的なよさや美しさを感じ取り，自然と美術との関わり，生活や社会を心豊かにする美術の働きについて考え，見方や感じ方を深めること。

> （イ）　日本及び諸外国の美術作品や文化遺産などから
> 　　　[　1　]などを感じ取り，日本の美術の歴史や表現の
> 　　　[　2　]，それぞれの国の美術文化について考え，見方
> 　や感じ方を深めること。

1　独自性　　　　　　2　相違点や共通点　　　3　特質
4　美意識や創造性　　5　伝統や文化の価値　　6　特徴

┃ 2024年度 ┃ 愛知県 ┃ 難易度 ▨▨▨□□

【3】「高等学校学習指導要領(平成30年3月告示)　第2章　各学科に共通する各教科　第7節　芸術　第2款　各科目」について，次の各問いに答えなさい。

問1　次の記述は，「第4　美術Ⅰ　1　目標」である。[　1　]，[　2　]に当てはまる語句として最も適切なものを，以下の①〜⑤のうちからそれぞれ選びなさい。

　美術の幅広い創造活動を通して，造形的な見方・考え方を働かせ，美的体験を重ね，生活や社会の中の美術や美術文化と幅広く関わる資質・能力を次のとおり育成することを目指す。

(1)　対象や事象を捉える造形的な視点について理解を深めるとともに，意図に応じて表現方法を創意工夫し，創造的に表すことができるようにする。

(2)　造形的なよさや美しさ，表現の意図と創意工夫，美術の働きなどについて考え，主題を生成し創造的に発想し構想を練ったり，価値意識をもって美術や美術文化に対する見方や感じ方を[　1　]たりすることができるようにする。

(3)　主体的に美術の幅広い創造活動に取り組み，生涯にわたり美術を愛好する心情を育むとともに，感性を[　2　]，美術文化に親しみ，心豊かな生活や社会を創造していく態度を養う。

①　広げ　　②　深め　　③　高め　　④　働かせ　　⑤　理解し

問2　次の記述は，「第4　美術Ⅰ　2　内容　A　表現(3)」である。[　]に当てはまる語句として最も適切なものを，以下の①〜⑤のうちから選びなさい。

(3) 映像メディア表現

　　映像メディア表現に関する次の事項を身に付けることができる
よう指導する。

　ア　映像メディアの特性を踏まえた発想や構想

　（ア）　感じ取ったことや考えたこと，目的や機能などを基に，
　　　映像メディアの特性を生かして主題を生成すること。

　（イ）　[　　]，動きなどの映像表現の視覚的な要素の働きにつ
　　　いて考え，創造的な表現の構想を練ること。

① 目的や条件　　② 色光や視点　　③ 形体や色彩

④ 機能や効果　　⑤ 余白や空間

問3　次の記述は，「第4　美術Ⅰ　3　内容の取扱い(6)」である。
[　　]に当てはまる語句として最も適切なものを，以下の①〜⑤の
うちから選びなさい。

(6)　内容の「A表現」の指導に当たっては，主題の生成から表現の
　確認及び完成に至る全過程を通して，自分の[　　]を発見し喜び
　を味わい，自己実現を果たしていく態度の形成を図るよう配慮す
　るものとする。

① 好み　　② 課題　　③ 感性　　④ 目的　　⑤ よさ

┃**2023年度**┃神奈川県・横浜市・川崎市・相模原市┃難易度┃■■■□□┃

【4】「高等学校学習指導要領　第2章　第7節　芸術(平成30年3月告示)」
の「第2款　各科目」について，次の各問いに答えなさい。

問1　次の記述は，「第4　美術Ⅰ」の「1　目標」である。[　　]に当
てはまる語句として最も適切なものを，以下の①〜⑤のうちから選
びなさい。

　　美術の幅広い創造活動を通して，造形的な見方・考え方を働かせ，
美的体験を重ね，生活や社会の中の美術や美術文化と幅広く関わる
資質・能力を次のとおり育成することを目指す。

(1)　対象や事象を捉える造形的な視点について理解を深めるととも
　に，意図に応じて表現方法を創意工夫し，創造的に表すことがで
　きるようにする。

(2)　造形的なよさや美しさ，表現の意図と創意工夫，美術の

[　　]などについて考え，主題を生成し創造的に発想し構想を練ったり，価値意識をもって美術や美術文化に対する見方や感じ方を深めたりすることができるようにする。

(3)　主体的に美術の幅広い創造活動に取り組み，生涯にわたり美術を愛好する心情を育むとともに，感性を高め，美術文化に親しみ，心豊かな生活や社会を創造していく態度を養う。

①　価値　　②　可能性　　③　意味　　④　働き

⑤　表現形式

問2　「第4　美術Ⅰ」の「2　内容」の「A　表現　(2)　デザイン　イ(イ)」の記述として最も適切なものを，次の①～④のうちから選びなさい。

①　表現方法を創意工夫し，主題を追求して創造的に表すこと。

②　表現方法を創意工夫し，目的や計画を基に創造的に表すこと。

③　目的や条件，美しさなどを考え，主題を生成すること。

④　デザインの機能や効果，表現形式の特性などについて考え，創造的な表現の構想を練ること。

問3　「第5　美術Ⅱ」の「2　内容」の「B　鑑賞　(1)　鑑賞　イ(ア)」の記述として最も適切なものを，次の①～④のうちから選びなさい。

①　環境の中に見られる造形的なよさや美しさを感じ取り，心豊かな生き方の創造に関わる美術の働きについて考え，見方や感じ方を深めること。

②　目的や機能との調和の取れた洗練された美しさなどを感じ取り，発想や構想の独自性と表現の工夫などについて多様な視点から考え，見方や感じ方を深めること。

③　造形的なよさや美しさを感じ取り，発想や構想の独自性と表現の工夫などについて多様な視点から考え，見方や感じ方を深めること。

④　日本及び諸外国の美術作品や文化遺産などから美意識や創造性などを感じ取り，日本の美術の歴史や表現の特質，それぞれの国の美術文化について考え，見方や感じ方を深めること。

問4　次の記述は，「第4　美術Ⅰ」の「3　内容の取扱い(1)」である。

[　　]に当てはまる語句として最も適切なものを，以下の①～④の

うちから選びなさい。

(1) 内容の「A表現」及び「B鑑賞」の指導については，中学校美術科との関連を十分に考慮し，「A表現」及び「B鑑賞」相互の関連を図り，特に[　]に関する資質・能力と鑑賞に関する資質・能力とを総合的に働かせて学習が深められるようにする。

① 造形的な知識　② 創造的に表す技能

③ 発想や構想　④ 主題の生成

┃ 2022年度 ┃ 神奈川県・横浜市・川崎市・相模原市 ┃

【5】「幼稚園，小学校，中学校，高等学校及び特別支援学校の学習指導要領等の改善及び必要な方策等について(答申)」(平成28年12月21日中央教育審議会)と「高等学校学習指導要領」(平成30年3月告示)に関する内容及び昨今の感染症対応における拡大防止対策と新たな生活様式に向けた規制改革として令和3年3月にまとめられ4月に文部科学省ホームページより報道提供された「教育現場におけるオンライン教育の活用」(令和2年12月22日　内閣府　規制改革推進会議)についての内容を踏まえて，次の(1)～(10)の問いに答えよ。

　　※中央教育審議会の内容については「第2部　各学校段階，各教科等における改訂の具体的な方向性」の「第2章　各教科・科目等の内容の見直し」の「8. 図画工作，美術，芸術(美術，工芸)」(以下，「答申」という)を引用している。

(1) 「答申」の「(1)現行学習指導要領の成果と課題を踏まえた図画工作科，美術科，芸術科(美術，工芸)の目標の在り方　③図画工作科，美術科，芸術科(美術，工芸)における「見方・考え方」について，【　①　】～【　④　】に入る正しい語句の組合せはどれか。1～4から一つ選べ。

> また，特に重要な【　①　】の働きは，感じるという【　②　】だけではない。感じ取って自己を形成していくこと，【　③　】や【　④　】を創造していくことなども含めて【　①　】の働きである。

	①	②	③	④
1	「表現力」	豊かな情操	造形的な視点	対象
2	「感性」	受動的な面	新しい意味	価値
3	「情操」	個別の感覚	造形的な視点	学び
4	「創造力」	情操的な面	新しい視点	発想

(2) 「答申」の「(2)具体的な改善事項　①教育課程の示し方の改善 i)資質・能力を育成する学びの過程についての考え方」について，【　①　】～【　④　】に入る正しい語句の組合せはどれか。1～4から一つ選べ。

> 図画工作科，美術科，芸術科(美術，工芸)においては，感性や想像力等を働かせて，【　①　】やイメージなどと幅広く関わり，【　②　】し，表現したり鑑賞したりするなどの【　③　】を相互に関連させながら学習することができるように，【　④　】の能力，創造的な技能，鑑賞の能力を位置付けた。

	①	②	③	④
1	形や色などの特徴	思考・判断	資質・能力	発想や構想
2	柔軟な発想	体験・活動	興味・関心	表現の構想
3	造形的な視点	想像・判断	改善・充実	表現や構想
4	形や色彩	創造・活動	主体・対話	知識や構想

(3) 「高等学校学習指導要領　第2章　第7節　芸術　第4　美術Ⅰ　1　目標　(1)」について，【　】に入る正しい語句はどれか。1～4から一つ選べ。

> 対象や事象を捉える造形的な視点について理解を深めるとともに，【　】，創造的に表すことができるようにする。

1　主題を生成し主体的に発想して
2　生涯にわたり美術を愛好し
3　中学校美術科との関連を考慮し
4　意図に応じて表現方法を創意工夫し

(4) 「高等学校学習指導要領　第2章　第7節　芸術　第4　美術Ⅰ　2　内容　A　表現　(1)　絵画・彫刻　イ　(ア)(イ)」では，発想や

構想をしたことを基に，創造的に表す技能について記述されている。
正しいものはどれか。1〜4から一つ選べ。

1　(ア)　主題に合った表現方法を追求し，個性を生かすこと。

　　(イ)　手順や技法などを吟味し，創造的に表すこと。

2　(ア)　主題に合った表現方法を創意工夫し，個性豊かに表すこと。

　　(イ)　機能や効果，表現形式の特性などについて考え，創造的に
　　　　表すこと。

3　(ア)　意図に応じて材料や用具の特性を生かすこと。

　　(イ)　表現方法を創意工夫し，主題を追求して創造的に表すこと。

4　(ア)　意図に応じて材料や用具の特性を生かすこと。

　　(イ)　表現方法を創意工夫し，目的や計画を基に創造的に表すこ
　　　　と。

(5)　「高等学校学習指導要領　第2章　第7節　芸術　第5　美術Ⅱ
　2　内容　B　鑑賞(1)」に関する記述について，正しいものを○，
　誤っているものを×とした場合，正しい組合せはどれか。1〜4から
　一つ選べ。

---

①　造形的なよさや美しさ，目的や機能との調和の取れた洗
　練された美しさなどを感じ取り，作者の主張，作品と時代
　や社会との関わりなどについて考え，見方や感じ方を深め
　ること。

②　目的や機能との調和の取れた洗練された美しさなどを感
　じ取り，発想や構想の独自性と表現の工夫などについて多
　様な視点から考え，見方や感じ方を深めること。

③　環境の中に見られる造形的なよさや美しさを感じ取り，
　心豊かな生き方の創造に関わる美術の働きについて考え，
　見方や感じ方を深めること。

④　日本及び諸外国の美術作品や文化遺産などから伝統や文
　化の価値を感じ取り，国際理解に果たす美術の役割や美術
　文化の継承，発展，創造することの意義について考え，見
　方や感じ方を深めること。

---

	①	②	③	④
1	×	○	×	○
2	×	○	○	×
3	○	×	○	×
4	○	×	×	○

(6)　「高等学校学習指導要領　第2章　第7節　芸術　第5　美術Ⅱ
3　内容の取扱い(2)」について，【　　】に入る正しい語句はどれか。
1〜4から一つ選べ。

> 生徒の特性，学校や地域の実態を考慮し，内容の「A表現」に
> ついては【　　】。また，内容の「A表現」の(1)については，
> 絵画と彫刻のいずれかを選択したり一体的に扱ったりするこ
> とができる。

1　(1)，(2)，(3)のいずれも均等に扱わねばならない
2　(1)，(2)，(3)のうち，いずれか二つ以上を選択して扱うことがで
　　きる
3　(1)，(2)又は(3)のうち一つ以上を選択して扱うことができる
4　(1)，(2)又は(3)のうち一つを選択して扱うことができる

(7)　「高等学校学習指導要領　第2章　第7節　芸術　第6　美術Ⅲ
1　目標　(3)」について，【　①　】〜【　④　】に入る正しい語句
の組合せはどれか。1〜4から一つ選べ。

> 【　①　】に美術の創造的な諸活動に取り組み，生涯にわたり
> 美術を愛好する心情を育むとともに，【　②　】を磨き，
> 【　③　】を尊重し，【　④　】や社会を創造していく態度を
> 養う。

	①	②	③	④
1	主体的	感性と美意識	美術文化	心豊かな生活
2	積極的	見方や感性	伝統文化	美術への関心
3	積極的	見方や感性	日本の文化	豊かな生活
4	主体的	感性と美意識	芸術文化	生活での美術

(8)　「高等学校学習指導要領　第2章　第7節　芸術　第6　美術Ⅲ
2　内容　A　表現　(2)　ア　(ア)」について，【　①　】〜【　⑤　】

に入る正しい語句の組合せはどれか。1〜4から一つ選べ。

> 【 ① 】や条件などを基に，デザインの【 ② 】な役割について考察して【 ③ 】な主題を生成し，主題に応じた【 ④ 】を考え，個性を生かして【 ⑤ 】な表現の構想を練ること。

	①	②	③	④	⑤
1	機能	社会的	創造的	創意工夫	独創的
2	目的	創造的	社会的	表現活動	独創的
3	機能	造形的	社会的	創造活動	造形的
4	目的	社会的	独創的	表現効果	創造的

(9) 「高等学校学習指導要領　第2章　第7節　芸術　第6　美術Ⅲ
　B　鑑賞　(1)ア　(ア)」について，【 　 】に入る正しい語句はどれか。1〜4から一つ選べ。

> 造形的なよさや美しさ，目的や機能との調和の取れた洗練された美しさなどを感じ取り，【 　 】，作品と時代や社会との関わりなどについて考え，見方や感じ方を深めること。

1　作品の背景　　2　作者の主張　　3　構想の独自性

4　多様な視点

(10)　内閣府の規制改革推進会議において「教育現場におけるオンライン教育の活用」が論議され，令和3年4月1日に文部科学省が取りまとめ資料をホームページにおいて報道提供している。(「取りまとめ資料」より)

　「1．オンラインを活用し，教師等がより児童生徒等に寄り添う質の高い教育の実現」について【 　 】に入る正しい語句はどれか。1〜4から一つ選べ。

> また，各学校が【 　 】を活かすとともに，オンラインを活用して国内外の社会的・文化的な教育資源を十分に活用した教育を展開できるよう，全国どの地域に住んでいても，充実した学習コンテンツを活用できる環境整備に取り組む。

1　そのカリキュラム　　2　その地域における強み

3　その生徒たちの特性　　4　その学齢に応じた特性

┃ 2022年度 ┃ 大阪府・大阪市・堺市・豊能地区 ┃ 難易度 ▰▰▰▰▱▱

【6】次の各文は，高等学校学習指導要領(平成30年告示)解説「芸術(美術)編」の一部である。[　1　]〜[　5　]にあてはまる言葉として，最も適当なものを一つ選び，それぞれ番号で答えよ。

【高等学校学習指導要領解説　芸術(美術)編　第2章　第4節美術
Ⅰ　3内容　A表現より】

(1)　絵画・彫刻

　絵画・彫刻に関する次の事項を身に付けることができるよう指導する。

ア　[　1　]ことや考えたことなどを基にした発想や構想

　(ア)　自然や自己，[　2　]などを見つめ[　1　]ことや考えたこと，夢や想像などから[　3　]すること。

　(イ)　表現形式の特性を生かし，形体や色彩，構成などについて考え，創造的な表現の構想を練ること。

イ　発想や構想をしたことを基に，創造的に表す技能

　(ア)　意図に応じて[　4　]の特性を生かすこと。

　(イ)　表現方法を創意工夫し，[　5　]して創造的に表すこと。

1　生活　　2　見た　　　3　主題を生成　　4　材料や用具

5　社会　　6　主題を追求　　7　感じ取った　　8　素材

┃ 2022年度 ┃ 愛知県 ┃ 難易度 ▰▰▰▰▱▱

解答・解説

【 1 】 (1) 3　　(2) 1　　(3) 2　　(4) 2　　(5) 3　　(6) 2
(7) 4　　(8) 4　　(9) 2　　(10) 3

解説 (1) 学年の目標は，教科の目標の実現を図るため，生徒の発達の特性を考慮し，各学年における具体的な目標として示している。第1学年では，内容に示す事項の定着を図ることを重視し，第2学年と第3学年では，学校や生徒の学びの実態に応じて，より主体的，創造的な活動を創意工夫できるように定めている。　(2) ここでは，技能に関する資質・能力を育成するため，造形的な見方・考え方を働かせ，発想や構想をしたことを基に生徒自らが強く表したいことを心の中に思い描くように，自分の表現を具体化するための項目である。ここで言う意図は，生徒自身の発想や構想を，材料や用具を生かしながら工夫して表すことを意味している。　(3) 選択肢1，3，4の事柄を通じて，主題のイメージに合わせて考えを整理することで，形や色彩，材料などの様々な組合せ方について追求することにつながり豊かに構想を練ることができるようになる。　(4) 表現の特質を理解することで，作品に対する愛情が生まれ，諸外国との作品との相違に気づくことで国際理解に対する見方や感じ方が変化する。　(5) 各学年において，発達の特性や創造活動の経験はそれぞれ異なるものであり，発達の特性に応じた育成する資質・能力を効果的に身に付けることが重要である。　(6) (1)のア及びイの一方と(2)は，それぞれ単独で指導するものではなく，原則として関連付けて行うこととしており，また描く活動とつくる活動のいずれも経験させることで，2学年間を通して調和的に行えるようにすることとしている。　(7) 選択肢4の文の後半について，「協働的な学習」ではなく「個に応じた学習」が正しい。(8) 共同で行うは，一人一人が持ち味を生かして一つの課題や題材に取り組み，協力していくことである。ここでは，学級全体あるいは小グループの活動などの中で互いの個性を生かした分担をして活動する

ことを示している。 (9) 選択肢2について，作品の展示などについて，地域住民が主となってではなく，生徒自身による企画・運営を計画することが正しい。 (10) 平成29年告示の美術科の中学校学習指導要領では，育成すべき資質・能力と学習内容との関係を，一層明確に示しており，従前は「評価規準に盛り込むべき事項」及び「評価規準の設定例」と細分化していたが，本資料においては「内容のまとまりごとの評価規準(例)」だけを示している。

【2】問1　②　　問2　③　　問3　③　　問4　①

解説 問1　中学校学習指導要領美術の目標は「①美的，造形的表現・創造　②文化・人間理解　③心の教育」という3つの視点でとらえられている。大前提として，「美術は何を学ぶ教科か」ということをまず生徒たちに示し，ひとつひとつ丁寧に学習の結びつきを理解させていく努力が求められる。心豊かな生活を創造する態度，豊かな感性や情操，創造する喜びなどを美術によって育てていくことが，人生や社会の中でいかに大切であるか伝えていきたい。美術は絵やものづくりが，よくできることが学習目標だと勘違いする生徒も多い。目に見えない力が将来に向けて育っていく学びの時間だと実感できるよう，気持ちと言葉を尽くして指導していくことが，大きな目標である。問2　学習指導要領に関しては，〔第1学年〕と〔第2学年及び第3学年〕に分けて，それぞれ，目標や内容，A表現，B鑑賞，共通事項などの暗記が必要である。頻出問題であるため，それぞれ学年が上がるごとにどのような文言が加えられたり，成長過程の中で進化していったりするのか要点をまとめておきたい。ステップアップしていくという考え方では，第1学年は一番シンプルで分かりやすい選択肢が多い。①は〔第2学年及び第3学年〕の「2　内容」の「B　鑑賞　(1)　ア(ア)」である。②は〔第2学年及び第3学年〕の「2　内容」の「B　鑑賞　(1)　イ(イ)」。④は〔第2学年及び第3学年〕の「2　内容」の「B　鑑賞　(1)　ア(イ)」となる。　問3　この設問は，他学年が混じることなく，同じ「A　表現(1)」の中のアもしくはイの中から答えられるため，比較的難易度が低い。①は，〔第2学年及び第3学年〕の「2　内容」の「A　表現　(1)　イ(ウ)」である。②は〔第2学年及び第3学年〕の「2　内容」

の「A　表現　(1)　イ(ア)」。④は〔第2学年及び第3学年〕の「2　内容」の「A　表現　(1)　イ(イ)」である。原則として「A　表現」の学習においては，(1)が発想・構想，(2)が技能に関する資質・能力を育成する項目としているが，それぞれ分けず(1)と(2)を組み合わせ，題材を構成することとしている。　問4　平成29(2017)年の学習指導要領改訂後，新たに加わった〔共通事項〕に含まれる「造形的な視点」に関しては，全国的に出題率が高いため，しっかり特徴を押さえておきたい。アの記述にあるように，形や色彩，材料，光などの造形の要素に着目して，働きをとらえる細やかな視点。イの記述にあるように対象の全体像に着目し，造形的な特徴などからイメージをとらえる大きな視点のそれぞれが，どの授業でもどんな題材にも共通して必要だということを心得たい。

【3】1　5　　2　3　　3　6
解説　学年目標からの問題。問題にある(1)〜(3)はそれぞれ「知識及び技能」「思考力，判断力，表現力等」「学びに向かう力，人間性等」について示したものであり，当然，教科目標や第1学年の目標にある(1)〜(3)と関連する。学習する際は，教科目標を踏まえた上で第1学年，そして第2〜3学年では何を学ばせたいかを順にまとめると，学習の大まかな流れが理解できるだろう。

【4】問1　ウ　　問2　エ　　問3　イ
解説　問1　作品の鑑賞において，作品の「表現の意図と工夫」を考察することは教科目標でも示されており，それが第1学年の学習内容に反映されている。このように目標の文言が空欄になることも多いので，目標の文言をしっかりとおさえることが重要である。　問2，問3　まず，美術の鑑賞については「生活や社会を美しく豊かにする美術の働き」と「美術文化」の2つに大別していること，そして美術文化は「美術文化を美術表現の総体」と捉えていることに着目したい。また，諸外国の美術について，学習指導要領解説では「一般に生徒は，西洋の美術については関心も高く見る機会も多いが，日本の美術や文化面で日本と関わりの深いアジアの美術については関心が低い傾向にあ

る。ここでは，美術文化についての見方や感じ方を広げる観点から，関心などを高めながら日本とアジアの美術や美術文化について取り上げることが大切」としていることにも着目したい。教科書でも，アジア美術を取り上げられる機会が比較的少ないことから，授業などにおいて工夫が求められるといえる。

【5】問1　ア　　問2　エ　　問3　イ

解説　問1，問2　学習指導要領解説によると，ここでは「対象や事象を深く見つめ，外見には現れないそのものの本質について感じ取らせたり，自己の心を見つめて深く考えさせたりして，生徒自らが強く表したいことを心の中に思い描き，主題の中心となるものや表す形や色彩などを整理して構成を工夫し，心豊かに表現する構想を練ること」の重要性を示している。第1学年では「自然や生活の中にある身近な対象や事象から，特徴や印象，美しさなど感じ取ったことや考えたことなどを基に発想や構想をすること」と外形から感じ取ったものを題材としていることと比較しながら，どのようなことを学習させるかイメージするとよい。　問3　アは省略，ウは強調，エは繰り返しについての説明である。

【6】問1　エ　　問2　イ　　問3　エ　　問4　ウ

解説　問1，問2　学習指導要領解説によると，「主体的・対話的で深い学び」の実現に向けた授業改善について6点示しているが，問題文はその中の1つである。授業においては1回で全ての学びが実現されるものではないという前提の下，「学習を見通し振り返る場面をどこに設定するか」「グループなどで対話する場面をどこに設定するか」「児童生徒が考える場面と教師が教える場面をどのように組み立てるか」を考慮し，実現することが重要としている。　問3　教科目標は学年目標や学習内容の基になるので，それぞれの文言の意味について，学習指導要領解説などで確認・理解しておくこと。空欄2の「造形的な視点」について，学習指導要領解説では「造形を豊かに捉える多様な視点であり，形や色彩，材料や光などの造形の要素に着目してそれらの働きを捉えたり，全体に着目して造形的な特徴などからイメージを捉

えたりする視点のこと」としている。　問4　A　正しくは『表現と鑑賞の相互の関連を図る際には，特に「思考力，判断力，表現力等」を育成する観点からは，発想や構想と鑑賞に関する資質・能力を総合的に働かせて学習が深められるよう十分配慮する必要がある』である。D　日本及び諸外国の作品などについての取扱いについては『身近な地域や日本及び諸外国の文化遺産などのよさや美しさなどを感じ取り，美術文化について考えるなどして，見方や感じ方を広げる』等があげられる。

【7】問1　イ　　問2　エ　　問3　ウ

解説　現代のデザインはコンピュータによるところが大きく，その特徴を生かしながら，今日的な造形が量産されている。一方で，生徒や伝統工芸家などの手作りによる一品作品も注目されている。その点について，学習指導要領解説では「流行のみに流されず，美しいものやよいものを自分の基準で選べる価値意識を育てることや，優れたデザインを自分の目と心で確かめその価値を判断していく美的判断力を育てる鑑賞の学習の充実を図ることは極めて重要」としている。また，問題にもあるとおり，コンピュータは美術表現の可能性を広げるツールである一方，著作権との関連も重要になる。そのことを踏まえ，適切な指導が求められることもおさえておきたい。

【8】1　3　　2　6　　3　9　　4　2　　5　5

解説　1～3　絵画，漫画，イラストレーション，雑誌の写真などには著作権があり，それらの全部または一部を使用して作品等を作成するなどの場合は，原則として著作権を持つ人の了解が必要となる。肖像権についても，プライバシーの権利の一つとして裁判例でも定着した権利であり，作品化する際には相手の了解を得る必要がある。創造性を尊重する態度の形成を図るうえで，こうした著作権等の知的財産権や肖像権に関する理解も大切である。　4・5　「美術Ⅰ」における「(3)映像メディア表現」では，写真・ビデオ・コンピュータ等の映像メディアの特性を生かし，感じ取ったことや考えたこと，目的や機能などを基に主題を生成し，色光や視点，構図，動きなどの映像表現におけ

る視覚的な要素の働きを踏まえて，カメラやコンピュータなどの映像メディア機器等の特性を生かした表現方法などを創意工夫し，表現の意図を効果的に表すなどして，発想や構想に関する資質・能力と技能に関する資質・能力を育成することをねらいとしている。

【9】問1　②　　問2　③　　問3　1　②　　2　⑤

解説　問1　今回の学習指導要領改訂では，各教科の基本方針として，育成することを目指す資質・能力を，3つの柱に分けて整理している。(1)「知識および技能」，(2)「思考力，判断力，表現力等」，(3)「学びに向かう力，人間性等」である。この目標に対応し，中学校美術の学習指導要領解説では「(1)「知識及び技能」については，造形的な視点を豊かにするために必要な知識と，表現における創造的に表す技能に関するもの。(2)「思考力，判断力，表現力等」については，表現における発想や構想と，鑑賞における見方や感じ方などに関するもの。(3)「学びに向かう力，人間性等」については，学習に主体的に取り組む態度や美術を愛好する心情，豊かな感性や情操などに関するもの」と結び付けて説明している。大前提として，「美術は何を学ぶ教科なのか」ということを明示し，これらの(1)，(2)，(3)を相互に関連させながら育成できるよう目標を示している。生徒が美術を学び，感性を豊かにする学習であることを実感できるような授業を目指していきたい。　問2　肢③は第1学年の「A表現」(1)イの(イ)である。まず，今回の設問のように，「A表現」を問われた場合，アは主に絵画や彫刻など，イはデザインや工芸などの分野を指すことがすぐ分かるようにしておきたい。③のデザイン・工芸などの表現では，美しさにプラスして，「目的」や「機能」や「条件」が加わる。自分の着想や表現も取り入れつつ，使う相手や社会の目的などに寄り添い，「何かのために」，「誰かのために」といった視点が必要である。アの絵画や彫刻についての記述には，「目的」や「条件」や「機能」などの文言が入らないと覚えておきたい。なお，①は第2～3学年「A表現」(2)アの(ア)，②は第1学年「A表現」(2)アの(イ)，④は第2～3学年「A表現」(1)イの(ウ)である。　問3　学習指導要領解説では，「指導計画の作成と内容の取扱い」の〔共通事項〕(ア)～(オ)の各項目について，「実感」を伴

いながら理解することが大切であるとしている。また，(エ)について，「リズムやリピテーションなどによる構成が単に類型的な狭い扱いにならないよう，動きや躍動感を実感的に捉え，試したり，組合せを楽しんだりする中で造形的な視点を豊かに育てていくことが大切である」と具体例をあげている。一方，(オ)については「背景に何も描かれていない作品を見たときに，余白の効果という視点をもつことで，それまで感じていなかった作品のよさに気付くことがある」という例をあげて説明している。

【10】問1　イ　　問2　エ　　問3　イ

解説 問1, 2　今回の学習指導要領改訂では，各教科の基本方針として，育成することを目指す資質・能力を，3つの柱に分けて整理している。(1)「知識および技能」，(2)「思考力，判断力，表現力等」，(3)「学びに向かう力，人間性等」である。この目標に対応し，中学校美術の学習指導要領解説では，「(1)「知識及び技能」については，造形的な視点を豊かにするために必要な知識と，表現における創造的に表す技能に関するもの。(2)「思考力，判断力，表現力等」については，表現における発想や構想と，鑑賞における見方や感じ方などに関するもの。(3)「学びに向かう力，人間性等」については，学習に主体的に取り組む態度や美術を愛好する心情，豊かな感性や情操などに関するもの」と結び付けて説明している。大前提として，「美術は何を学ぶ教科なのか」ということを明示し，上記の(1)，(2)，(3)を相互に関連させながら育成できるよう目標を示していることを踏まえ，学習するとよい。問3　まず，教科の目標である「造形的な視点」には2つの視点があると捉えたい。例えるならば，①木を見る視点(対象などの形や色彩，材料や光など個々の造形要素に着目してそれらの働きを捉える視点)，②森を見る視点(対象などの全体に着目して造形的な特徴などからイメージを捉える視点)である。「木を見て森を見ず」という言葉があるが，新たな中学校美術の目標では「木も森も見る」視点が求められる。改訂でどのような方針が加わり，どういった意図で，どこが変更になったのかを把握しておきたい。

【11】問1　エ　　問2　ア　　問3　イ

解説 問1 「A表現」(1)について，学習指導要領解説では，「造形的な見方・考え方を働かせ，対象や事象を見つめて，感じ取ったことや考えたことなどを基に主題を生み出し，全体と部分との関係などを考えて創造的な構成を工夫したり，身の回りの生活に目を向け，自分を含めた身近な相手を対象として目的や条件などを基に，見る人や使う人の立場に立って主題を生み出し，飾る，伝える，使うなどの目的や機能と美しさを考えたりする活動を通して，発想や構想に関する資質・能力を育成する項目である」と説明している。「A表現」ア・イについては，全国的に出題率が高い。第2〜3学年になった場合，発達の段階や学びの経験によって，当該記述がどう変化するか比較しながら覚えたい。　問2　下線部は「生徒の学習経験や指導のねらいに応じて」が正しい。当該箇所について，学習指導要領解説では「生徒一人一人の希望や考えを大切にし，それぞれのよさが発揮され，資質・能力が高められるように柔軟な指導をすることが求められる。表現形式や技法，材料などの指導については，生徒の表現に関する資質・能力を育む重要な手段として捉え，主題や意図に応じて表現できるように，それぞれの特性を知識としてのみならず体験を通して身に付け，創造的に表す技能として活用できるようにする必要がある。」としている。

問3　設問の学習指導要領「A表現」の記述の中では，肢アが絵画・彫刻などについて，イがデザイン・工芸などの指導について述べている。正答については，「使いやすさや機能」＋「美しさ」＝デザイン・工芸と覚えておくとよいだろう。何かを伝えたり，何かに使ったりという目的が存在し，その目的の先には相手がいる。一方通行でないことも大きな特徴といえるだろう。

【12】問1　エ　　問2　ウ　　問3　エ　　問4　ア

解説 問1　「B鑑賞」(1)アについて，学習指導要領解説では「「A表現」の絵や彫刻などの感じ取ったことや考えたことなどを基にした表現と，デザインや工芸などの目的や機能などを考えた表現との関連を図り，これら二つの視点から分けて示し，特に発想や構想に関する資質・能力と鑑賞に関する資質・能力とを総合的に働かせて「思考力，

判断力，表現力等」を育成することを重視した」と説明している。

問2　諸外国の美術について，学習指導要領解説では「西洋の美術だけでなく，日本の美術の源流を考える上で歴史的，地理的に深い関わりをもつアジア諸国，遠くはギリシャを含むいわゆるシルクロードによる文化の伝播に関わる国々の美術にも目を向ける必要がある」としている。　問3　今回の学習指導要領改訂では，各学年の内容の取扱いついて，「発達の特性」を考慮して，学習内容や題材に配する時間数を十分検討するという点が新設されていることに注意したい。

問4　「詳細に捉えさせる」ではなく「概括的な変遷などを捉える」が正しい。日本の美術作品に関する鑑賞の指導は，全体を大きく捉えてこそ感じる，多様な考えや感覚，人々の想いや願いを，美術作品に乗せて実感できるよう配慮したい。

【13】問1　ウ　　問2　エ　　問3　ア

解説　問1　絵や彫刻などに表現する活動では「自分自身の捉え方から主題を生み出すことが中心になる」が正しい。「多くの人が共感できるかどうかを検討する」のは「デザインや工芸などに表現する活動」である。　問2　空欄1の記述について学習指導要領解説では「造形的な特徴などから何かに見立てたり，「かわいい」，「寂しい」などの心情などと関連付けたりすることによって，具体的に自分なりのイメージを捉えられるようになる」と具体例をあげて説明している。

問3　造形的な特徴などからイメージする直接的な視点だけでなく，時代や様式や作風などで捉える「文化的な視点」も重要である。例えば，何かを見たときに，「これは印象派風の色彩だ」，「浮世絵のタッチだ」などと感じるのは，美術の学習の「文化的視点」である。ただし，単に美術史や知識の教え込みにならないよう留意することが大切である。

【14】1　3　　2　0　　3　7　　4　9　　5　1

解説　教科目標では具体的に育成する資質・能力について，(1)「知識及び技能」，(2)「思考力，判断力，表現力等」，(3)「学びに向かう力，人間性等」に分けて説明している。これら3つの資質・能力は，いわゆ

るアクティブ・ラーニングの展開過程において，相互に関連させながら育成されることが目指されることに注意したい。当然，問題文の前には総括的な目標が示されており，こちらも出題頻度が高いため，セットで学習しておきたい。

【15】問1　④　　問2　②　　問3　①　　問4　③

解説　問1　中学校学習指導要領解説美術編(平成29年7月)では，「美術科の目標」の項において，「教科の目標は，小学校図画工作科における学習経験と，そこで培われた豊かな感性や，表現及び鑑賞に関する資質・能力などを基に，中学校美術科に関する資質・能力の向上と，それらを通した人間形成の一層の深化を図ることをねらいとし，高等学校芸術科美術，工芸への発展を視野に入れつつ，目指すべきところを総括的に示したものである」と説明している。そして，教科の目標の実現に向けては，(1)〜(3)を相互に関連させながら育成できるよう確かな実践をいっそう推進していくこと，としている。　問2　「A　表現(2)」のアでは，「発想や構想をしたことなどを基に，表現する活動を通して，技能に関する次の事項を身に付けることができるよう指導すること」が求められている。同解説美術編では，「発想や構想をしたことを基によりよく表現するための目標と見通しをもって，材料や用具の特性などからどのように描いたりつくったりするかを考えながら計画的に表すことが重要である」と説明している。　問3　「B　鑑賞(1)」のイでは，「生活や社会の中の美術の働きや美術文化についての見方や感じ方を深める活動を通して，鑑賞に関する次の事項を身に付けることができるよう指導すること」が求められている。同解説美術編では，「身近な自然や環境を改めて見つめ直し，よさや美しさ，美術の働きについて話し合ったり，美しい環境をつくりだす仕組みや課題を調べたりするなどして，見方や感じ方を深めることが重要である」と説明している。　問4　同解説美術編では，③の「造形的な見方・考え方」について，「美術科の特質に応じた物事を捉える視点や考え方として，表現及び鑑賞の活動を通して，よさや美しさなどの価値や心情などを感じ取る力である感性や，想像力を働かせ，対象や事象を造形的な視点で捉え，自分としての意味や価値をつくりだすこと」と

説明している。

【16】問1 (1) エ 　(2) ア 　問2 (1) ウ 　(2) エ 　(3) エ

解説 問1　今回の学習指導要領改訂では，ただ知識や技能を詰め込むのではなく，その知識や技能をどのように生かすか，つまり「何ができるようになるか」を重視したとされる。そのため，問題にある「知識および技能」「思考力，判断力，表現力等」「学びに向かう力，人間性等」の3つの柱をバランスよく育成することを目指し，内容が構成されている。　問2　(3)について，言語活動の例として学習指導要領解説では「アイデアスケッチなどで形や色などを使って考えを広げたり，言葉で考えさせたりして，その考えを整理させること」等があげられている。それぞれの授業でどのような言語活動を行うかを想定しながら計画を立てるとよい。

【17】(1) 2 　(2) 1 　(3) 4 　(4) 3 　(5) 2 　(6) 3
(7) 1 　(8) 4 　(9) 2 　(10) 2

解説 (1)　中央教育審議会答申(平成28年12月)で示された内容は，今回の学習指導要領における基本的な考え方となっており，目標や内容構成等に反映されている。したがって，各校種の各教科の目標等を確実に押さえておくことで，こうした問題に対処することができる。小学校図画工作科，中学校美術科，高等学校芸術科(美術，工芸)の「見方・考え方」について，各校種の学習指導要領解説(平成29～30年)で共通していることは，「感性や想像力を働かせ」，「意味や価値をつくりだすこと」と整理されていることである。そのことを把握していれば，空欄①，③，④に入る言葉が分かる。①については，その後の文脈からも，感じたり，感じ取って自己を形成していくことであることから，「感性」であることが分かる。「感性」については，上記の各教科のいずれも，学びに向かう力，人間性等に関する教科の目標(3)において示され，図画工作科では「感性を育み」，美術科では「感性を豊かにし」，芸術科(美術，工芸)では「感性を高め」と，発達段階に応じて示されている。　(2)　上記の各教科の目標の柱書において，資質・能力と関わる対象としては，図画工作科では「生活や社会の中の形や

色など」，美術科では「生活や社会の中の美術や美術文化」，芸術科では「生活や社会の中の芸術や芸術文化」と示されている。①には，おおもとの「形や色などの特徴」が入り，それらが資質・能力と関わる対象であることから，②には「思考・判断」，③には「資質・能力」が入ると分かる。また，上記の各教科においても，教科の思考力，判断力，表現力等に関する目標(2)には，「発想や構想」をする(練る)ことが示されている。育成を目指す資質・能力の3つの柱や，「形や色など」，「発想や構想」などのキーワードの語句を，確実に押さえておくことが重要である。　(3)　空欄以降が，技能に関する目標である。「表現方法を創意工夫し」とは，発想や構想したことなどを基に，表現の意図に応じて様々な技能を応用したり，工夫を繰り返して自分の表現方法を見付け出したりすることである。表現の学習では，発想や構想に関する資質・能力と創造的に表す技能とが相互に関連しながら育成されていくものであり，両者が関連しあって初めて，創造的な表現が可能になる。　(4)　表現の内容は，(1)で発想や構想の育成を目指し，(2)では発想や構想をしたことを基に表現方法を工夫・追求したり，制作の順序などを考えて表したりするといった技能の育成を目指している。「制作の順序」を考える内容が含まれることを押さえているかどうかが，ポイントとなる。　(5)　①，②　①は第1学年の内容である。第2学年及び第3学年の内容の②では，第1学年の内容の①を発展させ，社会へ対象を広げ，多様な受け手の印象などから総合的に考え，表現の構想を練ることをねらいとしている。　③，④　④は第1学年の内容である。第2学年及び第3学年の内容の③は，第1学年の内容の④を発展させ，より多くの人に対する心遣いや社会との関わりなど対象を広げたり，遊び心などを大切にしたりしながら，機能と美しさとの調和を総合的に考え，表現の構想を練ることをねらいとしている。

(6)　出題されたのは，言語活動の充実に関する内容の取扱いの項目である。「アイデアスケッチで構想を練ったり，言葉で考えを整理したりすること」は，第1学年の内容の取扱いと同じで，「作品などに対する自分の価値意識をもって批評し合うなどして対象の見方や感じ方を深める」ところが，第1学年から発展した内容となっている。言語活動の充実を図る際には，「何のために言語活動を行うのか」というこ

とを明確にする必要がある。　(7)　この事項は，生徒の主体的・対話的で深い学びの実現を目指した授業改善を進めることとし，美術科の特質に応じて，効果的な学習が展開できるように配慮すべき内容を示したものである。　①，②「主体的・対話的で深い学びの実現」を目指すことは，今回の学習指導要領改訂における基本的な考え方の根幹の一つである。　③，④「造形的」な見方・考え方は，美術科の特質に応じた物事を捉える視点や考え方であり，教科の目標の柱書にも示されている。また，美術科においては，造形的な見方・考え方を働かせ，表現及び鑑賞に関する資質・能力を高めることを目指している。

(8)「A表現」における表現形式や技法などの指導に関する配慮事項である。生徒一人一人が，自分の表現意図をしっかりともちながら，形や色彩，材料などで実現できるように指導することが大切である。②は，「美術の表現の可能性を広げるために」とあることから，「積極的」が当てはまる。④と⑤は，教材となるものと考えれば，「身近のもの」と「伝統的なもの」と判断できる。　(9)「刃物類，…」とあることから，①は「事故防止」と分かる。③については，「美術教室等における」と限定せず，「活動場所における」とある2が正解と判断できる。事故防止のためには，用具や機械類は日常よく点検整備をし，刃物類をはじめとした材料・用具の正しい使い方や手入れや片付けの仕方などの安全指導を，適切な機会を捉えて行う必要がある。

(10)「(1)学校現場の創意工夫の促進」の一部からの出題である。後半に，「全国どの地域に住んでいても，…活用できる環境整備…」とあることから，「その地域における強み」が当てはまる。学校教育の情報化の推進に関する法律第21条には，「地方公共団体は，(中略)その地方公共団体の地域の状況に応じた学校教育の情報化のための施策の推進を図るよう努めるものとする」と規定されている。

高等学校

【1】(1)　3　(2)　1　(3)　2　(4)　2　(5)　3　(6)　2
(7)　2　(8)　4　(9)　1　(10)　3

解説 (1)　創造的に表したり，発想したり構想したりすることで，創造

性を養う。創造性は，美術や美術文化によって育まれる。豊かな創造性は，共生やコミュニケーションをキーワードとするこれからの社会の基盤の一つとなるものである。　　(2)　デザインで使う様々な材料や用具の特性を理解するためには，表現の目的や意図が重要である。指導に当たっては，自己の意図を効果的に表せるようにする。　(3)国際社会に生きる日本人としての自覚を高めるため，日本及び諸外国の文化の根底に受け継がれてきた独自の美意識や表現方法を採用している美術文化を通して，鑑賞を深めることが重要である。　　(4)　生徒の希望や特性に配慮しつつ，表現に関する資質・能力の育成や主体的に学習に取り組む態度を養う観点から「A表現」の題材の設定を考える必要がある。　　(5)　豊かに捉える多様な視点がもてるようにするため，造形や美術の働き，美術文化についての実感的な理解を深める。(6)　構想した作品の意図を確実に実現するためには，アイデアスケッチや図面などに基づいて，より効果的な手順や技法を用いることで，創造的に表すことができる。　　(7)　用具や機械類を点検整備することはもちろんであるが，学期ごとではなく日常的に行うようにする。

(8)　種類や数を幅広く選択できるようにではなく，種類や数を絞ったりするなどの配慮をする。　　(9)　従前は，選択肢1のように示されていたが，改訂により，コンピュータ等の一層の普及や多機能化，新たなソフトウェアの開発などの可能性を踏まえ，積極的に活用して，表現及び鑑賞の学習の充実を図り，生徒が主体的に学習に取り組むことができるよう工夫することと示している。　　(10)　本資料においては，従前のように「評価規準に盛り込むべき事項」及び「評価規準の設定例」の関係のように細分化せずに「内容のまとまりごとの評価規準(例)」だけを示すこととしている。

【2】1　4　　2　3

解説　ここでは美術作品や文化遺産などから，人々の価値観，文化の根底に受け継がれてきた独自の美意識や伝統，創造性などを，自分の見方や感じ方を大切にしながら感じ取ることをねらいとしている。つまり，作品当時の文化などを感じ取るだけでなく，独自の美意識や伝統・創造性などが，作品が完成した当時から現在まで，どのように受

け継がれ，変化しているのか，といった歴史的な流れを見ることまで
求められていることを意識しておきたい。

【3】問1　1　②　　2　③　　問2　②　　問3　⑤

解　説　問1　今回の学習指導要領改訂では，生活や社会の中の美術や美
術文化と幅広く関わることができる生徒の姿を念頭に置いて，育成を
目指す資質・能力を示し，3つの柱に分けて整理しており，(1)「知識
および技能」，(2)「思考力，判断力，表現力等」，(3)「学びに向かう力，
人間性等」で構成されている。問題の(1)〜(3)の文言は，これらの3つ
の柱を具体的に示す内容となっているので十分に学習すること。
問2　学習指導要領解説では，設問の(3)映像メディア表現，アの(イ)に
ついて，「色光や視点，動きなどの映像表現の視覚的な要素の働きに
ついて考えとは，主題を表現するために，色光や視点，構図，動きな
どの映像表現における視覚的な要素について理解し，その働きについ
て考え，表現効果や伝達効果を工夫することである」と説明している。
また，その具体例として，「写真や動画の表現では，光を捉える方向
や光の量によって発色や立体感，質感などが変わることや，カメラア
ングルやカメラポジション，フレーミングの違いによる表現効果を理
解し，表現を構想する際に役立てることが大切」とし，「アニメーシ
ョンの表現では，キャラクターの画面の中での大きさや動かし方，場
面のつなげ方などによる表現効果などを考えることが大切である」と
解説している。　問3　問題の記述について，学習指導要領解説では
「発想から完成に至るまでの全過程を通して，主体的に目標を設定し，
創意工夫しながら個性を発揮して創造活動に取り組み，自己決定を積
み重ねながら理想を目指して自己実現を果たしていく態度の形成を図
るよう配慮していくことが大切である。また，それぞれの過程で一人
一人の創造的な構想や表現のよさを多様な方法で評価することによっ
て主体的な表現への意欲を高めることも大切である。そして，それら
の全過程を通して，生徒が自分のよさを発見し創造活動の喜びを味わ
えるようにしていくことが大切である」と説明している。

【4】問1　④　　問2　②　　問3　①　　問4　③

解説　問1　高等学校学習指導要領解説芸術編・音楽編・美術編(平成30年7月)では，美術Ⅰの目標において，「中学校美術科における学習を基礎にして，『美術Ⅰ』は何を学ぶ科目なのかということを明示し，感性や美意識，想像力を働かせ，対象や事象を造形的な視点で捉え，自分としての意味や価値をつくりだすなどの造形的な見方・考え方を働かせ，美的体験を重ね，生活や社会の中の美術や美術文化と幅広く関わる資質・能力を育成することを一層重視している」と説明している。今回の改訂により，目標の実現に向けて育成を目指す資質・能力は，3つの柱すなわち「(1)　知識及び技能」，「(2)　思考力，判断力，表現力等」，「(3)　学びに向かう力，人間性等」に整理された。出題の(1)〜(3)の文言は，これらの3つの柱を具体的に示す内容となっている。問2　「Ａ　表現　(2)　デザイン　イ」は「発想や構想したことを基に，創造的に表す技能」の項である。同解説芸術編・音楽編・美術編では，この項について「デザインがもつ機能や効果，表現形式の特性などについて考え，創造的な表現の構想を練り，材料や用具の特性を生かし，目的や計画を基に創造的に表すなどして，発想や構想に関する資質・能力と技能に関する資質・能力を育成することをねらいとしている」と説明している。　問3　「Ｂ　鑑賞　(1)　鑑賞　イ」は，「生活や社会の中の美術の働きや美術文化についての見方や感じ方を深める鑑賞」の項である。同解説芸術編・音楽編・美術編では，この項の指導に当たっては，「自然や美術作品，生活や社会の中の造形や文化遺産などに接し，対象や作品の造形的なよさや美しさ，作者の考え，美術の働き，世界観などを感じ取るとともに，制作過程や表現の工夫などを追体験するなどして作品への見方を深めたり，自己の表現に生かすよう試みたりできるよう留意する」と説明している。また，その際，学校や地域の実態に応じて美術館や博物館などと積極的に連携を図ることも大切であるとしている。　問4　表現と鑑賞は密接に関係しており，表現の学習が鑑賞に生かされ，鑑賞の学習が表現に生かされることで，一層充実した創造活動に高まっていく。したがって，「Ａ　表現」と「Ｂ　鑑賞」の相互の関連を十分に図り，学習の効果が高まるように指導計画を工夫する必要がある。また，表現と鑑賞の指導の関連を図る

際には，単に表現のための参考として表面的に作品を見るのではなく，発想や構想と鑑賞の学習の双方に働く中心となる考えを軸に，それぞれの資質・能力を高められるようにすることが大切である。これらの相互の関連を図ることは，表現活動において発想や構想と関連する創造的に表す技能を高めることにもつながるためである。

【5】 (1) 2　　(2) 1　　(3) 4　　(4) 3　　(5) 2　　(6) 3
　　　 (7) 1　　(8) 4　　(9) 2　　(10) 2

解説 (1)　中央教育審議会答申(平成28年12月)で示された内容は，今回の学習指導要領における基本的な考え方となっており，目標や内容構成等に反映されている。したがって，各校種の各教科の目標等を確実に押さえておくことで，こうした問題に対処することができる。小学校図画工作科，中学校美術科，高等学校芸術科(美術，工芸)の「見方・考え方」について，各校種の学習指導要領解説(平成29〜30年)で共通していることは，「感性や想像力を働かせ」，「意味や価値をつくりだすこと」と整理されていることである。そのことを把握していれば，空欄①，③，④に入る言葉が分かる。①については，その後の文脈からも，感じたり，感じ取って自己を形成していくことであることから，「感性」であることが分かる。「感性」については，上記の各教科のいずれも，学びに向かう力，人間性等に関する教科の目標(3)において示され，図画工作科では「感性を育み」，美術科では「感性を豊かにし」，芸術科(美術，工芸)では「感性を高め」と，発達段階に応じて示されている。　(2)　上記の各教科の目標の柱書において，資質・能力と関わる対象としては，図画工作科では「生活や社会の中の形や色など」，美術科では「生活や社会の中の美術や美術文化」，芸術科では「生活や社会の中の芸術や芸術文化」と示されている。①には，おもとの「形や色などの特徴」が入り，それらが資質・能力と関わる対象であることから，②には「思考・判断」，③には「資質・能力」が入ると分かる。また，上記の各教科においても，教科の思考力，判断力，表現力等に関する目標(2)には，「発想や構想」をする(練る)ことが示されている。育成を目指す資質・能力の3つの柱や，「形や色など」，「発想や構想」などのキーワードの語句を，確実に押さえておくこと

が重要である。 (3) 空欄以降が，技能に関する目標である。表現の意図に応じて材料や用具の特性を生かしたり，表現方法を工夫したりするなどして創造的に表すことが示されている。 (4) 表現の内容は，(ア)で発想や構想の育成を目指し，(イ)では発想や構想をしたことを基に，主題を追求して創造的に表すといった技能の育成を目指している。「(1)絵画・彫刻」の内容に「主題を追求して創造的に表す」ことが含まれる内容であることを押さえているかどうかが，ポイントとなる。

(5) ①と②は，「ア 美術作品などの見方や感じ方を深める鑑賞」に該当する項目である。そのうちの①は，正しくは「造形的なよさや美しさを感じ取り，発想や構想の独自性と表現の工夫などについて多様な視点から考え，見方や感じ方を深めること」である。③と④は，「イ 生活や社会の中の美術の働きや美術文化についての見方や感じ方を深める鑑賞」に該当する項目である。そのうちの④は，正しくは「日本及び諸外国の美術作品や文化遺産などから表現の独自性などを感じ取り，時代，民族，風土，宗教などによる表現の相違点や共通点などから美術文化について考え，見方や感じ方を深めること」である。

(6) 「美術Ⅱ」においては，「(1)絵画・彫刻」，「(2)デザイン」，「(3)映像メディア表現」のうち，一つ以上を選択して扱うことができる。その際，生徒個人又はグループごとに選択したり，特定の学期又は期間において選択を取り入れたりするなどの工夫をすることもできる。

(7) 目標(3)は，育成することを目指す学びに向かう力，人間性等について示されている。 ① この資質・能力に対応する観点は「主体的に学習に取り組む態度」であり，「主体的」が入ると分かる。

②～④ 目標(3)の後半部分は，「美術Ⅰ」では「感性を高め，美術文化に親しみ」，「美術Ⅱ」では「感性と美意識を高め，美術文化に親しみ」，「美術Ⅲ」では「感性と美意識を磨き，美術文化を尊重し」と，段階に応じて目標が高められていき，最後は共通して「心豊かな生活や社会を創造していく態度を養う」として示されている。

(8) 「(2)デザイン ア 目的や機能などを考えた発想や構想」に関する内容である。ここでは，社会的な視点に立ち，デザインの社会的な役割や文化的意義などの本質について捉えられるようにすることの大切さが示されている。指導に当たっては，表現の条件を整理し，客観

的な分析と独創的な視点から主題を生成するとともに，独自性をより生かした表現の構想を追求し，表現効果を一層高めて創造的な構想を練るように指導することが重要である。　(9)　後半部分では，作者の主張，作品と時代や社会との関わりなどについて幅広く考えるなどして鑑賞の視点を豊かにし，美術作品やデザイン，映像メディア表現などの見方や感じ方を深めることができるようにすることが示されている。　(10)　「(1)学校現場の創意工夫の促進」の一部からの出題である。後半に，「全国どの地域に住んでいても，…活用できる環境整備…」とあることから，「その地域における強み」が当てはまる。学校教育の情報化の推進に関する法律第21条には，「地方公共団体は，(中略)その地方公共団体の地域の状況に応じた学校教育の情報化のための施策の推進を図るよう努めるものとする」と規定されている。

【6】 1　7　　2　1　　3　3　　4　4　　5　6

解説　学習指導要領関連の問題で目標や学習内容は頻出なので，少なくとも学習指導要領に記載されていることはおさえておきたい。本資料によると，ここでは中学校美術で学習したことを踏まえ，「表面的な技術の巧拙のみを重視するのではなく，美的体験を重ね，自己の内面を掘り下げながら表現することなどにつながるように，主題を基に表現を深めていくことが大切」としている。また，題材の設定については「表現することの楽しさや完成の喜びを味わい，自己や他者の表現の多様性とよさや価値観を認め合う態度を養い，思考・判断し，創意工夫して表すなどの資質・能力の育成を重視」することが求められている。

学習指導法

【1】「中学校学習指導要領(平成29年3月告示)第2章　各教科　第6節　美
術　第2　各学年の目標及び内容(第2学年及び第3学年)及び第3　指導
計画の作成と内容の取扱い」をふまえ，粘土を使った題材を設定する
ことにした。【表Ⅰ】について，以下の(1)～(3)の問いに答えよ。

【表Ⅰ】

時数	題材名	内容のまとまり
8		目的や機能などを考えた表現 「A表現」（1）イ（ウ）（2）「B鑑賞」（1）イ（イ） 〔共通事項〕【つくる活動】

(1)　次の留意事項をふまえながら【表Ⅰ】の題材名及び題材の概要を
　　示せ。

　　留意事項

　　・題材設定の際には，教科横断的な視点で組み立て，一人一台配付
　　　した情報通信ネットワークに接続可能なタブレット端末の効果的
　　　な活用を行うこと。

　　・題材の概要には，「生徒の育成をめざす資質・能力」を明確にし
　　　たうえで，「何から主題を生み出すのか」等を示しながら学習活
　　　動の流れを簡潔に示すこと。

(2)　学習指導要領において，「A表現」と「B鑑賞」の相互の関連を十
　　分に図り，学習の効果が高まるように指導計画を工夫する必要があ
　　るとされている。(1)で示した題材において，鑑賞の学習の指導をど
　　のように工夫するか示せ。

(3)　本題材において，発想や構想に関する資質・能力及び鑑賞に関す
　　る資質・能力を一層高めるために，どのようにして言語活動の充実
　　を図るか示せ。

┃2024年度┃ 大阪府・大阪市・堺市・豊能地区 ┃ 難易度 ▊▊▊▊▊

【2】「中学校学習指導要領(平成29年3月告示)第2章　各教科　第6節　美
術　第2　各学年の目標及び内容〔第2学年及び第3学年〕」をふまえ，
次に示した＜題材に関する情報＞を読み，(1)～(3)の問いに答えよ。

＜題材に関する情報＞

題材名	内容のまとまり
わたしたちの町を守る 防災ピクトグラム	目的や機能などを考えた表現「A表現」(1) イ(イ)，〔共通事項〕 及び、作品や美術文化などの鑑賞「B鑑賞」、〔共通事項〕

本題材を設定した理由・背景
・学校は、海岸から近い距離にある。また、校舎裏には山があり、自然豊かな地域である。 ・校区内には郊外型の大型ショッピングモールや空港があり、海外からの観光客も多く訪れる。 ・地域との交流に力をいれており、学校の体育館を使って地域住民との合同防災訓練を実施するなど、地域ぐるみで防災意識を高めようとしている。 ・美術科では、地域に関わるすべての人々に対して、防災についての情報がわかりやすく伝わるようなピクトグラムを制作することにした。完成した作品は地域内のさまざまな場所に貼り、実際に活用する予定である。

(1)　上記の「内容のまとまり」の「A　表現」(1)イ(イ)及び「本題材
を設定した理由・背景」をふまえて，本題材における「思考力・判
断力・表現力等」に関する『評価規準』を次のように作成したい。
次の枠内の空欄【1】に具体的に記せ。

【1】

　　　　　　　　　　　　を総合的に考え，表現の構想を練っている。

(2)　全8時間で次のように『指導計画』を作成した。

導入では鑑賞を行い，生徒が主体的に主題を生み出すことができる
ようにしたい。〔共通事項〕の視点をもたせて，学習のねらい及び
学習活動を空欄【2】に具体的に記せ。

『指導計画』

	学習のねらい・学習活動	指導上の留意点等
導入	1. 鑑賞（1時間） ●見方・感じ方を深める。 【2】	・ピクトグラムの表現の意図と創造的な工夫などについて考えているかどうかを見取り、見方や感じ方が深まらない生徒に対して〔共通事項〕の視点をもたせて作品を鑑賞させるなどの手立てを講じる。
展開1	2. 発想や構想（2時間） ●主題を生み出す。 ・鑑賞の学習で学んだことを生かしながら、伝える相手や施設、場所などのイメージなどから主題を生み出す。 ●主題をもとに構想を練る。 ・創出した主題をもとに、形などが感情にもたらす効果や、分かりやすさと美しさなどとの調和、統一感などを総合的に考え、表現の構想を練る。	・伝える相手や施設、場所などのイメージから主題を生み出せているかどうかを見取り、主題が生み出せていない生徒に対して、 【3】 などの手立てを講じる。 ・主題を基に形などが感情にもたらす効果や、分かりやすさと美しさなどとの調和、統一感などを総合的に考え、表現の構想を練っているかどうかを見取り、指導する。構想が練られていない生徒に対して 【4】 などの手立てを講じる。
展開2	3. 制作（4時間） ●意図に応じて表現方法を創意工夫して見通しをもって表す。 ・2色の色画用紙を選び、図案に合わせて切り、制作したピクトグラムはラミネート加工する。	・用具は、鉛筆、定規、ハサミ、カッター、カッターマット、コンパスのみとする。加工した2色の色画用紙をフィルムに挟んでラミネート加工する。伝える目的にあわせて、全体のイメージを考え、形や色などを工夫し、試行錯誤しながら取り組めるよう指導する。
まとめ	4. 鑑賞（1時間） ●鑑賞し、見方や感じ方を深める。 ・生徒が作品について発表する。 （学習後、地域に展示する。）	・伝えたい内容が表現されているか、発表を通して客観的に整理させる。

(3)「2. 発想や構想」の時間において，主題を生み出し，表現の構想を練ることが難しい生徒に対し，具体的にどのような手立てを講じるか。「指導上の留意点等」の空欄【3】及び【4】に具体的に記せ。

▌2023年度▕ 大阪府・大阪市・堺市・豊能地区 ▕ 難易度 ■■□□□

【3】(1)〜(8)は，「中学校学習指導要領」(平成29年3月告示)に関する内容，(9)は，「『指導と評価の一体化』のための学習評価に関する参考資料」(令和2年3月文部科学省国立教育政策研究所教育課程研究センター作

成)に関する内容，(10)は，令和3年6月に文部科学省ホームページに公開された「GIGAスクール構想のもとでの各教科等の指導についての参考資料」に関する内容について引用したものである。次の(1)〜(10)の問いに答えよ。

(1) 「中学校学習指導要領　第2章　第6節　美術　第1　目標(2)」について，【　①　】〜【　④　】に入る正しい語句の組合せはどれか。1〜4から一つ選べ。

> 造形的なよさや【　①　】，表現の意図と工夫，美術の働きなどについて考え，【　②　】を生み出し豊かに発想し構想を練ったり，美術や【　③　】に対する見方や【　④　】を深めたりすることができるようにする。

	①	②	③	④
1	面白さ	アイデア	美術文化	考え方
2	美しさ	主題	美術文化	感じ方
3	面白さ	主題	芸術作品	感じ方
4	美しさ	アイデア	芸術作品	考え方

(2) 「中学校学習指導要領　第2章　第6節　美術　第2　各学年の目標及び内容　〔第1学年〕　2　内容　A　表現(1)ア(ア)」について，【　①　】〜【　④　】に入る正しい語句の組合せはどれか。1〜4から一つ選べ。

> 対象や事象を見つめ感じ取った【　①　】の特徴や美しさ，【　②　】などを基に【　③　】を生み出し，全体と部分との関係などを考え，【　④　】を工夫し，心豊かに表現する構想を練ること。

	①	②	③	④
1	形や色彩	想像したこと	主題	創造的な構成
2	材料など	体験したこと	テーマ	効果的な構図
3	質感や量感	考えたこと	アイデア	創造的な構図
4	形や色彩	経験したこと	主題	効果的な構成

(3) 「中学校学習指導要領　第2章　第6節　美術　第2　各学年の目標

及び内容 〔第1学年〕 3 内容の取扱い(1)」について，【 】に入る正しい語句はどれか。1～4から一つ選べ。

> 第1学年では，内容に示す各事項の定着を図ることを基本とし，一年間で全ての内容が学習できるように【 】などについて十分検討すること。

1 学校や生徒の実態に応じた弾力的な学習
2 育成する資質・能力を効果的に身に付けられる指導計画
3 発達の特性を考慮した内容の選択
4 一題材に充てる時間数

(4) 「中学校学習指導要領 第2章 第6節 美術 第2 各学年の目標及び内容 〔第2学年及び第3学年〕2 内容 B 鑑賞(1)ア」では，美術作品などの見方や感じ方を深める活動を通して，鑑賞に関する事項を身に付ける指導について述べられている。正しいものを○，誤っているものを×とした場合，正しい組合せはどれか。1～4から一つ選べ。

> ① 造形的なよさや美しさを感じ取り，作者の心情や表現の意図と創造的な工夫などについて考えるなどして，美意識を高め，見方や感じ方を深めること。
> ② 身近な環境の中に見られる造形的な美しさなどを感じ取り，安らぎや自然との共生などの視点から生活や社会を美しく豊かにする美術の働きについて考えるなどして，見方や感じ方を深めること。
> ③ 目的や機能との調和のとれた洗練された美しさなどを感じ取り，作者の心情や表現の意図と創造的な工夫などについて考えるなどして，美意識を高め，見方や感じ方を深めること。
> ④ 日本の美術作品や受け継がれてきた表現の特質などから，伝統や文化のよさや美しさを感じ取り愛情を深めるとともに，諸外国の美術や文化との相違点や共通点に気付き，美術を通した国際理解や美術文化の継承と創造について考えるなどして，見方や感じ方を深めること。

	①	②	③	④
1	×	○	○	×
2	×	○	×	○
3	○	×	○	×
4	○	×	×	○

　大阪府では,「障害」という言葉が,前後の文脈から人や人の状態を表す場合は,「害」の漢字をひらがな表記とし,「障がい」としています。問題中では,通知文の名称等や,文献等からの引用部分については,もとの「障害」の表記にしています。

(5) 「中学校学習指導要領　第2章　第6節　美術　第3　指導計画の作成と内容の取扱い　1(6)」について,【　　】に入る正しい語句はどれか。1～4から一つ選べ。

> 障害のある生徒などについては,【　　】に応じた指導内容や指導方法の工夫を計画的,組織的に行うこと。

1　一人一人の状況や発達の特性
2　学習活動を行う場合に生じる困難さ
3　一人一人の教育的ニーズ
4　健康面や安全面での制約

(6) 「中学校学習指導要領　第2章　第6節　美術　第3　指導計画の作成と内容の取扱い　2(1)」では,〔共通事項〕の指導に当たっての配慮事項が示されている。【　①　】～【　④　】に入る正しい語句の組合せはどれか。1～4から一つ選べ。

> (1)　〔共通事項〕の指導に当たっては,生徒が造形を豊かに捉える【　①　】をもてるように,以下の内容について配慮すること。
> 　　ア　〔共通事項〕のアの指導に当たっては,【　②　】などに着目して,次の事項を【　③　】理解できるようにすること。
> 　　　(中略)
> 　　イ　〔共通事項〕のイの指導に当たっては,【　④　】などに着目して,次の事項を【　③　】理解できるようにすること。

	①	②	③	④
1	多様な視点	全体のイメージや作風	直感的に	造形の要素
2	多様な視点	造形の要素	実感的に	全体のイメージや作風
3	多面的な視点	形や色彩	実感的に	全体のイメージや作風
4	多面的な視点	造形の要素	感覚的に	形や色彩

(7) 「中学校学習指導要領　第2章　第6節　美術　第3　指導計画の作成と内容の取扱い　2(2)」について，【　　】に入る正しい語句はどれか。1〜4から一つ選べ。

> 各学年の「A表現」の指導に当たっては，主題を生み出すことから表現の確認及び完成に至る全過程を通して，生徒が夢と目標をもち，【　　】態度の形成を図るようにすること。

1　自分のよさを発見し喜びをもって自己実現を果たしていく
2　互いのよさや個性などを認め尊重し合う
3　未来へのあこがれなどを思い描き自己挑戦し続ける
4　自分のよさや可能性を見いだし，楽しく豊かな生活を創造しようとする

(8) 「中学校学習指導要領解説　美術編」における「中学校学習指導要領　第2章　第6節　美術　第3　指導計画の作成と内容の取扱い　2(7)」に関する解説に記載されている内容について，次の各文のうち誤っているものはどれか。1〜4から一つ選べ。

1　生徒一人一人が創意工夫を重ねて生み出した作品にはかけがえのない価値があり，自己や他者の作品などに表れている創造性を尊重する態度を育成することが重要である。
2　生徒の作品も有名な作家の作品も，創造された作品は同等に尊重されるものであることを理解させ，加えて，著作権などの知的財産権は，文化・社会の発展を維持する上で重要な役割を担っていることにも気付かせるようにする。
3　他人の著作物を活用した生徒作品を学校のウエブサイトなどへ

掲載したり，看板やポスターなどを地域に貼ったりする際は，著作者に了解を得る必要はない。

4　肖像権については著作権などのように法律で明記された権利ではないが，プライバシーの権利の一つとして裁判例でも定着している権利なので，写真やビデオを用いて人物などを撮影して作品化する場合，相手の了解を得て行うなどの配慮が必要である。

(9)　「『指導と評価の一体化』のための学習評価に関する参考資料　第3編　第1章」では，題材における学習評価の進め方について，次図のように例示されている。【　①　】〜【　④　】に入る正しい語句の組合せはどれか。1〜4から一つ選べ。

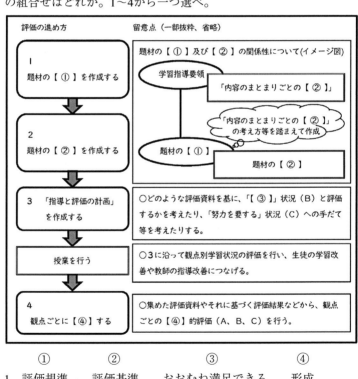

	①	②	③	④
1	評価規準	評価基準	おおむね満足できる	形成
2	目標	評価規準	十分満足できる	診断
3	評価規準	評価基準	少し満足できる	分析
4	目標	評価規準	おおむね満足できる	総括

(10) 「GIGAスクール構想のもとでの各教科等の指導についての参考資料」として，文部科学省ホームページに掲載された資料の中で，「中学校美術科，高等学校芸術科(美術，工芸)，高等学校美術科の指導においてICTを活用する際のポイント」について，【　】に入る正しい語句はどれか。1〜4から一つ選べ。

> 美術科，芸術科(美術，工芸)においては，ICTを活用する学習活動と，実物を見たり，実際に対象に触れたりするなどして感覚で直接感じ取らせる学習活動とを，【　】に応じて吟味し，ICT端末を効果的に用いて指導を行うことが重要である。

1　学校のICT環境　　2　題材のねらい　　3　生徒のICTスキル
4　生徒の発達段階

┃2023年度┃大阪府・大阪市・堺市・豊能地区┃難易度┃▰▰▰▱▱

【4】「中学校学習指導要領(平成29年3月告示)第2章　各教科　第6節　美術　第2　各学年の目標及び内容〔第2学年及び第3学年〕2　内容」について，次の留意事項をふまえた6時間の指導計画を作成する。(1)〜(4)の問いに答えよ。

留意事項

・「総合的な学習の時間」の活動として，SDGsについてのグループ学習に取り組んでいる。今回，美術の時間を使って，SDGsをテーマにポスターを制作することになった。【資料1】は生徒に配付している。

・一人につき一台配付した，情報通信ネットワークに接続可能なタブレット端末を活用する。

【資料1】SDGsロゴおよびアイコン　国際連合広報センターホームページより

(1) 「内容のまとまり」及び,「題材設定の理由」を次のように設定した。「題材名」「題材の概要」を記せ。

題材名	内容のまとまり
	第2学年 「目的や機能などを考えた表現」(「A　表現 (1) イ (イ)、(2) ア、〔共通事項〕(1) ア、イ」及び「作品や美術文化などの鑑賞」(「B鑑賞 (1) ア (イ)、〔共通事項〕(1) ア、イ」
題材設定の理由	
生徒は、美術の活動に意欲的に取り組もうとしているが、社会的視野の広がりに合わせて、不特定の人々を対象として、主題を生み出すことが難しいと思われる。そのため、本題材では持続可能な開発目標（SDGs）をテーマにした、ポスターの作成を通して、社会との関わりを考えながら主題を生み出し表現する力を身につけさせたい。	
題材の概要	

(2) (1)をふまえた指導と評価の計画を次のように作成する。①では,発想や構想を広げ,社会との関わりを考えながら主題を生み出すことができるようにしたい。①における第1時〜第2時の学習のねらいおよび学習活動を記せ。なお,第3時〜6時の学習活動および内容とのつながりも重視すること。「○」は学習のねらい,「・」は学習活動として記せ。

時	活動内容	学習のねらいおよび学習活動 「○」は学習のねらい,「・」は学習活動として記せ。
第1時〜第2時	課題の把握と発想・構想	①
第3時〜第6時	制作および鑑賞	○構想を基に自分の表現意図に合う表現方法を工夫する。 ・①の内容をもとに、自分の表現意図に合う表現方法を工夫して制作する。 ②

(3) ②では,表現を深めることができるようにしたい。②における学習のねらいおよび学習活動を記せ。「○」は学習のねらい,「・」は学習活動として記せ。

(4) ①の活動中において,意欲はあるが,主題を生み出し,表現の構想を練ることが難しい生徒がいる。その生徒への指導方法の工夫を記せ。

高等学校

【1】「高等学校学習指導要領(平成30年3月告示)」「第2章　第7節　芸術」の「第2款　各科目」について，次の各問いに答えなさい。

問1　次の記述は，「第4　美術Ⅰ」の「1　目標」である。[　　]に当てはまる語句として最も適切なものを，以下の①～⑤のうちから選びなさい。

　　美術の幅広い創造活動を通して，造形的な見方・考え方を働かせ，美的体験を重ね，生活や社会の中の美術や美術文化と幅広く関わる資質・能力を次のとおり育成することを目指す。

　　(1)　対象や事象を捉える造形的な視点について理解を深めるとともに，意図に応じて表現方法を創意工夫し，創造的に表すことができるようにする。

　　(2)　造形的なよさや美しさ，表現の意図と創意工夫，美術の働きなどについて考え，主題を生成し創造的に発想し構想を練ったり，価値意識をもって美術や美術文化に対する見方や感じ方を深めたりすることができるようにする。

　　(3)　主体的に美術の幅広い創造活動に取り組み，生涯にわたり美術を愛好する心情を育むとともに，感性を高め，美術文化に親しみ，心豊かな生活や社会を創造していく[　　]を養う。

　　①　感性　　②　態度　　③　能力　　④　資質　　⑤　技能

問2　「第4　美術Ⅰ」の「2　内容」の「B　鑑賞　(1)　鑑賞　イ(ア)」の記述として最も適切なものを，次の①～④のうちから選びなさい。

　　①　造形的なよさや美しさを感じ取り，作者の心情や意図と創造的な表現の工夫などについて考え，見方や感じ方を深めること。

　　②　映像メディア表現の特質や表現効果などを感じ取り，作者の心情や意図と創造的な表現の工夫などについて考え，見方や感じ方を深めること。

　　③　環境の中に見られる造形的なよさや美しさを感じ取り，自然と美術の関わり，生活や社会を心豊かにする美術の働きについて考え，見方や感じ方を深めること。

　　④　目的や機能との調和の取れた洗練された美しさなどを感じ取

り，作者の心情や意図と創造的な表現の工夫などについて考え，見方や感じ方を深めること。

問3 「第5 美術Ⅱ」の「2 内容」の「A 表現 (1) 絵画・彫刻 ア(ア)」の記述として最も適切なものを，次の①〜④のうちから選びなさい。

① 主題に合った表現方法を創意工夫し，個性豊かで創造的に表すこと。

② 表現方法を創意工夫し，主題を追求して創造的に表すこと。

③ 自然や自己，社会などを深く見つめ感じ取ったことや考えたことなどから主題を生成すること。

④ 意図に応じて材料や用具の特性を生かすこと。

問4 次の記述は，「第6 美術Ⅲ」の「2 内容」の〔共通事項〕(1)である。[ ]に当てはまる語句として最も適切なものを，以下の①〜⑤のうちから選びなさい。

(1) 「A表現」及び「B鑑賞」の指導を通して，次の事項を身に付けることができるよう指導する。

ア 造形の要素の働きを理解すること。

イ 造形的な特徴などを基に，全体のイメージや作風，[ ]などで捉えることを理解すること。

① 様式 ② 技法 ③ 形式 ④ 構造 ⑤ 図像

2024年度 | 神奈川県・横浜市・川崎市・相模原市 | **難易度** ■■■□□

【2】「高等学校学習指導要領(平成30年3月告示)第2章 各教科 第7節 芸術 第2款 各科目 第4 美術Ⅰ」をふまえ，粘土を使って表現する題材を設定することにした。【表Ⅰ】の題材について，以下の(1)〜(3)の問いに答えよ。

【表Ⅰ】

時数	題材名	内容のまとまり
8		絵画・彫刻「A表現」（1）アイ及び「B鑑賞」（1）ア（ア）〔共通事項〕

(1) 次の留意事項をふまえながら【表Ⅰ】の題材名及び題材の概要を示せ。

留意事項

・題材設定の際には，教科横断的な視点で組み立て，一人一台配付した情報通信ネットワークに接続可能なタブレット端末の効果的な活用を行うこと。

・題材の概要には，「生徒の育成をめざす資質・能力」を明確にしたうえで，「何から主題を生成するのか」等を示しながら学習活動の流れを簡潔に示すこと。

(2) 学習指導要領において，「A表現」と「B鑑賞」の相互の関連を十分に図り，学習の効果が高まるように指導計画を工夫する必要があるとされている。(1)で示した題材において，鑑賞の学習の指導をどのように工夫するか示せ。

(3) 本題材において，発想や構想に関する資質・能力及び鑑賞に関する資質・能力を一層高めるために，どのようにして言語活動の充実を図るか示せ。

▌2024年度▐ 大阪府・大阪市・堺市・豊能地区 ▌難易度 ▰▰▰▱▱

【3】「高等学校学習指導要領(平成30年3月告示) 第2章 各教科 第7節 芸術 第2款 各科目 第4 美術Ⅰ 2 内容」をふまえ，次に示した＜題材に関する情報＞を読み，(1)～(3)の問いに答えよ。

＜題材に関する情報＞

題材名	内容のまとまり
わたしたちの町を守る防災ピクトグラム	「デザイン「A表現」(2)，〔共通事項〕」及び「作品や美術文化などの鑑賞「B鑑賞」，〔共通事項〕」

本題材を設定した理由・背景
・学校は，海岸から近い距離にある。また，校舎裏には山があり，自然豊かな地域である。 ・校区内には郊外型の大型ショッピングモールや空港があり，海外からの観光客も多く訪れる。 ・地域との交流に力をいれており，学校の体育館を使って地域住民との合同防災訓練を実施するなど，地域ぐるみで防災意識を高めようとしている。 ・美術科では，地域に関わるすべての人々に対して，防災についての情報がわかりやすく伝わるようなピクトグラムを制作することにした。完成した作品は地域内のさまざまな場所に貼り，実際に活用する予定である。

(1) 上記の「内容のまとまり」の「デザイン「A 表現」(2)及び「本題材を設定した理由・背景」をふまえて，本題材における「思考力・判断力・表現力等」に関する『評価規準』を次のように作成したい。次の枠内の空欄【1】に具体的に記せ。

【1】

を総合的に考え，表現の構想を練っている。

(2) 全8時間で次のように『指導計画』を作成した。

導入では鑑賞を行い，生徒が主体的に主題を生み出すことができるようにしたい。〔共通事項〕の視点をもたせて，学習のねらい及び学習活動を空欄【2】に具体的に記せ。

『指導計画』

	学習のねらい・学習活動	指導上の留意点等
導入	1．鑑賞（1時間） ●見方・感じ方を深める。 【2】	・ピクトグラムの表現の意図と創造的な工夫などについて考えているかを見取り，見方や感じ方が深まらない生徒に対して〔共通事項〕の視点をもたせて作品を鑑賞させるなどの手立てを講じる。
展開1	2．発想や構想（2時間） ●主題を生み出す。 ・鑑賞の学習で学んだことを生かしながら，伝える相手や施設，場所などのイメージなどから主題を生み出す。 ●主題をもとに構想を練る。 ・創出した主題をもとに，形などが感情にもたらす効果や，分かりやすさと美しさなどとの調和，統一感などを総合的に考え，表現の構想を練る。	・伝える相手や施設，場所などのイメージから主題を生み出せているかどうかを見取り，主題が生み出せていない生徒に対して， 【3】 などの手立てを講じる。 ・主題を基に形などが感情にもたらす効果や，分かりやすさと美しさなどとの調和，統一感などを総合的に考え，表現の構想を練っているかどうかを見取り，指導する。構想が練られていない生徒に対して 【4】 などの手立てを講じる。
展開2	3．制作（4時間） ●意図に応じて表現方法を創意工夫して見通しをもって表す。 ・2色の色画用紙を選び，図案に合わせて切り，制作したピクトグラムはラミネート加工する。	・用具は，鉛筆，定規，ハサミ，カッター，カッターマット，コンパスのみとする。加工した2色の色画用紙をフィルムに挟んでラミネート加工する。伝える目的にあわせて，全体のイメージを考え，形や色などを工夫し，試行錯誤しながら取り組むよう指導する。
まとめ	4．鑑賞（1時間） ●鑑賞し，見方や感じ方を深める。 ・生徒が作品について発表する。（学習後，地域に展示する。）	・伝えたい内容が表現されているか，発表を通して客観的に整理させる。

(3) 「2. 発想や構想」の時間において，主題を生み出し，表現の構想を練ることが難しい生徒に対し，具体的にどのような手立てを講じるか。「指導上の留意点等」の空欄【3】及び【4】に具体的に記せ。

┃ 2023年度 ┃ 大阪府・大阪市・堺市・豊能地区 ┃ 難易度 ■■■□□

【4】(1)〜(8)は，「高等学校学習指導要領」(平成30年3月告示)に関する内容，(9)は，「『指導と評価の一体化』のための学習評価に関する参考資料」(令和3年8月文部科学省国立教育政策研究所教育課程研究センター作成)に関する内容，(10)は，令和3年6月に文部科学省ホームページに公開された「GIGAスクール構想のもとでの各教科等の指導についての参考資料」に関する内容について引用したものである。次の(1)〜(10)の問いに答えよ。

(1) 「高等学校学習指導要領　第2章　第7節　芸術　第2款　各科目　第5　美術Ⅱ　1　目標　(2)」について，【 ① 】〜【 ④ 】に入る正しい語句の組合せはどれか。1〜4から一つ選べ。

> 造形的なよさや【 ① 】，表現の意図と創造的な工夫，美術の働きなどについて考え，【 ② 】を生成し個性豊かに発想し構想を練ったり，【 ③ 】を高めて美術や美術文化に対する見方や【 ④ 】を深めたりすることができるようにする。

	①	②	③	④
1	面白さ	アイデア	感性と美意識	考え方
2	美しさ	主題	自己の価値観	感じ方
3	面白さ	主題	自己の価値意識	感じ方
4	美しさ	アイデア	自己の価値観	考え方

(2) 「高等学校学習指導要領　第2章　第7節　芸術　第2款　各科目　第4　美術Ⅰ　2　内容　A　表現(3)ア」について，【 ① 】〜【 ④ 】に入る正しい語句の組合せはどれか。1〜4から一つ選べ。

> (ア) 感じ取ったことや考えたこと，【 ① 】を基に，【 ② 】を生かして主題を生成すること。
> (イ) 【 ③ 】，動きなどの【 ④ 】の働きについて考え，創

> 造的な表現の構想を練ること。

	①	②	③	④
1	目的や機能など	映像メディアの特性	色光や視点	映像表現の視覚的な要素
2	材料など	表現形式の特性	形体や色彩	造形的な要素
3	目的や条件など	機器等の用具の特性	素材や光	造形の要素
4	形や色彩など	材料や用具の特性	視点や構図	デザインの視覚的な要素

(3) 「高等学校学習指導要領　第2章　第7節　芸術　第2款　各科目　第4　美術Ⅰ　3　内容の取扱い　(3)」について, 【　　】に入る正しい語句はどれか。1〜4から一つ選べ。

> 内容の「B鑑賞」の指導については, 各事項において育成を目指す資質・能力の定着が図られるよう, 【　　】ものとする。

1　生徒や各学校の実態に応じた効果的な指導方法を工夫する
2　年間指導計画の中に適切に位置付ける
3　美的体験を通して感性を高める
4　適切かつ十分な授業時数を配当する

(4) 「高等学校学習指導要領　第2章　第7節　芸術　第2款　各科目　第5　美術Ⅱ　2　内容　B　鑑賞(1)ア(イ)」について, 【　①　】〜【　④　】に入る正しい語句の組合せはどれか。1〜4から一つ選べ。

> 【　①　】との調和の取れた【　②　】美しさなどを感じ取り, 発想や構想の【　③　】と表現の工夫などについて多様な視点から考え, 見方や感じ方を【　④　】こと。

	①	②	③	④
1	目的や条件	造形的なよさや	創造性	深める
2	目的や条件	洗練された	意外性	広げる
3	目的や機能	洗練された	独自性	深める

4　目的や機能　　造形的なよさや　　独創性　　広げる

> 大阪府では，「障害」という言葉が，前後の文脈から人や人の状態を表す場合は，「害」の漢字をひらがな表記とし，「障がい」としています。問題中では，通知文の名称等や，文献等からの引用部分については，もとの「障害」の表記にしています。

(5) 「高等学校学習指導要領　第2章　第7節　芸術　第3款　各科目にわたる指導計画の作成と内容の取扱い　1(3)」について，【　　】に入る正しい語句はどれか。1～4から一つ選べ。

> 障害のある生徒などについては，【　　】に応じた指導内容や指導方法の工夫を計画的，組織的に行うこと。

1　一人一人の状況や発達の特性
2　学習活動を行う場合に生じる困難さ
3　一人一人の教育的ニーズ
4　健康面や安全面での制約

(6) 「高等学校学習指導要領　第2章　第7節　芸術　第2款　各科目　第4　美術Ⅰ　2　内容〔共通事項〕」について，【　①　】～【　④　】に入る正しい語句の組合せはどれか。1～4から一つ選べ。

> 〔共通事項〕
> 　表現及び鑑賞の学習において共通に【　①　】資質・能力を次のとおり育成する。
> (1) 「A表現」及び「B鑑賞」の指導を通して，次の事項を身に付けることができるよう指導する。
> 　ア　【　②　】の働きを理解すること。
> 　イ　【　③　】などを基に，【　④　】，様式などで捉えることを理解すること。

	①	②	③	④
1	働く	全体のイメージや作風	造形の要素	造形的な特徴
2	必要となる	造形の要素	造形的な特徴	全体のイメージや作風

3	指導する	造形的な特徴	造形の要素	文化的な視点
4	働かせる	造形の要素	形や色彩	全体のイメージや作風

(7) 「高等学校学習指導要領　第2章　第7節　芸術　第2款　各科目　第4　美術Ⅰ　3　内容の取扱い　(6)」について,【　】に入る正しい語句はどれか。1〜4から一つ選べ。

> 内容の「A表現」の指導に当たっては,主題の生成から表現の確認及び完成に至る全過程を通して,【　】態度の形成を図るよう配慮するものとする。

1　自分のよさを発見し喜びを味わい,自己実現を果たしていく
2　互いのよさや個性などを認め尊重し合う
3　未来へのあこがれなどを思い描き自己挑戦し続ける
4　自分のよさや可能性を見いだし,楽しく豊かな生活を創造しようとする

(8) 「高等学校学習指導要領解説　芸術編　音楽編　美術編」における「高等学校学習指導要領　第2章　第7節　芸術　第2款　各科目　第4　美術Ⅰ　3　内容の取扱い　(9)」に関する解説に記載されている内容について,次の各文のうち誤っているものはどれか。1〜4から一つ選べ。

1　生徒一人一人が創意工夫を重ねて生み出した作品にはかけがえのない価値があり,それらを尊重し合う態度の形成を図ることが重要である。
2　生徒の作品も有名な作家の作品も,創造された作品は同等に尊重されるものであることを理解させ,加えて,著作権などの知的財産権は,文化・社会の発展を維持する上で重要な役割を担っていることにも気付かせるようにする。
3　他人の著作物を活用した生徒作品を学校のウェブページなどへ掲載したり,看板やポスターなどを地域に貼ったりする際は,著作者に了解を得る必要はない。
4　肖像権については著作権などのように法律で明記された権利で

はないが，プライバシーの権利の一つとして裁判例でも定着している権利なので，写真やビデオを用いて人物などを撮影して作品化する場合，相手の了解を得て行うなどの配慮が必要である。

(9) 「『指導と評価の一体化』のための学習評価に関する参考資料　高等学校　芸術(美術)　第3編　第1章　1」では，題材における学習評価の進め方について，次図のように例示されている。【　①　】～【　④　】に入る正しい語句の組合せはどれか。1～4から一つ選べ。

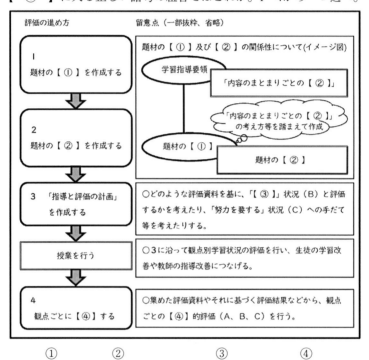

	①	②	③	④
1	評価規準	評価基準	おおむね満足できる	形成
2	目標	評価規準	十分満足できる	診断
3	評価規準	評価基準	少し満足できる	分析
4	目標	評価規準	おおむね満足できる	総括

(10) 「GIGAスクール構想のもとでの各教科等の指導についての参考資料」として，文部科学省ホームページに掲載された資料の中で，「中学校美術科，高等学校芸術科(美術，工芸)，高等学校美術科の指

導においてICTを活用する際のポイント」について，【　】に入る
正しい語句はどれか。1〜4から一つ選べ。

> 美術科，芸術科(美術，工芸)においては，ICTを活用する学習活
> 動と，実物を見たり，実際に対象に触れたりするなどして感覚
> で直接感じ取らせる学習活動とを，【　】に応じて吟味し，
> ICT端末を効果的に用いて指導を行うことが重要である。

1　学校のICT環境　　　2　題材のねらい　　　3　生徒のICTスキル
4　生徒の発達段階

■ **2023年度** ■ **大阪府・大阪市・堺市・豊能地区** ■ **難易度** ■■■□□

【5】「高等学校学習指導要領(平成30年3月告示)第2章　各学科に共通す
る各教科　第7節　芸術　第5　美術Ⅱ　2内容」について，次の留意
事項をふまえた6時間の指導計画を作成する。(1)〜(4)の問いに答えよ。
留意事項
・「総合的な探求の時間」の活動として，SDGsについてのグループ学
　習に取り組んでいる。今回，芸術(美術)の時間を使って，SDGsをテ
　ーマにポスターを制作することになった。【資料1】は生徒に配付し
　ている。
・一人につき一台配付した，情報通信ネットワークに接続可能なタブ
　レット端末を活用する。

【資料1】SDGsロゴおよび
アイコン　国際連合広報セ
ンターホームページより

(1)　「内容のまとまり」及び，「題材設定の理由」を次のように設定し
た。「題材名」「題材の概要」を記せ。

題材名	内容のまとまり
	美術Ⅱ　A表現（2）ア（ア）（イ）、イ（ア）、〔共通事項〕（1）ア、イ 及びB鑑賞（1）ア（ア）（イ）、〔共通事項〕（1）ア、イ
	題材設定の理由
	生徒は、美術の表現と鑑賞の活動に意欲的に取り組もうとしているが、人と社会をつなぐデザインの働きについて考え、主題を生成することが難しいと思われる。そのため、本題材では持続可能な開発目標（SDGs）をテーマにしたポスターの作成を通して、人と社会をつなぐデザインの働きについて考え、主題を生成し表現する力を身につけさせたい。
	題材の概要

(2)　(1)をふまえた指導と評価の計画を次のように作成する。①では，発想や構想を広げ，人と社会をつなぐデザインの働きについて考え，主題を生成することができるようにしたい。①における第1時～第2時の学習のねらいおよび学習活動を記せ。なお，第3時～6時の学習活動および内容とのつながりも重視すること。「○」は学習のねらい，「・」は学習活動として記せ。

時	活動内容	学習のねらいおよび学習活動 「○」は学習のねらい、「・」は学習活動として記せ。
第1時 〜 第2時	課題の把握と発想・構想	①
第3時 〜 第6時	制作および鑑賞	○構想を基に自分の表現意図に合う表現方法を工夫する。 ・①の内容をもとに、自分の表現意図に合う表現方法を工夫して制作する。 ②

(3)　②では，生徒どうしの作品のよさや美しさ，発想や構想の独自性と表現の工夫などを幅広く様々な視点から考える活動を取り入れ，表現を深めることができるようにしたい。②における学習のねらいおよび学習活動を記せ。「○」は学習のねらい，「・」は学習活動として記せ。

(4)　①の活動中において，意欲はあるが，主題を生成し，表現の構想を練ることが難しい生徒がいる。その生徒への指導方法の工夫を記せ。

小学校・中高・その他

【1】図画工作及び美術の指導に関する次の各問に答えよ。

〔問1〕次の記述ア・イは，陶磁器の制作工程に関するものである。また，以下の図は，陶磁器の制作工程の一部を示したものである。この図を用いて，陶磁器の制作指導を行う際，記述ア・イを行う段階として，最も適切なものは，図中の1～6のうちではどれか，それぞれ選び答えよ。

ア　酸化コバルトによって藍色に発色する「呉須」や，酸化鉄を主成分として茶色に発色する「弁柄」や「鬼板」などで絵付する下絵付。

イ　五彩や色絵と呼ばれ，白玉粉と金属酸化物でつくられる「玉ぐすり」という和絵具など，多様な色に発色する専用の絵具で絵付する上絵付。

図

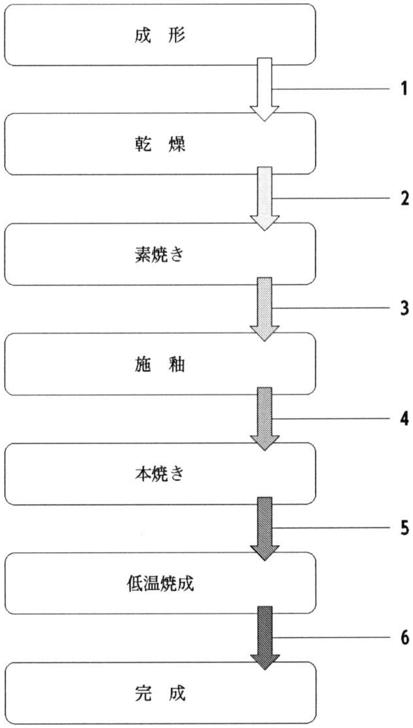

```
┌──────────┐
│  成 形   │
└──────────┘
     ↓ ───── 1
┌──────────┐
│  乾 燥   │
└──────────┘
     ↓ ───── 2
┌──────────┐
│  素焼き   │
└──────────┘
     ↓ ───── 3
┌──────────┐
│  施 釉   │
└──────────┘
     ↓ ───── 4
┌──────────┐
│  本焼き   │
└──────────┘
     ↓ ───── 5
┌──────────┐
│  低温焼成  │
└──────────┘
     ↓ ───── 6
┌──────────┐
│  完 成   │
└──────────┘
```

〔問2〕次の記述は，木製パネルに紙を水張りする際の指導に関するものである。記述中の空欄[　ア　]〜[　エ　]に当てはまるものの組合せとして最も適切なものは，以下の1〜4のうちではどれか。

> 　紙の裏から，水を十分に含ませた[　ア　]で紙を均一に湿らす。このときまず紙の[　イ　]，次いで[　ウ　]に，最後に全体をという順序で行う。紙が十分に水を吸って伸びきったら表を向け，パネルの上に正しく載せる。紙が板に密着し気泡が残らないよう，[　エ　]で中央から四方へ伸ばす。水張りテープに水をつけ，紙の端をパネルにとめ，水平に置いて乾燥させたら完成である。

	ア	イ	ウ	エ
1	タオル	十字	対角線	平刷毛
2	タオル	対角線	十字	平刷毛
3	平刷毛	十字	対角線	タオル
4	平刷毛	対角線	十字	タオル

〔問3〕次の作品とその作者に関して，授業で指導する際の説明として最も適切なものは，以下の1〜4のうちではどれか。

1　画面全体が薄暗いことから夜の光景を描いたものとわかるこの作品は，一人一人が均等かつ克明に描かれ，強い明暗対比が劇的

雰囲気をさらに高めています。作者は17世紀を代表するフランスの画家で，多くの自画像を手がけました。また，リトグラフにおいても優れた作品を残しています。

2　画面左側から差し込む光から昼間の光景を描いたものとわかるこの作品は，一人一人が均等かつ克明に描かれ，強い明暗対比が劇的雰囲気をさらに高めています。作者は17世紀を代表するフランスの画家で，多くの自画像を手がけました。また，エッチングにおいても優れた作品を残しています。

3　画面左側から差し込む光から昼間の光景を描いたものとわかるこの作品は，画中空間から人物が歩み出るかのような演出がなされています。作者は17世紀を代表するオランダの画家で，多くの自画像を手がけました。また，エッチングにおいても優れた作品を残しています。

4　画面全体が薄暗いことから夜の光景を描いたものとわかるこの作品は，画中空間から人物が歩み出るかのような演出がなされています。作者は17世紀を代表するオランダの画家で，多くの自画像を手がけました。また，リトグラフにおいても優れた作品を残しています。

┃ 2022年度 ┃ 東京都 ┃ 難易度 ■■■□□

解答・解説

中学校

【 1 】(1)

題材名	「おもてなしの器　～日本の魅力を感じてください～」
	グローバル社会に生きる生徒たちにとって，多様な日本文化の魅力を感じ，伝える力の育成が求められる。本題材では，そうした日本文化のよさや美しさを感じ取り愛情を深めながら，①盛り付ける食に応じた使いやすい機能と美しさなどの調和を総合的に考える力を育成するため，②日本に訪れ，日本食に出

題材の概要	会う多様な外国人観光客等の気持ちを考えながら，おもてなしの気持ちを感じてもらえる器を加工粘土を用いてさまざまな成形方法を使って制作する。③総合的な学習の時間に国際理解教育の一環として，諸外国の文化を調べながら，国際社会の中の日本を学ぶ。本題材では総合的な学習の時間と関連付けながら，国際社会の中の日本の魅力を食や器の視点でさらに深める。④来日した外国人の方に日本の魅力を感じながら，日本の食事を楽しんでもらうことを基に機知やユーモアなどから主題を生み出し，使いやすさと遊び心などとの調和を総合的に考え，アイデアスケッチ等を行いながら表現の構想を練る。発想や構想を行う際には，どんな食べ物を入れる器なのかについても構想に盛り込ませる。制作過程においては，加工粘土を用いて制作を行い，釉薬で絵柄を着色させる。⑤完成した器は，実際に使用し，タブレット端末のカメラ機能で撮影してきたものをレポートでまとめて鑑賞を行う。

(2) 導入では，総合的な学習の時間で調べた伝統工芸や食文化について，造形的な視点から，再度日本の魅力を感じ取る。さらに，家庭や売り場等にある器について実際に器に触れたり使ったりしながら調べ学習を行い，それらについて班で協議する等の鑑賞の学習を組み込む。また，構想の段階では，互いのアイデアを鑑賞し批評し合う時間を設定することで，表現活動につなげさせ，制作後にも，再度，他者の作品を鑑賞する時間を設定する。　(3)　導入時から日本の美を象徴する形や色のイメージについて，これまで得てきたそれぞれの情報を出し合うことで，可視化し，発想や構想の段階では，アイデアスケッチに言葉を入れながら，考えを整理したりできるワークシートを使用する。また，構想の早い段階や作品の完成後には，主題に応じた形や色が表現できているのかという視点をもちながら，他者と互いに意見を出し合う時間を設定する。

解説 (1) 解答参照。　(2)　鑑賞は，単に知識や作品についてのみ学習でするのではなく，自分の見方や感じ方を大切にし，知識なども活用しながら，様々な視点で思いを巡らせ，自分の中に新しい意味や価値をつくりだすものである。鑑賞の学習では，生徒自身が見方や感じ方を大切にしながら主体的に造形的なよさや美しさなどを感じ取ることを基本としている。そして自然の造形や美術作品などに関わることを通して，自分の中に新しい意味や価値をつくりだす。　(3) 言語活動の充実を図ためには，言語活動を行う意図を教師が明確にすること重要である。例えば，生徒の活動している際に，特に必要としていない場面で形式的に行ったり話し合いのままで終わらないようにする。

生徒一人一人が自己と対話してじっくりと考えを深められるような学習活動の設定も必要である。

【2】(1) 【1】　私たちの町の危険箇所を知ってもらうために，伝える相手や施設，場所などのイメージなどから主題を生み出し，形などが感情にもたらす効果や，分かりやすさと美しさなどの調和，統一感など (2) 【2】　様々な地域や場所で使われているピクトグラムを鑑賞し，伝達のデザインに対する見方や感じ方を深めるとともに，共通性などについて考え，形などの感情にもたらす効果や，統一感など，全体のイメージで理解する。　(3) 【3】　主題が生み出せない生徒に対して，伝える相手やピクトグラムを使用する場所について確認させたり，地域の特色について考えさせたりするなど(タブレットPCで地図を表示し，それを眺めながら)考える。　【4】　構想が生み出せない生徒に対して，再度，主題を確認させたり，伝える相手や施設，場所と〔共通事項〕との関係を(実際に使用されている地域のピクトグラムを提示して)考えさせる。

解説 (1), (2)　問題にある「A 表現」(1)イ(イ)とは「伝える目的や条件などを基に，伝える相手や内容，社会との関わりなどから主題を生み出し，伝達の効果と美しさなどとの調和を総合的に考え，表現の構想を練ること」，〔共通事項〕は「ア　形や色彩，材料，光などの性質や，それらが感情にもたらす効果などを理解すること」「イ　造形的な特徴などを基に，全体のイメージや作風などで捉えることを理解すること」であり，評価等ではこれらが中心となるだろう。ここでは，まず，上記内容を踏まえ，題材を設定した理由・背景をそれぞれ当てはめていくとよい。　(3) 【3】　主題等でつまずいている生徒に対しては，①地域のあの場所では，どんな危険があるのか，②特に，誰が危険なのか，③どうしたら助かるのか，④すぐ理解させるために，どう表現するか等，丁寧に問いかけるとよいだろう。また，防災の観点から災害時に人々が何をしたらよくないか，といった逆方向からのアプローチも発想の転換になり，主題を見つけやすくなるだろう。　【4】　構想が生み出せない生徒のために発想・構想シートなどを用意しておくのもよい。よいアイディアを求めすぎて，身近に転がっている要素や形，

色などに気づいていないこともある。生徒にとって身近で親しみある
ものに例えた説明やエピソードに置き換えることで気づくこともあ
る。また，いくつかの思いつきを組み合わせることで，オリジナリテ
ィあふれるマークが生まれることもある。

【3】(1) 2　　(2) 1　　(3) 4　　(4) 3　　(5) 2　　(6) 2　　(7) 1
(8) 3　　(9) 4　　(10) 2

解説 (1)　今回の学習指導要領改訂では，育成することを目指す資質・
能力を(1)「知識及び技能」，(2)「思考力，判断力，表現力等」，(3)
「学びに向かう力，人間性等」の3つの柱に分けて整理しており，目標
も(1)～(3)について，それぞれ示されている。美術科では「知識及び技
能」については，造形的な視点を豊かにするために必要な知識と，表
現における創造的に表す技能に関するもの，「思考力，判断力，表現
力等」については，表現における発想や構想と，鑑賞における見方や
感じ方などに関するもの，「学びに向かう力，人間性等」については，
学習に主体的に取り組む態度や美術を愛好する心情，豊かな感性や情
操などに関するものと結びつけて説明している。これらを踏まえて目
標を学習するとよい。　(2)　同項目について第2，3学年では「対象や
事象を深く見つめ感じ取ったことや考えたこと，夢，想像や感情など
の心の世界などを基に主題を生み出し，単純化や省略，強調，材料の
組合せなどを考え，創造的な構成を工夫し，心豊かに表現する構想を
練ること」と示されている。学習のねらい等は同じでも，学年が異な
れば具体的な学習内容も異なることを踏まえ，異なる理由などを学習
すると理解が深まるだろう。　(3)　美術科の授業時数について，第1
学年は年間45単位時間，第2，3学年は各35単位時間が設けられている。
ただし，第2，3学年は目標や学習内容は1つであるため，実質は70単
位時間と考えることができ，第1学年は比較的窮屈であると解釈され
ている。その中で，第1学年は「A 表現」と「B 鑑賞」を一体的に行き
来しながら，すべての指導事項の定着を図るように年間計画を立てる
必要がある。一題材に充てる時間数は，生徒の主体的な取り組みや，
個々の進度の違いにより，予定通りに行かないこともある。前後の予
定にはこれらを見越した指導計画の検討も求められることをおさえて

おきたい。 (4) 誤肢である②と④は「B 鑑賞」(1)イの内容である。本学年における鑑賞の資質・能力育成の方法として，学習指導要領では「美術作品などの見方や感じ方を深める活動を通して」，「生活や社会の中の美術の働きや美術文化についての見方や感じ方を深める活動を通して」の2通りをあげており，前者はア，後者はイに属する。以上を学習していれば，生活や社会に関する事項を取り上げている肢は誤りであることに気がつくだろう。 (5) 特別支援教育において，出題の内容は各教科共通の事項なので，必ず学習しておくこと。空欄の内容の具体例について，学習指導要領解説では「見えにくさ，聞こえにくさ，道具の操作の困難さ，移動上の制約，健康面や安全面での制約，発音のしにくさ，心理的な不安定，人間関係形成の困難さ，読み書きや計算等の困難さ，注意の集中を持続することが苦手であることなど」としている。 (6) 〔共通事項〕は「A 表現」及び「B 鑑賞」の学習において共通に必要となる資質・能力のことであり，「ア 形や色彩，材料，光などの性質や，それらが感情にもたらす効果などを理解すること」「イ 造形的な特徴などを基に，全体のイメージや作風などで捉えることを理解すること」の2つをあげている。指導に際して，「造形を豊かに捉える多様な視点」では，例えば，木を見る視点(対象などの形や色彩，材料や光など個々の造形要素に着目してそれらの働きを捉える視点)と森を見る視点(対象などの全体に着目して造形的な特徴などからイメージを捉える視点)の2つの視点がある等があげられる。「木を見て森を見ず」(物事の一部や細部に気を取られ，全体を見失うこと)という言葉があるが，中学校美術科の指導では「木も森も見る」視点を持ち，それらを実感・理解できるような配慮が求められている。 (7) 解答の箇所について，学習指導要領解説では「自己のよさを確認していく主体的な態度を育てていくことは，自発性，主体性，ひいては自己教育力等の育成を促す重要な契機となる。また，それぞれの過程で一人一人の構想や表現のよさを多様な方法で評価し，励ますことによって主体的な表現への意欲を高めることも大切」としている。 (8) 肢3について，学習指導要領解説では「他人の著作物を活用した生徒作品を学校のウエブサイトなどへ掲載したり，コンクールへ出品したり，看板やポスターなどを地域に貼ったりするこ

とは，例外となる条件を満たさないため無断で行うことはできない」
としている。ここでいう「例外となる条件」とは授業で使用する，学
芸会や文化祭などで発表する等があげられる。特に，美術については
著作権法と関連が深いので，法律の十分な知識が求められる。詳しく
は「学校における教育活動と著作権」(文化庁)などを参照するとよい
だろう。　(9)　「評価規準」とは観点別学習状況の評価を的確に行う
ため，学習指導要領に示す目標の実現の状況を判断するよりどころを
表現したものであり，質的な評価といえる。一方，「評価基準」は量
的な評価として，数値で示すものとしている。学習指導要領などでは，
目標の実現状況を評価するため，一般的に「評価規準」を使用すると
同時に，「評価基準」はほとんど使用しないことをおさえておきたい。
(10)　文部科学省のGIGAスクール構想資料によると，「A 表現」の学
習では，ICT端末を利用して作品を撮影 → トリミング → データを複
製し全体を考えて再構成するなどの例があげられている。一方，「B
表現」の学習では，大型モニターを用いて話し合う，情報通信ネット
ワークを活用して作品の調査や鑑賞に活用する，鑑賞コメントを共有
するなどが示されている。

【4】(1)

題材名
「ポスターが学校に訪れる地域の人を動かす　～SDGs１７の目標の実現に向けて～」
題材の概要
学校に訪れる地域の人に，SDGs（持続可能な開発目標）をわかりやすく伝え，取組みたくなるポスターを制作し，学校のエントランスで展示を行う。まず，意見集約アプリを活用し，学校を訪れる地域の人がどのような年齢層で，どのような生活をしている人かを具体的に共有する。次に，情報を受け取る人の生活や思いを具体的に想像し，SDGs の１７の項目のイメージから主題を生み出し，形などが感情にもたらす効果，分かりやすさと美しさなどどの調和を考え構想し，表現の意図に応じてグラフィックデザインアプリや絵具，紙などの材料を使い，創意工夫して創造的に表す。制作途中に，伝達のデザインの作品や生徒の作品などを鑑賞し，作者の心情や表現の意図と創造的な工夫などについて考えるなどして，見方や感じ方を深め，作品を完成させる。学習活動においては，１人につき１台配付したタブレット端末にインストールしたアプリ等を活用し，意見を共有したり自己の主題を深め，発想や構想をしたことを整理したりする活動を取り入れる。

(2)

時	活動内容	学習のねらいおよび学習活動
第1時 〜 第2時	課題の把握 と発想・構想	○地域の人々の生活や思いを考えて SDGs の活動を伝え、取組みたくなるポスターを制作することを理解する。 ・持続可能な開発目標（SDGs）のロゴやメッセージを伝えるポスターの例を鑑賞し理解するとともに、伝達のデザインの意図や表現の工夫、共通性などについて形などの性質や統一感などの視点からタブレット端末を活用し、対象となる地域の人々がどのような生活や暮らしをしているか、感じたことや考えたことを意見集約アプリを活用して共有する。 ○地域に暮らす人々の生活や思いを具体的に想像して、持続可能な開発目標（SDGs）の17の項目のイメージから主題を生み出す。 ・鑑賞の学習で学んだことを生かしながら、持続可能な開発目標（SDGs）の17の項目のイメージから主題を生み出す。 ○構想を練る ・創出した主題を基に、形などが、形などの感情にもたらす効果や、統一感などを総合的に考え、表現の構想を練る。

(3)

時	活動内容	学習のねらいおよび学習活動
第3時 〜 第6時	制作および 鑑賞	○表現の意図に応じて、創意工夫して表現する。 ・グラフィックデザインアプリや、絵具や紙など表現意図に応じて材料や用具を選択し、見通しをもって表す。 ○制作途中に、4人1グループで相互鑑賞し、作者の心情や表現の意図と創造的な工夫について考え、自分の制作に生かす。 ・制作の途中に作品鑑賞を行い、客観的な視点に立って他者の作品を見たり、自分の意図を説明したりすることにより、表したいものをより一層明確にしていくなどしながら作品を完成させる。

(4)

学校に訪れる地域の人の生活や思いを具体的に想像できずに、発想や構想をすることが難しいと考えられる。そのため、地域の人の暮らしを具体的に説明し、SDGs と生活の関わりを理解させる。そのイメージの中から、生徒が心にとまった内容に気付かせ、内容のもつイメージ、色や形に着目し、身の回りの様々な事象に置き換えさせる。生徒ときめ細やかに対話することで、自ら持続可能な開発目標（SDGs）の17の項目のイメージの中から主題を生み出せるように指導する。

解 説 題材を設定するに際しては，学習指導要領に記された教科の目標及び内容，そしてそれを受けた学年ごとの目標および内容を踏まえ，題材の特性や生徒の実態を十分に把握した上で，「その題材に取り組むことを通して当該の生徒にどのようになってほしいか」をよく考えて題材の目標を設定し，指導計画を立て，具体的に実践していく，というのが一般的であると考えられる。　(1)　題材の概要としては，題材設定の理由に「社会的視野の広がりに合わせて，不特定多数の人々を対象として，…持続可能な開発目標(SDGs)をテーマにした，ポスタ

ーの作成を…」とあることから，身近な不特定多数の人々である「学校に訪れる地域の人々」を対象として，SDGsについて興味・関心をもって知ってもらえるようなポスターを作成することであると想定することが考えられる。「A表現(1)イ」は，伝えるなどの目的や機能を考えて，発想や構想することがねらいである。ここでは，伝える相手である学校に訪れる地域の人に関する年齢層や生活の様子などの基本情報を調べ，地域の人々に，色や形，材料などを用いて自分の表現意図を分かりやすく美しく伝達することや，共感的に受け止められるように，創意工夫して創造的に表すことが考えられる。今回の学習指導要領改訂では，「A表現」に新たに「主題を生み出すこと」を位置付け，発想し構想を練り，生み出した主題を追求して表現することが重視された。ここでは，対象とする地域の人々の情報をもとに思いをめぐらせ，テーマとするSDGsの17の項目のイメージから主題を生み出し，上記の活動へつなげていくことが想定される。SDGsは，「誰一人取り残さない」持続可能で多様性と包摂性のある社会の実現のため，2030年を年限とする17の国際目標である。身近なことでは，「すべての人に健康と福祉を」，「働きがいも経済成長も」，「住み続けられるまちづくりを」，「つくる責任，使う責任」，「気候変動に具体的な対策を」などがある。そのほかに，基本的人権の観点やグローバルな視点の目標が並べられている。どれか一部に焦点を当ててもよいし，全部を取り上げて取り組みそのものの意義などを伝えてもよい。美術科で学んだことを駆使して，地域の人々に意図が伝わるよう表現する活動としたい。題材名は，題材の魅力やその目標を端的に表すものであり，何より「やってみたい！」という生徒の興味・関心を引き出すための重要な入り口の一つと言える。　(2)　課題の把握と発想・構想では，課題内容の把握から始まり，伝える対象者の情報やSDGsというテーマを基に主題を生み出し，創出した主題を基に表現の構想を練るまでとなる。　(3)「表現の意図に応じて，表現方法を工夫して表現する」ことは，学年の目標(1)に「意図に応じて自分の表現方法を追求し」として，示されている。ここでは，意図に応じて様々な技能を応用したり，工夫を繰り返して自分の表現方法を見付け出したりして，更に豊かな表現を創出する創造的に表す技能を伸ばすことが示されている。鑑賞においては，

相互鑑賞も重要である。自分としての意味や価値をつくりだすために
は，自己を見つめる機会や他者と交流する場を設け，生徒が自分とし
ての表現の主題を明確にしていく過程を重視していくことが大切であ
る。また，鑑賞することで表現が，表現することで鑑賞がよりよいも
のになっていくことも多くあることから，表現と関連を図り指導する
ことも大切である。　(4)　大事なことは，テーマとされたSDGsとは
どのようなもので，それは地域の人々の生活にどう関わるものである
かを理解してもらうことである。その上で，テーマであるSDGsのイメ
ージの中から主題を生み出せるよう指導することが考えられる。

高等学校

【1】問1　②　　　問2　③　　　問3　③　　　問4　①

解説　問1　高等学校「美術Ⅰ」の目標では，中学校美術科の3年間で積
み重ねた学習を基礎として，美術Ⅰは何を学ぶ教科なのかということ
をまず，生徒たちに示し，ひとつひとつ丁寧に学習の結びつきを理解
させていく努力が求められる。「心豊かな生活や社会を創造する態度」
を育てていくことが人生や社会の中でいかに大切であるか伝えていき
たい。美術は絵やものづくりが，よくできることが学習目標だと勘違
いする生徒も多い。目に見えない力が将来に向けて育っていく学びの
場だと実感できるよう，気持ちと言葉を尽くして指導していくことが
大きな目標である。　問2　「美術Ⅰ」の「2　内容」の「B　鑑賞　(1)
鑑賞　イ(ア)」の記述である正答は③である。このほか3つの選択肢は
いずれも「鑑賞ア」に該当する内容の記述であった。①は「美術Ⅰ」
の「2　内容」の「B　鑑賞　(1)　鑑賞　ア(ア)」である。②は「美術
Ⅰ」の「2　内容」の「B　鑑賞　(1)　鑑賞　ア(ウ)」であり，高等学
校で新たに独立して加わる「映像メディア表現」に関する内容である。
④は「美術Ⅰ」の「2　内容」の「B　鑑賞　(1)　鑑賞　ア(イ)」とな
る。平成30(2018)年3月の高等学校学習指導要領の改訂により，「B　鑑
賞」の内容について，アは「美術作品など」に関する事項とし，イは
「美術の働きや美術文化」に関する事項にとして，それぞれに分けて示
されていることを覚えておきたい。　問3　「美術Ⅱ」の「2　内容」の

「A　表現　(1)　絵画・彫刻　ア(ア)」と「美術Ⅰ」との文言の差は，「自然や自己，生活などを見つめ」という冒頭の部分にある。「美術Ⅱ」になると，「自然や自己，社会などを深く見つめ」にステップアップする。なお，①は「美術Ⅱ」の「2　内容」の「A　表現　(1)　絵画・彫刻　イ(ア)」である。②は「美術Ⅰ」の「2　内容」の「A　表現　(1)　絵画・彫刻　イ(イ)」。④は「美術Ⅰ」の「2　内容」の「A　表現　(1)　絵画・彫刻　イ(ア)」となる。いずれも「絵画・彫刻」の分野であることは共通しているが，学年をまたいでいる部分に注意が必要である。　問4　今回はめずらしく「美術Ⅲ」〔共通事項〕からの出題があった。高等学校の試験区別が独立している都道府県が少ないことも影響し，全国的には「美術Ⅰ」の出題率が高い。神奈川県では「美術Ⅱ」，「美術Ⅲ」も出てくることから，すべてを頭に入れておく必要がある。「美術Ⅲ」では，文化的な視点で全体のイメージや作風，様式などをとらえていくことについて，より深い理解が求められる。国際理解に果たす美術の役割に気付いたり，新たな意味や価値を発見したりすることにつなげ，実感を持って学べることを目指したい。高等学校学習指導要領の改訂で新たに加わった〔共通事項〕は，「それのみを取り上げて題材にするものではなく，「A表現」及び「B鑑賞」のそれぞれの指導を通して身に付けることができるよう指導するものである」と，高等学校学習指導要領解説芸術(音楽，美術，工芸，書道)編・音楽編・美術編でも補足説明されている。

【2】(1)

題材名	「私の想い広げていこう　SDGs○○の目標」
	SDGs17の目標をテーマに，感情やイメージなどを単純化や強調等を意識して石粉粘土で表すことに関心をもち，安定感や緊張感等造形の美を感じ取りながら美術がもつ力を考える。総合的な探究の時間で，17の目標を調べることで課題に向き合い，自身が一番強く表したい目標から主題を生成し，形や質感，重心やバラ

題材の概要	ンス，どんな場所にどんな大きさで設置することで，より美術の力が発揮されるのか等を総合的に考えながら，発想や構想を練る。その際，作品は模型サイズとなるが，実際に設置することをイメージする。 　制作段階においては，石粉粘土の特性を活かしながら，形や質感がもたらすイメージに着目し，意図に応じた表現方法を追求する。完成した作品はタブレットを使用し，設置したい場所の写真と合成し，互いに鑑賞し合うことで，美術の力を感じ取る。

(2)　導入では，池田学の「誕生」から作者の思いと美術の力を感じ取った後，彫刻作品を数点グループで鑑賞することで，形や質感，バランスがもたらす安定感や緊張感等のイメージを感じ取り，発想や構想を行う。　　(3)　グループで彫刻作品を鑑賞する際に，造形的な視点のキーワードを数多く出させる。またそのキーワードを常に黒板にって可視化することで，造形的な視点に常に意識をもてるようにする。また，発想の段階ではマインドマップ等で思考を言語化したり整理したりすることで発想をふかめていく。

解説 (1)　解答参照。　　(2)　鑑賞は，単に知識や作品についてのみ学習するのではなく，自分の見方や感じ方を大切にし，知識なども活用しながら，様々な視点で思いを巡らせ，自分の中に新しい意味や価値をつくりだすものである。鑑賞の学習では，生徒自身が見方や感じ方を大切にしながら主体的に造形的なよさや美しさなどを感じ取ることを基本としている。そして自然の造形や美術作品などに関わることを通して，自分の中に新しい意味や価値をつくりだす。　　(3)　言語活動の充実を図るためには，言語活動を行う意図を教師が明確にすること重要である。例えば，生徒の活動している際に，特に必要としていない場面で形式的に行ったり話し合いのままで終わらないようにする。生徒一人一人が自己と対話してじっくりと考えを深められるような学習活動の設定も必要である。

【3】(1)　【1】　私たちの町の危険箇所を知ってもらうために，伝える相手や施設，場所などのイメージなどから主題を生み出し，形などが感情にもたらす効果や，分かりやすさと美しさなどの調和，統一感など

(2) 【2】 様々な地域や場所で使われているピクトグラムを鑑賞し，伝達のデザインに対する見方や感じ方を深めるとともに，共通性などについて考え，形などの感情にもたらす効果や，統一感など，全体のイメージで理解する。　　(3) 【3】 主題が生み出せない生徒に対して，伝える相手やピクトグラムを使用する場所について確認させたり，地域の特色について考えさせたりするなど(タブレットPCで地図を表示し，それを眺めながら)考える。　　【4】 構想が生み出せない生徒に対して，再度，主題を確認させたり，伝える相手や施設，場所と〔共通事項〕との関係を(実際に使用されている地域のピクトグラムを提示して)考えさせたりする。

解説 (1), (2) 問題にあるデザイン「A　表現」(2)では「目的や機能などを考えた発想や構想」「発想や構想をしたことを基に，創造的に表す技能」の育成を，〔共通事項〕は「ア　造形の要素の働きを理解すること」「イ　造形的な特徴などを基に，全体のイメージや作風，様式などで捉えることを理解すること」であり，評価等ではこれらが中心となるだろう。ここでは，まず，上記内容を踏まえ，題材を設定した理由・背景をそれぞれ当てはめていくとよい。　(3) 【3】 主題等でつまずいている生徒に対しては，①地域のあの場所では，どんな危険があるのか，②特に，誰が危険なのか，③どうしたら助かるのか，④すぐ理解させるために，どう表現するか等，丁寧に問いかけるとよいだろう。また，防災の観点から災害時に人々が何をしたらよくないか，といった逆方向からのアプローチも発想の転換になり，主題を見つけやすくなるだろう。　【4】 構想が生み出せない生徒のために発想・構想シートなどを用意しておくのもよい。よいアイディアを求めすぎて，身近に転がっている要素や形，色などに気づいていないこともある。生徒にとって身近で親しみあるものに例えた説明やエピソードに置き換えることで気づくこともある。また，いくつかの思いつきを組み合わせることで，オリジナリティあふれるマークが生まれることもある。

【4】(1) 2　　(2) 1　　(3) 4　　(4) 3　　(5) 2　　(6) 2　　(7) 1
(8) 3　　(9) 4　　(10) 2

解説 (1) 今回の学習指導要領改訂では，育成することを目指す資質・能力を(1)「知識及び技能」，(2)「思考力，判断力，表現力等」，(3)「学びに向かう力，人間性等」の3つの柱に分けて整理しており，目標も(1)〜(3)について，それぞれ示されていることを踏まえて学習したい。学習指導要領関連の問題で，教科目標は最頻出の一つでもあるので，暗記することが望ましい。 (2) 学習内容も学習指導要領関連の問題の中では出題頻度が高いので，内容の理解だけでなく，学習のねらい等についても学習指導要領解説などで理解しておきたい。「A 表現」(3)とは映像メディア表現についてであり，同項目について美術Ⅱでは「(ア) 自然や自己，人と社会とのつながりなどを深く見つめ，映像メディアの特性を生かして主題を生成すること」「(イ) 映像表現の視覚的な要素などの効果的な生かし方について考え，個性豊かで創造的な表現の構想を練ること」としている。当然，美術Ⅱは美術Ⅰで学習した内容を踏まえて示されているので，本項目について高等学校を通して学習させたいことは何か，そのために各学年でどのような学習をさせるのか，といったことを踏まえながら学習すると理解が深まるだろう。 (3) なお，美術における授業時数について，「1単位時間50分，35単位時間の授業を1単位」を標準としており，美術科の各授業は2単位であることから，年間の授業時数は70単位時間と計算できる。その中で適切な時間配分をどう行うか，年間計画を立案する上で重要になる。 (4) 美術Ⅱの「B 鑑賞」(1)アは「美術作品などの見方や感じ方を深める鑑賞」について示されており，ここでは「美術作品や文化遺産などが，作者やそれぞれの時代の独自性や様々な工夫により表現されていることを深く感じ取ること」が求められている。 (5) 特別支援教育において，出題の内容は各教科共通の事項なので，必ず学習しておくこと。空欄の内容の具体例について，学習指導要領解説では「見えにくさ，聞こえにくさ，道具の操作の困難さ，移動上の制約，健康面や安全面での制約，発音のしにくさ，心理的な不安定，人間関係形成の困難さ，読み書きや計算等の困難さ，注意の集中を持続することが苦手であることなど」としている。 (6) 〔共通事項〕について，アでは「形や色彩，材料や光など，それぞれの造形の要素に視点を当て，自分の感じ方を大切にして，温かさや軟らかさ，安らぎなど

の性質や感情にもたらす効果など，造形の要素の働きを理解する」こと，イでは「造形的な特徴などから全体のイメージや作風，様式などで大きく捉えるということを理解する」ことが求められている。「A表現」「B鑑賞」それぞれについて指導する際は〔共通事項〕も含まれることをおさえておきたい。　(7)　「A表現」の指導では，すべての制作過程を通じて，生徒が自分のよさに気づき，創意工夫しながら，自己実現を果たすことを目指していきたい。そのためには，構想や姿勢，表現方法，混色，道具の使い方，机上の整然とした美しさ，など多様な方向から個々の持つ独自のよさを評価していくことも大切である。　(8)　肢3について，学習指導要領解説では「他人の著作物を活用した生徒作品を学校のウエブサイトなどへ掲載したり，コンクールへ出品したり，看板やポスターなどを地域に貼ったりすることは，例外となる条件を満たさないため無断で行うことはできない」としている。ここでいう「例外となる条件」とは授業で使用する，学芸会や文化祭などで発表する等があげられる。特に，美術については著作権法と関連が深いので，法律の十分な知識が求められる。詳しくは「学校における教育活動と著作権」(文化庁)などを参照するとよいだろう。

(9)　「評価規準」とは観点別学習状況の評価を的確に行うため，学習指導要領に示す目標の実現の状況を判断するよりどころを表現したものであり，質的な評価といえる。一方，「評価基準」は量的な評価として，数値で示すものとしている。学習指導要領などでは，目標の実現状況を評価するため，一般的に「評価規準」を使用すると同時に，「評価基準」はほとんど使用しないことをおさえておきたい。

(10)　文部科学省のGIGAスクール構想資料によると，「A　表現」の学習では，ICT端末を利用して作品を撮影 → トリミング → データを複製し全体を考えて再構成するなどの例があげられている。一方，「B表現」の学習では，大型モニターを用いて話し合う，情報通信ネットワークを活用して作品の調査や鑑賞に活用する，鑑賞コメントを共有するなどが示されている。

【5】(1)

題材名
「ポスターが学校に訪れる人々を動かす　～SDGs１７の目標の実現に向けて～」

題材の概要
学校に訪れる人々に、SDGs（持続可能な開発目標）をわかりやすく伝え、取組みたくなるポスターを制作し、学校のエントランスで展示を行う。まず、意見集約アプリを活用し、学校を訪れる人々がどのような年齢層で、どのような生活をしている人かを具体的に共有し、メッセージを伝える人々の範囲を決める。次に、情報を受け取る人の生活や思いを具体的に想像し、SDGsの１７の項目のイメージや、人と社会をつなぐデザインが生活の質の向上にどのように貢献できるかなどを考えて主題を生成する。生成した主題をもとに、伝える人々の気持ちやエントランスでどのように展示するかを想定し、アイデアスケッチなどをもとに、伝達のデザインを考え構想し、表現の意図に応じてグラフィックデザインアプリや絵具、紙などの材料を使い、創意工夫して創造的に表す。 制作途中に、伝達のデザインの作品や生徒の作品などを鑑賞し、作者の心情や表現の意図と創造的な工夫などについて考えるなどして、見方や感じ方を深め、作品を完成させる。学習活動においては、１人につき１台配付したタブレット端末にインストールしたアプリ等を活用し、意見を共有したり自己の主題を深め、発想や構想をしたことを整理したりする活動を取り入れる。

(2)

時	活動内容	学習のねらいおよび学習活動
第1時 ～ 第2時	課題の把握 と発想・構想	○学校に訪れる人々の生活や思いを考えてSDGsの活動を伝え、取組みたくなるポスターを制作することを理解する。 ・持続可能な開発目標（SDGs）のロゴやメッセージを伝えるポスターの例を鑑賞し理解するとともに、伝達のデザインの意図や表現の工夫、共通性などについて形などの性質や統一感などの視点からタブレット端末を活用し、対象となる人々がどのような生活や暮らしをしているか、感じたことや考えたことなどを意見集約アプリを活用して共有し、メッセージを伝える人々の範囲を決める。 ○学校に訪れる人々の生活や思いを具体的に想像して、持続可能な開発目標（SDGs）の１７の項目のイメージから主題を生み出す。 ・鑑賞の学習で学んだことを生かしながら、持続可能な開発目標（SDGs）の１７の項目のイメージや、人と社会をつなぐデザインが生活の質の向上にどのように貢献できるかなどを考えて主題を生成する。 ○構想を練る ・生成した主題をもとに、伝える人々の気持ちやエントランスでどのように展示するかを想定し、アイデアスケッチなどをもとに、伝達のデザインを考え表現の構想を練る。

(3)

時	活動内容	学習のねらいおよび学習活動
第3時 〜 第6時	制作および 鑑賞	○表現の意図に応じて、創意工夫して表現する。 ・グラフィックデザインアプリや、絵具や紙など表現意図に応じて材料や用具を選択し、見通しをもって表す。 ○制作途中に、4人1グループで相互鑑賞し、作者の心情や表現の意図と創造的な工夫などについて考え、自分の制作に生かす。 ・制作の途中に作品鑑賞を行い、客観的な視点に立って他者の作品を見たり、自分の意図を説明したりすることにより、表したいものをより一層明確にしていくなどしながら作品を完成させる。

(4)

学校に訪れる人々の生活や思いを具体的に想像できずに、発想や構想をすることが難しいと考えられる。そのため、学校に訪れる人々の暮らしを具体的に説明し、SDGsと生活の関わりを理解させる。そのイメージの中から、生徒が心にとまった内容に気付かせ、内容のもつイメージ、色や形に着目し、身の回りの様々な事象に置き換えさせる。生徒ときめ細やかに対話することで、自ら持続可能な開発目標（SDGs）の17の項目のイメージの中から主題を生み出せるように指導する。

解説 題材を設定するに際しては，学習指導要領に記された教科の目標および内容，そしてそれを受けた学年ごとの目標および内容を踏まえ，題材の特性や生徒の実態を十分に把握した上で，「その題材に取り組むことを通して当該の生徒にどのようになってほしいか」をよく考えて題材の目標を設定し，指導計画を立て，具体的に実践していく，というのが一般的であると考えられる。　(1)　題材の概要としては，題材設定の理由に「持続可能な開発目標(SDGs)をテーマにしたポスターの作成を通して，人と社会をつなぐデザインの働きについて考え」とあることから，高等学校生活における不特定多数の人々である「学校に訪れる人々」を対象として，SDGsについて興味・関心をもって知ってもらえるようなポスターを作成することであると想定することが考えられる。「A表現(2)ア，イ」は，デザインに関して，目的や機能などを考えた発想や構想をすることや，発想や構想したことを基に創造的に表すことがねらいである。ここでは，対象とする学校に訪れる人に関する年齢層や生活の様子などの基本情報を調べ，基本情報の範囲が広範囲になることが予想されることから，伝えるターゲットをある程度絞ったうえで，対象者への思いをめぐらせ，人と社会をつなぐデザインの働きについて考えて主題を生成していく。その主題を基に，社会におけるデザインの機能や効果，表現形式の特性などについて考えて，個性豊かで創造的な表現の構想を練る。その構想したことを基に，

自己の表したいことを具現化するために，主題に合った効果的な表現方法を創意工夫し，個性豊かで創造的に表す，という流れである。今回の学習指導要領改訂では，「A表現」に新たに「主題を生み出すこと」を位置付け，発想し構想を練り，生み出した主題を追求して表現することが重視された。ここでは，対象とする学校を訪れる人々の基本情報をもとに，テーマとするSDGsの17の項目のイメージから主題を生み出し，上記の活動へつなげていくことが想定される。SDGsは，「誰一人取り残さない」持続可能で多様性と包摂性のある社会の実現のため，2030年を年限とする17の国際目標である。身近なことでは，「すべての人に健康と福祉を」，「働きがいも経済成長も」，「住み続けられるまちづくりを」，「つくる責任，使う責任」，「気候変動に具体的な対策を」などがある。そのほかに，基本的人権の観点やグローバルな視点の目標が並べられている。どれか一部に焦点を当ててもよいし，全部を取り上げて取り組みそのものの意義などを伝えてもよい。美術科で学んだことを駆使して，学校を訪れる人々に意図が伝わるよう表現する活動としたい。題材名は，題材の魅力やその目標を端的に表すものであり，何より「やってみたい！」という生徒の興味・関心を引き出すための重要な入り口の一つといえる。　(2)　課題の把握と発想・構想では，課題内容の把握から始まり，伝える対象者の情報やSDGsというテーマを基に主題を生み出し，創出した主題を基に表現の構想を練るまでとなる。　(3)「表現の意図に応じて，創意工夫して表現する」ことは，美術Ⅱの目標(1)に「意図に応じて表現方法を創意工夫し」として示されている。発想や構想をしたことを基に，表現の意図に応じて様々な技能を応用したり，工夫を繰り返して自分の表現方法を見付け出したりして，個性豊かで創造的に表すことが示されている。制作過程においては，アイデアスケッチなどを基に各自の構想について批評し合ったり，相互鑑賞したりして，生徒が自身の独自性や創意工夫について考え，個性豊かで創造的に表すことができるようにすることが大切である。また，鑑賞することで表現が，表現することで鑑賞がよりよいものになっていくことも多くあることから，表現と関連を図り指導することが大切である。　(4)　大事なことは，テーマとされたSDGsとはどのようなもので，それは地域の人々の生活にどう関わるも

のであるかを理解してもらうことである。その上で，テーマである
SDGsのイメージの中から主題を生み出せるよう指導することが考えら
れる。

小学校・中高・その他

【1】問1　ア　3　　イ　5　　問2　4　　問3　3

解説　問1　素焼きした素地に，呉須などの顔料で線描きを施すなどし
て下絵付をし，施釉後，本焼きをする。本焼きは，数日から数十日も
かかる。本焼きしたものに，釉の上から絵の具で絵付けをする。これ
が上絵付である。上絵付の後，低温でもう一度焼成して完成である。
問2　水彩画などでは，支持体となる紙を木製のパネルに水張りする
ことがあるが，これは紙に水を含ませてパネルに張っておくと，絵の
具を塗ったときに紙面の波打ちやたるみを抑えることができるからで
ある。　問3　この作品は，レンブラント制作の『夜警』(1642年)であ
る。もともとは昼間に出動する場面で描かれたものだが，画面の保護
のため塗布されていたニスが，時間とともに変色して黒くなってしま
ったことによって，後に『夜警』と呼ばれるようになったとされてい
る。

総合問題

【1】(1)～(6)の問いに答えよ。

　(1)　版画の表現技法について，次の問いに答えよ。

　　次のA～Dと，□□□□に示されたその「制作方法」ア～エの正しい組み合わせとして，最も適切なものを1～4から1つ選べ。

　　A　　　　　　　B　　　　　　　C　　　　　　　D

「制作方法」

> ア　木や金属の枠に，絹などの細かい孔のあいた布(紗)を張って版とし，図柄以外の部分の孔を塞ぐ。この版の上にインクをのせて押し出すと図柄の部分の孔を通して，インクが図柄の形で用紙に転写される。
>
> イ　水と油の反発作用を利用して製版・印刷する版画で，版を彫ることなく，描いたままに再現できる。凹凸が少なく，現在の印刷物の大半がこの原理を応用したオフセットで刷られている。
>
> ウ　スケッチを版木に転写し，線に墨入れをする。刷り重ねのための見当を入れ，彫刻刀で主版を彫り，黒インクで刷る。主版に彩色し，色数や重色を考えて色彩計画をする。薄めの紙に油性のインクで刷りバレンで加圧して転写する。使用する色の数だけ版をつくり，それを刷り重ねる。
>
> エ　防食材を塗った金属板をニードル等でひっかいて防食膜をはがし，はがした部分を腐食させることで凹部をつくる版画である。腐食の時間で凹部の深さを調整し，線や点の強弱をつけることができ，細かい表現が可能である。

    1 A－エ　　B－ウ　　C－イ　　D－ア
    2 A－ウ　　B－ア　　C－イ　　D－エ
    3 A－イ　　B－ア　　C－エ　　D－ウ
    4 A－ウ　　B－イ　　C－エ　　D－ア

(2) 次の各文は，さまざまな材料の特性について説明した内容である。
   誤っているものを1～4から一つ選べ。

   1 紙は中国で生まれ，朝鮮を経て7世紀の初めに日本へ伝えられ，
     コウゾ・ミツマタ・雁皮など日本の伝統的な原料を使い，主に手
     漉きで作られる和紙が生まれた。和紙は丈夫で独特の手触りがあ
     り，保存性に優れている。

   2 プラスチック素材として，アクリル板は透明度が高く硬いのが
     特徴であり，紫外線や雨風など環境変化に強く，屋外での看板や
     案内パネルとして使用されている。PPシートは半透明で比較的軟
     らかく，カッターで切ることができる。

   3 金属には，たたくと広がる延性と，引っ張ると伸びる展性があ
     る。特に銅やアルミニウムなどは軟らかく，細かい表現をするの
     に向いている。また，たたくと硬くなる性質があるため，焼きな
     ましという方法が用いられている。

   4 竹は，強靱で弾力性に富み，さまざまな幅や厚みに裂いて編め
     る特性と，素朴で清らかな色調がある。竹工芸に用いられている
     のは，真竹・女竹・黒竹・寒竹など20種類ほどで，なかでも粘り
     があり竹細工に適した真竹がよく利用される。

(3) 大阪府作成の「色覚障がいのある人に配慮した色使いのガイドラ
   イン」(平成23年9月30日作成，令和4年4月1日改訂)に記載されてい
   るカラーユニバーサルデザインに関する内容について，誤っている
   ものを1～4から一つ選べ。

   1 色覚障がいのある人にとっては，明度の高い色に比べて，「灰色
     と淡い水色」，「灰色と淡い緑」などのような明度の低い色の組み
     合わせは，識別がより困難になる。

   2 円グラフなどを描く際に，見分けにくい色を隣接して使う場合
     は，境界線や地模様などで工夫する。

   3 同色系の組み合わせや明るい色だけの組み合わせ，暗い色だけ

の組み合わせはできるだけ避け，明るい色と暗い色を対比させる。

4　色だけに頼った情報提供を行うのではなく，色名や文字，記号
　情報などを併記したり，線の太さや線種などを調整したりして，
　色がなくても理解できるようデザインすることが重要である。

(4)　次に示した布に着彩する染色方法ア～エと，その説明に関する内
　容の組み合わせとして適切なものを1～4から一つ選べ。

「染色方法」

ア　友禅染め　　イ　有松・鳴海絞り　　ウ　更紗染め

エ　紅型

① 　型附(カタチキ)と呼ばれる糊置防染手法による型染めで，型紙
　を当てて生地に糊を塗り，そのあとで取り去った型紙の模様の部
　分に色を差す染め方であり，沖縄の染物で独特な鮮やかさがある。

② 　職人が布の上に絵を描くように多彩な色で表現する染色方法
　で，草花など自然の風景を描かれていることが多く，予め布に入
　れておいた下絵の輪郭に沿ってのりを塗り，防染したあとに筆や
　刷毛を使って色付けをしていく。

③ 　インドが起源とされている文様染めで，沢山の型紙を使い刷毛
　で染料をのせながら模様を作りあげていく技法である。異国的な
　色模様が美しく，現在では着物や帯，ふとん，風呂敷などに使わ
　れている。

④ 　東海道五十三次の一つである宿で旅人が故郷へのお土産にと買
　い求めたことから繁栄したと言われている。職人が，下絵に合わ
　せて綿糸や絹糸を生地に括りつけるが，糸によって締められた部
　分には染料が染み込まないため，これを利用して模様を作ってい
　る。その括り方は，技法ごとに専門の職人がおり，100種以上の
　技法・文様が生み出されてきた。

1　ア－②　　イ－①　　ウ－③　　エ－④
2　ア－②　　イ－④　　ウ－③　　エ－①
3　ア－④　　イ－②　　ウ－①　　エ－③
4　ア－③　　イ－④　　ウ－②　　エ－①

(5)　次のEについて，【　①　】～【　④　】に入る語句の組み合わせと
　して正しいものを1～4から一つ選べ。

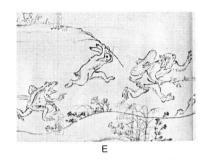

E

　Eは，【　①　】後期に絵巻物として描かれた国宝である。
この作品は全4巻からなり，当時の世相を反映して動物や人物
を戯画的に描いたものである。江戸時代の浮世絵や北斎漫画
などと同様，日本最古の漫画と称されている。絵巻物は左手
で広げ右手で巻き取りながら肩幅半分ずつ見る。右手で巻き
取られた部分は【　②　】になり，左手側に【　③　】があ
る。異なる時間に起きたことを1つの画面に描く【　④　】も
特徴的である。

	①	②	③	④
1	平安時代	未来	過去	同時展開図法
2	平安時代	過去	未来	異時同図法
3	奈良時代	過去	未来	同時展開図法
4	奈良時代	未来	過去	異時同図法

(6)　大阪の伝統工芸品について，次の問いに答えよ。

　次の伝統工芸品F〜Iと，その名前，主な素材，技法の組み合わせと
して，正しいものを1〜4から1つ選べ。

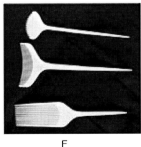

F

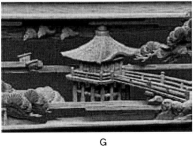

G

H　　　　　　　　　　　I

	記号	名前	主な素材	製造工程で使う技法
1	F	和泉櫛	桜	板挽き、歯挽き、歯摺り
2	G	大阪欄間	屋久杉	屋根造り、漆塗り、蒔絵
3	H	大阪張り子	紙	木地張り、胡粉塗り
4	I	堺打刃物	鉄	灰もみ、ボイル加工、火のし

▌ **2024年度** ▌ 大阪府・大阪市・堺市・豊能地区 ▌ 難易度 ■■■■□

【2】次の文章は、北海道ゆかりの彫刻家について書かれたものです。問
1〜問3に答えなさい。

　　1945年、北海道美唄町(現・美唄市)に生まれた　　　　は、北海
道学芸大学岩見沢分校(現・北海道教育大学岩見沢校)を卒業後、
東京藝術大学大学院に進学し、1969年、東京藝術大学大学院彫
刻科修士課程を修了した。

　　1970年、イタリア政府招聘留学生としてイタリアに渡り、ロー
マ・アカデミア美術学校でペリクレ・ファッツィーニに師事
した。

　　1972年から大理石の産地である北イタリアのピエトラサンタ
にアトリエを構え、大理石やブロンズによる彫刻の創作活動を
行う。以来、ミラノ、フィレンツェ、ヨークシャー、パリなど
世界各地で野外彫刻展を開催した。道内では、札幌駅に設置さ
れた「妙夢」や洞爺湖畔に設置された「意心帰」などの作品が

386

<u>多くの人々に親しまれている。</u>

　滑らかな肌合い，ゆるやかな曲線やゲート状の形状をもつ [＿＿] の彫刻は，眺めるだけではなく，触れ，撫で，作品の中をくぐり，腰掛けたくなるような作品との直接的な関わりへと見る人を誘う。

「妙夢」（札幌駅）

「意心帰」（洞爺湖畔）

問1　空欄に当てはまる彫刻家として，正しいものを選びなさい。

　ア　本郷　　新　　イ　砂澤ビッキ　　ウ　安田　　侃

　エ　イサム・ノグチ

問2　空欄に当てはまる彫刻家の他の作品として，正しいものを選びなさい。

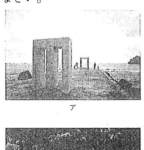
ア

イ

ウ

エ

問3　──に関わって，中学校学習指導要領(平成29年3月)「美術」で
は，生活や社会の中の美術の働きについて指導することが示されて
います。空欄1，2に当てはまる語句の組合せとして，正しいものを
選びなさい。

【中学校学習指導要領(平成29年3月)「美術」】
　第2　各学年の目標及び内容
　　[第2学年及び第3学年]
2　内容
B　鑑賞
　(1)　鑑賞の活動を通して，次のとおり鑑賞に関する資質・
　　　能力を育成する。
　　　イ　生活や社会の中の美術の働きや美術文化についての
　　　　　見方や感じ方を深める活動を通して，鑑賞に関する次
　　　　　の事項を身に付けることができるよう指導する。
　　　　　(ア)　身近な環境の中に見られる造形的な美しさなど
　　　　　　　を感じ取り，[　1　]や自然との[　2　]などの視点か
　　　　　　　ら生活や社会を美しく豊かにする美術の働きについ
　　　　　　　て考えるなどして，見方や感じ方を深めること。

ア　1－創造性　　2－共生
イ　1－創造性　　2－関連
ウ　1－安らぎ　　2－共生
エ　1－安らぎ　　2－関連

‖ 2024年度 ‖ 北海道・札幌市 ‖ 難易度 ■■■□□

【3】「光」をテーマにしたさまざまな時代の作品を取り上げ，「光」がも
たらす造形的な要素に着目して鑑賞の活動を行うことにした。以下に
示すア～ウについて，(1)，(2)の問いに答えよ。
(1)　次のア，イについて以下の問いに答えよ。

| ア | イ |

① ア，イの作者名及び作品名を答えよ。

② アとイを比較して，光の表現に着目して鑑賞する際に，生徒に対してどのような説明をするか答えよ。次の枠内に示した語句をすべて用いて答えること。

> バロック　　絵の具　　モネ

(2) 次のウに関する文章の空欄に当てはまる語句を答えよ。

私たちが生活する上で光は欠かせないものであり，心理的効果もある。影絵は多くの国で親しまれている光と影による表現であり，紙や皮，木などでつくられた人や動物などに後方から光を当て，その影をスクリーンに投影する。現代ではウのように，コンピューターなどで作成した映像とプロジェクターなどの映写機器を用い，建物や立体的な物体に映像を映し出す技術として，【　　】がある。

ウ

【4】

〔問1〕 材料の扱い方や特性に関する記述として適切なものは，次の1
〜4のうちのどれか。

1　紙に折り筋をつけると，きれいに折り曲げられる。円筒状など
を滑らかに曲げる場合は，あらかじめ曲げぐせをつける。定規な
どで，しごくときれいに曲がる。

2　木材の研磨には，紙やすりが多く使われる。目の粗さは番号に
よって示され，番号の大きいものほど目が粗い。広い面は紙やす
りを当て木や当てゴムに巻いて磨く。

3　木工用接着剤といわれるエポキシ樹脂系の接着剤は白色をして
いる。使用前に2つの液を混ぜ合わせて使用する。

4　石膏を溶くには，必要な量の見当をつけ容器に水を張った後に，
水面全体へ石膏を徐々にまく。水面まで石膏をまいた後に，へら
等で勢いよく泡を立てて撹拌する。

〔問2〕　次の作品の作者として適切なものは，以下の1〜4のうちのど
れか。

1　ラファエロ・サンツィオ　　2　レオナルド・ダ・ヴィンチ
3　フラ・アンジェリコ　　　　4　サンドロ・ボッティチェリ

〔問3〕　小学校学習指導要領図画工作の「各学年の目標及び内容」の
〔第5学年及び第6学年〕の「内容」の「B鑑賞」において，身に付け
ることができるよう指導するとされている事項に関する記述として
適切なものは，次の1〜4のうちのどれか。

1　身の回りの作品などを鑑賞する活動を通して，自分たちの作品や身近な材料などの造形的な面白さや楽しさ，表したいこと，表し方などについて，感じ取ったり考えたりし，自分の見方や感じ方を広げること。

2　身近な環境の中に見られる造形的な美しさなどを感じ取り，安らぎや自然との共生などの視点から生活や社会を美しく豊かにする美術の働きについて考えるなどして，見方や感じ方を深めること。

3　親しみのある作品などを鑑賞する活動を通して，自分たちの作品，我が国や諸外国の親しみのある美術作品，生活の中の造形などの造形的なよさや美しさ，表現の意図や特徴，表し方の変化などについて，感じ取ったり考えたりし，自分の見方や感じ方を深めること。

4　身近にある作品などを鑑賞する活動を通して，自分たちの作品や身近な美術作品，製作の過程などの造形的なよさや面白さ，表したいこと，いろいろな表し方などについて，感じ取ったり考えたりし，自分の見方や感じ方を広げること。

▎2024年度 ▎東京都 ▎難易度 ▰▰▰▱▱

【5】(1)～(6)の問いに答えよ。

(1)　次の作品A～Cに用いられている技法として正しい組合せを1～4から一つ選べ。

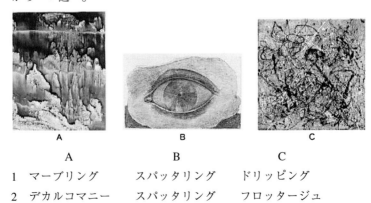

A　　　　　　　B　　　　　　　C

	A	B	C
1	マーブリング	スパッタリング	ドリッピング
2	デカルコマニー	スパッタリング	フロッタージュ

  3 ドリッピング   マーブリング   デカルコマニー

  4 デカルコマニー フロッタージュ ドリッピング

(2) 次の各文は，木工作品の制作に関するものである。誤っているものを1〜4から一つ選べ。

 1 板材は，木目に平行な側面を木端，木目に直角な側面を木口という。

 2 板材を紙やすりで研磨する際には，木目に平行に往復させるように磨くのが原則である。

 3 両刃のこぎりには縦びき刃と横びき刃がついており，木目によって使い分けることができるが，胴付きのこぎりには縦びき刃しかついておらず，使う用途が限られる。

 4 のこぎりの縦びき刃は，主に木材の木目に沿った方向に切断(木材の繊維を縦断する)するのに適している。

(3) 描画に用いる道具や材料に関して，誤っているものを1〜4から一つ選べ。

 1 丸筆は，穂の毛が丸く束ねられており，膨らんだ穂先に水を含ませると毛先が整い，自由で伸びのある線やタッチが表せる。

 2 烏口は，レタリングや枠線など均一な太さの線を引くために用いられる描画用具であり，2枚の金属製の刃のすき間にインクなどを注入して使用する。

 3 透明水彩絵の具は，不透明水彩絵の具よりアラビアゴムが多く含まれており，塗った色に透明感や光沢が感じられる描画材料である。ガッシュは，代表的な透明水彩絵の具である。

 4 クレヨンは，主として顔料，パラフィン，ろう，油脂材料などの原料を混合，溶解した後，棒状にしたものである。彩色しやすく，透明感のある色彩が表現できる。

(4) 映像メディアの活用に関して，誤っているものを1〜4から一つ選べ。

 1 カメラで撮影する際に，三脚を使用するとしっかりと固定することができる。三脚の脚はしっかりと開き，脚の一本はレンズの正面になるように立てる。

 2 写真撮影する際，被写体に光の当たる方向によって，写り方が

変わる。順光で撮影すると，被写体に陰が強く出て，メリハリの
ある描写になるので，立体感や質感を表現するのに向いている。

3　ビデオカメラで撮影する際のショットには，基本的にロング，
ミディアム，アップの3つのサイズがある。被写体の表情がわか
るように撮影したい場合は，アップショットにするのがふさわし
い。

4　拡張現実(AR)とは，タブレット端末などの画面上で，コンピュ
ータグラフィックスと現実の風景を重ねる技術のことである。絵
画作品や絵本にタブレット端末などのカメラをかざすと，画面上
で絵画や挿絵が動き出すなど，鑑賞の学習で活用することができ
る。

(5)　次の作品や建造物D～Gの作者名の組合せとして適切なものを1～
4から一つ選べ。

	D	E	F	G
1	ヤノベケンジ	淀川テクニック	新宮晋	フンデルトヴァッサー
2	淀川テクニック	村野藤吾	名和晃平	イサム・ノグチ
3	名和晃平	フンデルトヴァッサー	イサム・ノグチ	ヤノベケンジ
4	ヤノベケンジ	新宮晋	村野藤吾	フンデルトヴァッサー

(6)　次の作品Hについて，【　①　】～【　③　】に入る語句の組合せ
として正しいものを1～4から一つ選べ。

H

作品Hは，【　①　】として描かれた【　②　】時代の作品である。この作品に用いられている技法のうち，屋内の様子を描くために屋根や壁などを省略する方法を【　③　】という。

	①	②	③
1	絵巻物	平安	吹抜屋台
2	屏風絵	室町	鳥瞰図
3	錦絵	平安	吹抜屋台
4	絵巻物	室町	透視図法

‖ 2023年度 ‖ 大阪府・大阪市・堺市・豊能地区 ‖ 難易度

【6】伝える，使うなどの目的や機能を基にして表現する活動に関して，次の各問いに答えなさい。

　問1　次の記述は，伝統的工芸品について述べたものである。神奈川県の伝統的工芸品の組合せとして最も適切なものを，以下の①～⑦のうちから選びなさい。

　伝統的工芸品とは，国の定めた基準をクリアし，国(経済産業大臣)から指定を受けている工芸品のことである。

①	箱根寄木細工	大山こま	小田原漆器
②	横浜芝山漆器	小田原提灯	箱根寄木細工
③	鎌倉彫	箱根寄木細工	大山こま
④	大山こま	鎌倉彫	小田原漆器
⑤	小田原漆器	横浜芝山漆器	小田原提灯
⑥	鎌倉彫	小田原漆器	箱根寄木細工
⑦	小田原提灯	横浜芝山漆器	大山こま

問2　次の記述は，漆工芸と産業について述べたものである。[　　]に当てはまる地名として最も適切なものを，以下の①～④のうちから選びなさい。

　　日本の漆器は"japan"と言われ，品質の高さから世界中で人気を博してきた。漆器の原料となる，品質のよい国産漆が減っている中，浄法寺地区([　　])では，漆掻きに力を入れ，国産漆の大半を産出している。漆の木が育つ里山の環境と漆掻きの技術を守る漆掻き職人，漆掻き独特の道具を作る鍛冶職人，漆器の元になる木地を作る木挽き職人，そして集められた漆を巧みに使い美しい漆器を作り出す漆塗り職人など，多くの職人の技術によって伝統が受け継がれている。

①　福島県会津若松市　　②　岩手県二戸市　　③　石川県輪島市
④　茨城県大子町

問3　次の図版は，造花を封入した椅子である。この作品の作者として最も適切なものを，以下の人物名①～⑤のうちから選びなさい。

　　また，この作品で主に使われたプラスチックの種類として最も適切なものを，後の素材①～⑥のうちから選びなさい。

図版

人物名
①　藤森　健次　　②　柳　宗理　　③　倉俣　史朗
④　剣持　勇　　　⑤　深澤　直人

素材

	プラスチック名	主な特性
①	ポリプロピレン	軽量ながら比較的強度、耐衝撃性がある。
②	塩化ビニル樹脂	硬質と軟質がある。高強度、難燃性に優れる。
③	ポリスチレン（スチロール樹脂）	高透明度。発泡加工で発泡スチロールになる。
④	メタクリル（アクリル）樹脂	高透明度、高硬度。耐候性に優れ着色も可能。
⑤	ポリカーボネート	高透明度、耐衝撃性、難燃性。
⑥	ポリエチレンテレフタレート	無色透明。耐薬品性、耐衝撃性に優れ、気体を透過させにくい。

問4　次の記述は，書体について述べたものである。この書体の名前として最も適切なものを，以下の書体名①〜④のうちから選びなさい。

また，この書体として最も適切なものを，後の図版①〜④のうちから選びなさい。

　1957年にスイスのハース活字鋳造所からノイエ・ハース・グロテスクの名前で発表された。エデュアルド・ホフマンとマックス・ミーディンガーによって作られ，1960年，ドイツのステンペル社からの販売を機に「スイス」を表す言葉にちなんで改称し，機械植字に対応して世界中に普及した。文字間のスペースが狭く設定されているために効率よく文字組みができるだけでなく，拡大して使われるロゴにも多く使用され，パナソニックや，ルフトハンザ航空などの企業が採用している。

書体名

① Times New Roman　　② Frutiger　　③ Garamond

④ Helvetica

図版

①
ABCDEFGHIJ
KLMNOPQRS
TUVWXYZ
abcdefghijklmn
opqrstuvwxyz
0123456789

②
ABCDEFGHIJ
KLMNOPQRS
TUVWXYZ
ABCDEFGHIJ
KLMNOPQRS
TUVWXYZ
0123456789

③ ABCDEFGHIJ
KLMNOPQRS
TUVWXYZ
abcdefghijklmn
opqrstuvwxyz
0123456789

④ ABCDEFGHIJ
KLMNOPQRS
TUVWXYZ
abcdefghijklmn
opqrstuvwxyz
0123456789

問5　次の記述は，図版の映像作品について述べたものである。作者として最も適切なものを，以下の人物名①〜⑤のうちから選びなさい。

　　時計を題材にした映像作品。1秒間に数千カットのコマ数が撮影可能なハイスピードカメラを用いて，滑らかなスローモーションを実現している。実際には，数字を水槽に向かって落下させているのだが，カメラの焦点を数字の表面付近に合わせて，水槽の壁面などが見えないように工夫している。

図版

人物名

①　岩井　俊雄　　②　佐藤　雅彦　　③　宮島　達男
④　中村　勇吾　　⑤　束芋

問6　次の図版Aは，ある人物がデザインしたポスターである。同じ作者によるデザインとして最も適切なものを，以下の図版B①〜⑥のうちから選びなさい。

図版A

図版B

①

②

③

④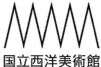

⑤

⑥

▌2023年度 ▌神奈川県・横浜市・川崎市・相模原市 ▌難易度 ▰▰▰▰▱

【7】 日本の美術について，次の各問いに答えなさい。

問1　次の記述は，7世紀に創建されたある寺院に伝わる文化財につい

て述べたものである。[　　]に当てはまる語句として最も適切なものを，以下の語群①～④のうちから選びなさい。

　また，この寺院の伽藍配置として最も適切なものを，後の図版①～⑤のうちから選びなさい。

　推古15年(607年)に創建されたこの寺院に伝わる玉虫厨子は，須弥座の上に宮殿部を載せた形式の厨子で，宮殿部の透かし彫りの金具の下には玉虫の羽が敷きつめられていた。黒漆塗の宮殿型厨子に，顔料を油を媒材にしてもちいる[　　]と漆絵の手法を併用して絵画装飾を加えており，釈迦の前世の物語を異時同図法をもちいてたくみに描かれている。

語群

①　障壁画　　②　密陀絵　　③　研出蒔絵　　④　金銀泥絵

図版

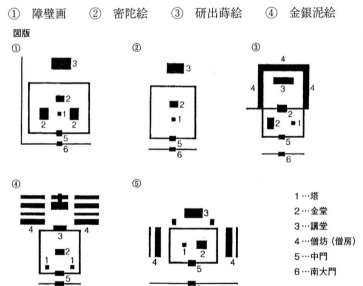

1 … 塔
2 … 金堂
3 … 講堂
4 … 僧坊（僧房）
5 … 中門
6 … 南大門

問2　日本の仏像の図版ア～オについて，制作年代順に古いものから並べた組合せとして最も適切なものを，以下の制作年代の組合せ①～⑤のうちから選びなさい。

　また，図版オに用いられている技法として最も適切なものを，後の語群①～④のうちから選びなさい。

図版

ア

イ

ウ

エ

オ

制作年代の組合せ

①	エ → イ → オ → ウ → ア
②	イ → オ → ア → ウ → エ
③	オ → エ → ウ → イ → ア
④	ウ → オ → ア → エ → イ
⑤	イ → ウ → ア → エ → オ

語群

① 鋳造　② 塑造　③ 寄木造　④ 乾漆造

問3　次の記述は，琳派について述べたものである。図版ア〜カのう
　　ち，尾形光琳が制作した作品の組合せとして最も適切なものを，後
　　の組合せA①〜⑤のうちから選びなさい。

　　　また，図版キはある作品の裏面に描かれたものである。ある作品
　　とその作者の組合せとして最も適切なものを，後の組合せB①〜⑥
　　のうちから選びなさい。

　　　琳派は俵屋宗達から尾形光琳へ，さらに江戸の酒井抱一へと，ま
　　ったく師弟関係のない画家たちによって，自主的に受け継がれてい
　　った流派である。文学的な画題，絢爛たる色彩，絶妙な構図をもち，
　　扇面や着物など工芸品も手掛けた。

図版

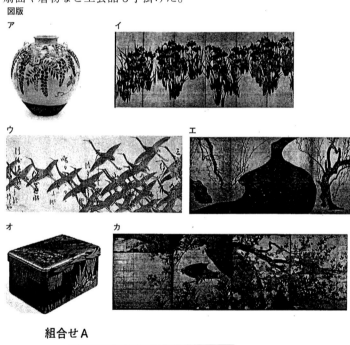

組合せ A

①	ア	ウ	オ
②	ア	エ	カ
③	イ	エ	オ
④	イ	ウ	エ
⑤	ア	ウ	カ

図版
キ

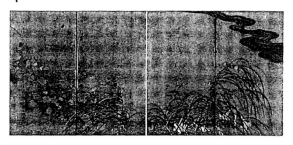

組合せB

	作品名	作者名
①	紅白梅図屏風	俵屋　宗達
②	燕子花図屏風	俵屋　宗達
③	風神雷神図屏風	尾形　光琳
④	紅白梅図屏風	酒井　抱一
⑤	夏秋草図屏風	尾形　光琳
⑥	燕子花図屏風	酒井　抱一

問4　次の記述は，六古窯と呼ばれる窯業産地について述べたものである。この窯業産地として適切でないものを，以下の①～⑥のうちから選びなさい。

　　六古窯とは，古来の陶磁器窯のうち，中世から現在まで生産が続く代表的な6つの産地の総称であり，陶芸家の小山冨士夫が命名した。

① 信楽　　② 丹波　　③ 瀬戸　　④ 越前
⑤ 常滑　　⑥ 益子

問5　次の記述は，ある寺院について述べたものである。この寺院として最も適切なものを，以下の図版①～⑥のうちから選びなさい。

　　奥州藤原氏の初代清衡が，極楽浄土への往生と平和を祈念して建立した。堂の内外には金箔が押され，内部の装飾には蒔絵や螺鈿，透かし彫り金具など，平安時代後期の工芸技術の粋が結集されてい

る。

図版

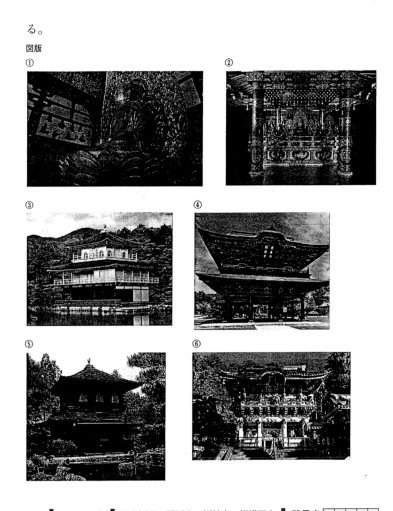

①

②

③

④

⑤

⑥

| 2023年度 | 神奈川県・横浜市・川崎市・相模原市 | 難易度 |

【8】図画工作及び美術の表現と鑑賞に関する次の各問に答えよ。

〔問1〕次の記述は，ある芸術家に関するものである。この芸術家の作品として適切なものは，以下の1〜4のうちのどれか。

　1865年に『オランピア』をサロンに出品して世の非難を浴びるが，色面の明るさを強調した革新的な表現はピサロ，シスレーら若い画家たちをひきつけ，カフェ・ゲルボワの会合に発展，そこから印象派運動が起こった。

　あくまでも目に見える現実を描きながら日本の浮世絵に触発された平面的な画面構成を多用し，ときには省略的な描写法を生かし，明るく新鮮な色彩で画面を統一して視覚の自律性と純粋性を追求し，近代絵画の最も重要な推進者の一人となった。

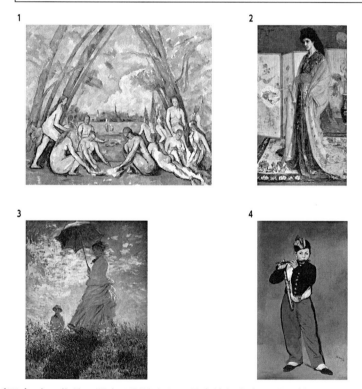

〔問2〕次の作品に関する記述として最も適切なものは，以下の1〜4のうちではどれか。

1　この作品はアンフォルメルに分類されるもので，1940年代から1950年代のヨーロッパ絵画の動向の中で作られた。幾何学的な抽象絵画に対し，形式よりも芸術家の表現衝動が重視される傾向のある抽象絵画である。

2　この作品はミニマル・アートに分類されるもので，描く対象の物語的，表現的な内容を最小限にまで減らし，大規模かつ単純化された形態のことであり，幾何学的になることが多いのが特徴である。

3　この作品はオプティカル・アートに分類されるもので，幾何学や波形の規則的配列や幻覚的な色彩の同時対比などにより，うねりや動きなどの強い錯視効果をもたらすのが特徴である。

4　この作品はキネティック・アートに分類されるもので，物理的な動きを取り入れた視覚的な表現が特徴である。1960年代では，科学技術を応用した動きや光の現象そのものに重点が置かれた。

〔問3〕次の作品ア〜ウに用いられている技法に関する記述として最も適切なものは，以下の1〜4のうちではどれか。

ア

イ

405

ウ

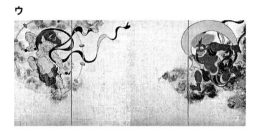

1 アは壁に塗った石灰モルタルが乾かないうちに顔料を水だけ
で溶いて仕上げる技法，イは顔料と卵の展色剤に油成分を加え
た技法，ウは顔料にみょうばん水を展色剤とした技法で描かれ
ている。

2 アは顔料に乾性油を展色剤とした技法，イは顔料と卵の展色
剤に油成分を加えた技法，ウは顔料ににかわ水を展色剤とした
技法で描かれている。

3 アは顔料と卵の展色剤に油成分を加えた技法，イは壁に塗っ
た石灰モルタルが乾かないうちに顔料を水だけで溶いて仕上げ
る技法，ウは顔料ににかわ水を展色剤とした技法で描かれてい
る。

4 アは顔料と卵の展色剤に油成分を加えた技法，イは顔料に乾
性油を展色剤とした技法，ウは顔料にみょうばん水を展色剤と
した技法で描かれている。

〔問4〕次の記述は，ある作品に関するものである。この作品として最
も適切なものは，以下の1～4のうちではどれか。

> 琉球特有の型紙染め。布を長板に張り型紙をおいてのりを
> 置き，色を挿す。型紙は1枚で，複雑な色は挿すときに表現す
> る。2本の筆を用い1本は色を置き，他の1本は色を摺り込む。
> 色挿しが終わると再び上塗りをする。次に隈取りと呼ぶぼか
> しを行い色の調子を複雑にする。

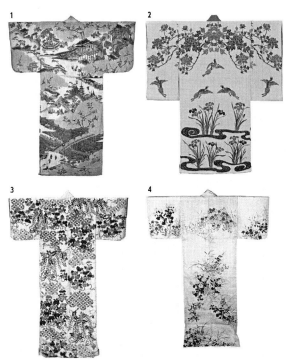

〔問5〕次の建築物ア・イと，建築物に関する記述A～Cとの組合せとして最も適切なものは，後の1～6のうちではどれか。

ア

イ

A　この建築物は，半円アーチを有し，分厚く堅固な壁を用いたロマネスク様式のものである。全体が不燃性の石でつくられた石造天井になっており，内部の壁や天井にはフレスコ画がつくられた。

B　この建築物は，尖頭アーチと，強い垂直性が特徴として挙げられるゴシック様式のものである。細い柱と柱の間に大きな窓をつくることが可能で，色彩豊かなステンドグラスがつくられた。

C　この建築物は，バシリカ式と集中式の2種類の形式を融合し，ドームを組み合わせたビザンチン様式のものである。ドームの内部には，色大理石やガラスを用いたモザイク壁画がつくられた。

1　ア－A　　イ－B

2　ア－A　　イ－C

3　ア－B　　イ－A

4　ア－B　　イ－C

5　ア－C　　イ－A

6　ア－C　　イ－B

| 2022年度 | 東京都 | 難易度 |

【9】図画工作及び美術の鑑賞に関する次の各問に答えよ。

〔問1〕次の作品の作者に関する記述として適切なものは，以下の1～4のうちのどれか。

1　作者は，米国内の旅を重ね，従来あまり描かれなかった荒廃した都市の光景や田舎の駅舎などを実直なリアリズムで描いた。作品の多くに描かれた早朝や黄昏の陽光，部屋の灯は，彼の光に対する強い感受性を示している。

2 作者は，芸術一家に生まれ，若いうちから印象主義的な水彩画で有名になった。彼の成熟した画風の特徴は，写実主義的な解釈と，明白な美しさ，そしてほとんど写真のような精密さである。

3 作者は，身近な風景や人物を終生の主題とした。純真無垢な想像力によって，単純で克明な形態と固有色を生かした色彩に造形的な秩序を与え，写実と幻想の交錯する独創的なスタイルを樹立した。

4 作者は，ナビ派の結成に参加し，平坦な色面を主体に都会生活の断面を切り取った作品を描いた。その後，主題は親密な雰囲気をただよわせる室内に集中していき，色彩と形態の処理は，感覚的で自在なものになった。

〔問2〕 次の作品に関する記述として最も適切なものは，以下の1〜4のうちではどれか。

1 物語絵巻では最古の作品である。墨で素描した上から彩色を施し，その後にもう一度輪郭が描かれている。貴族の顔に見られる引目鉤鼻，物語の舞台となる吹抜屋台など，受け手が想像を広げられるように表現されている。

2 社寺の由来や霊験などを描いた絵巻物である。場面展開に応じて視点が変化するのが特徴で，左から右へと話が遡る場面がある。飛倉の巻では，校倉自体をほとんど描かず，それを見上げる人々の眼差しで表現されている。

3 全巻いずれも詞書がなく，墨絵の白描絵巻である。甲巻は，猿と兎が谷川で水遊びをする場面から始まって，田楽，相撲，法会

409

など当時の人々の生活ぶりを猿，兎，狐，蛙などの擬人化によって表現されている。

4　物語を主題とした説話絵巻である。一定の視角を設定し，視線をほぼ平行に移動していく空間把握が特徴で，子供の喧嘩という，たわいないことから応天門炎上の真相が露見した童喧嘩では，異時同図の手法やシーンを連続させる構成によって表現されている。

〔問3〕次の記述は，以下の彫刻作品に関するものである。記述中の空欄[　ア　]〜[　ウ　]に当てはまる語句の組合せとして適切なものは，以下の1〜8のうちのどれか。

> この作品は，頭部を含め，比較的完全な形で残る[　ア　]彫刻のひとつである。その端正な顔立ちはクラシック期の特徴を見せるが，時計回りの動きをもつ強い体のひねりは[　イ　]期の特徴をよく示している。当時の古典主義的な傾向を示す作品で，失われた両腕がこの像をより魅力的なものとしている。[　ウ　]に所蔵されている。

1　ア　ギリシア　イ　アルカイク　ウ　大英博物館

2	ア	ギリシア	イ	アルカイク	ウ	ルーヴル美術館
3	ア	ギリシア	イ	ヘレニズム	ウ	大英博物館
4	ア	ギリシア	イ	ヘレニズム	ウ	ルーヴル美術館
5	ア	ローマ	イ	アルカイク	ウ	大英博物館
6	ア	ローマ	イ	アルカイク	ウ	ルーヴル美術館
7	ア	ローマ	イ	ヘレニズム	ウ	大英博物館
8	ア	ローマ	イ	ヘレニズム	ウ	ルーヴル美術館

〔問4〕次の作品に関する記述として最も適切なものは，以下の1～4のうちではどれか。

1　利休の精神を具体化し，楽焼を確立させた作者の作品である。この香炉は，焼成中に釉薬が変化し，羽の斑文周辺が明るく発色する窯変という手法がとられた。

2　京焼色絵の完成者で京焼の基本を確立させた作者の作品である。この香炉は，造形と色絵付によって，写実性と装飾性を一体化させる手法がとられた。

3　華やかな絵付が特徴の古伊万里を確立させた作者の作品である。この香炉は，ヨーロッパでも評価された染錦手や金襴手という手法がとられた。

4　日本で初めて色絵磁器の焼成に成功し，有田焼を確立させた作者の作品である。この香炉は，濁手という乳白色の素地に金彩と色絵の手法がとられた。

〔問5〕次の記述は，ある写真家に関するものである。この写真家の作品として適切なものは，以下の1～4のうちのどれか。

写真に芸術としての品位と尊厳を与えた報道写真家といわれている。シュルレアリスムなど同時代の現代美術に精通し，自分の関心に従って被写体を求め，日常の中の緊張した一瞬を視覚化した。彼は，「写真は動作中の諸要素がみごとに釣り合う瞬間をとらえ，その均衡を不動のものにしなければならない」と述べている。

1

2

3

4

〔問6〕次の建築物は，我が国のある建築家によるものである。この建築家の作品として適切なものは，以下の1〜4のうちのどれか。

1

2

3

4

┃ 2022年度 ┃ 東京都 ┃ 難易度 ▰▰▰▱▱

【10】

〔問1〕 次の記述は，色料の三原色に関するものである。記述中の空欄
[ア]〜[エ]に当てはまるものの組合せとして適切なものは，
以下の1〜4のうちのどれか。

　色料の三原色は[　ア　]の3色のことで，混ぜると[　イ　]が[　ウ　]なり[　エ　]に近づく。このような混色を「減法混色」という。

	ア	イ	ウ	エ
1	シアン、マゼンタ、イエロー	彩度	高く	白
2	シアン、マゼンタ、イエロー	明度	低く	黒
3	レッド、グリーン、ブルー	彩度	低く	白
4	レッド、グリーン、ブルー	明度	高く	黒

〔問2〕次の記述は，ある人物に関するものである。この人物として適切なものは，以下のA群の1〜4のうちのどれか。また，その人物の作品として適切なものは，後のB群の1〜4のうちのどれか。

　　江戸時代前期の芸術家で書，陶芸，蒔絵などに秀で，また，古典，茶道に通じた幅広い教養と卓抜した才能をもって，新しい芸術の指導者となった。1615年徳川家康から洛北鷹峰を賜り，一族や工芸家等を引き連れて移り住んだ。

【A群】
1　尾形光琳　　2　酒井抱一　　3　俵屋宗達　　4　本阿弥光悦

【B群】

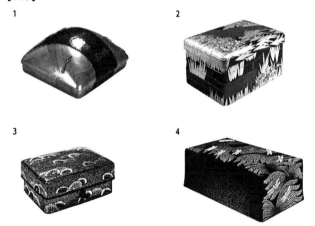

〔問3〕小学校学習指導要領図画工作「各学年の目標及び内容」の〔第

5学年及び第6学年〕の「目標」に関する記述として適切なものは，次の1〜4のうちのどれか。

1 対象や事象を捉える造形的な視点について自分の感覚や行為を通して理解するとともに，材料や用具を活用し，表し方などを工夫して，創造的につくったり表したりすることができるようにする。

2 対象や事象を捉える造形的な視点について理解するとともに，意図に応じて表現方法を工夫して表すことができるようにする。

3 造形的な面白さや楽しさ，表したいこと，表し方などについて考え，楽しく発想や構想をしたり，身の回りの作品などから自分の見方や感じ方を広げたりすることができるようにする。

4 造形的なよさや面白さ，表したいこと，表し方などについて考え，豊かに発想や構想をしたり，身近にある作品などから自分の見方や感じ方を広げたりすることができるようにする。

〔問4〕中学校学習指導要領美術の「各学年の目標及び内容」の〔第2学年及び第3学年〕の「内容」の「A表現」において，身に付けることができるよう指導するとされている事項に関する記述として適切なものは，次の1〜4のうちのどれか。

1 身近な環境の中に見られる造形的な美しさなどを感じ取り，安らぎや自然との共生などの視点から生活や社会を美しく豊かにする美術の働きについて考えるなどして，見方や感じ方を深めること。

2 身の回りにある自然物や人工物の形や色彩，材料などの造形的な美しさなどを感じ取り，生活を美しく豊かにする美術の働きについて考えるなどして，見方や感じ方を広げること。

3 構成や装飾の目的や条件などを基に，用いる場面や環境，社会との関わりなどから主題を生み出し，美的感覚を働かせて調和のとれた洗練された美しさなどを総合的に考え，表現の構想を練ること。

4 対象や事象を見つめ感じ取った形や色彩の特徴や美しさ，想像したことなどを基に主題を生み出し，全体と部分との関係などを考え，創造的な構成を工夫し，心豊かに表現する構想を練ること。

▌ 2022年度 ▌ 東京都 ▌ 難易度 ▤▤▤▢▢

415

【11】世界の美術について，次の各問いに答えなさい。

　問1　次の図版は，大理石等のオリジナルの彫刻作品から，型をとり
　　複製をした石膏像である。オリジナルの作者がドナテルロであるも
　　のとして最も適切なものを，図版①〜⑦のうちから選びなさい。ま
　　た，オリジナルが胸像であるものとして最も適切なものを，図版①
　　〜⑦のうちから選びなさい。

図版

　問2　次の記述ア，イは，椅子の名称とその特徴について述べたもの
　　である。ア，イの椅子として最も適切なものを，以下の図版①〜⑦

416

のうちからそれぞれ選びなさい。

ア　名称を「ワシリー・チェア」といい，量産化に対応できる素材
　であるスチールを使用した椅子である。

イ　名称を「アーロンチェア」といい，人間工学に基づき座る人の
　体型や使用環境に応じて細かく調整できるように設計されてい
　る。

図版

① 　② 　③

④ 　⑤ 　⑥

⑦

問3　次の記述は，ある世界遺産について述べたものである。この記
　述が説明する図版として最も適切なものを，以下の図版①～⑥のう
　ちから選びなさい。

　パリ中心部のシテ島にある聖母マリアにささげられた大聖堂。ゴ

シック建築を代表する建物として知られ，1991年に「パリのセーヌ河岸」という名称で周辺の文化遺産とともに世界遺産に登録された。2019年の4月，大規模な火災が発生した。

図版

① ② ③ ④ ⑤ ⑥

問4　次の記述は，印象主義について述べたものである。印象主義という名称の由来となった作品を制作した作家の作品として最も適切なものを，以下の図版①〜④のうちから選びなさい。

　彼らは自分の目で見たままを描くという立場から，屋外での制作

を試みた。自然の色が光の状態で刻々と変化することに気付き，自然の明るさを表すために純粋な色を使い，パレットでの混色を避け，筆触による描法を試みた。これら色彩の視覚的効果を表現しようとした画家たちの運動を印象主義と呼ぶ。

図版

①

②

③

④

問5　次の記述は，ある画家について述べたものである。この画家の作品として最も適切なものを，以下の図版①〜⑤のうちから選びなさい。

　この画家は1887年アメリカに生まれた。彼女の才能をいち早く認めたのは，有名な写真家で，後に夫となるアルフレッド・スティーグリッツであった。

　彼女は「花」や「都市」を描くかたわら，毎年夏にはニューメキシコに滞在し，その荒涼とした風景や拾い集めた動物の骨などを描

くようになった。砂漠に魅せられた画家は60歳を過ぎてから98歳で
亡くなるまで，その大地の中で簡素な生活を送った。

図版

①

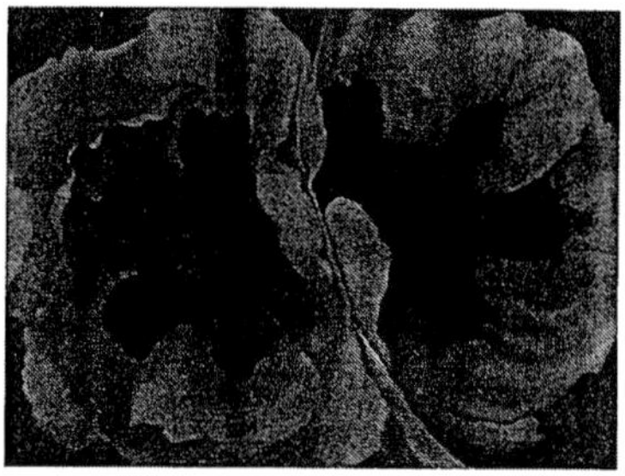

②

③

④

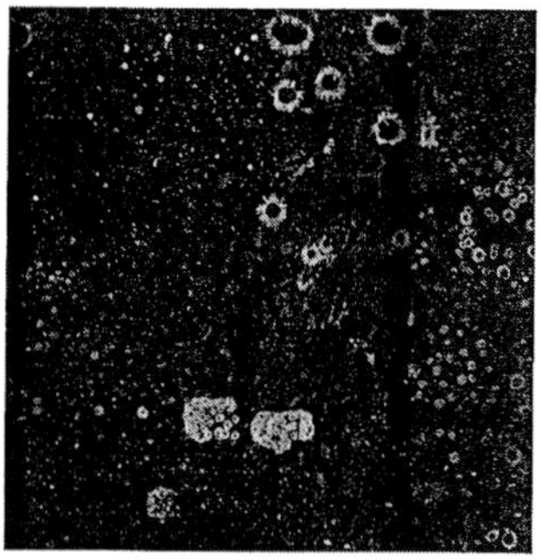

⑤

問6　次の記述は，ある画家について述べたものである。この画家の
　　作品として最も適切なものを，以下の図版①〜④のうちから選びな
　　さい。

　　　この画家はサタデー・イヴニング・ポストの表紙を半世紀近くも
　　描き続けた。この絵もそのための原画であるが，状況設定の巧みさ，
　　鋭い観察力，的確な描写力，そしてユーモアとウィットなど，この
　　絵から学べるものはふんだんにある。

図版

問7　次の記述は，18世紀のフランスの美術について述べたものである。下線部の画家の作品として最も適切なものを，以下の図版①〜⑤のうちから選びなさい。

　18世紀はフランスの宮廷を中心に洗練され軽快で優美なロココと呼ばれる様式が流行した。絵画ではヴァトーやフラゴナールが軽妙なタッチと豊かな色彩で，貴族の生活と想像的情景を交えた優雅な世界を表現した。一方，同時代には，このようなロココの流行とは対照的に，身近な器物や庶民の生活などを，調和のとれた繊細な色調で描き続けた画家もいた。

図版

① ② ③ ④ ⑤

┃ 2021年度 ┃ 神奈川県・横浜市・川崎市・相模原市 ┃ 難易度 ┃■■■□□

解答・解説

【1】 (1) 4 (2) 3 (3) 1 (4) 2 (5) 2 (6) 3

解説 (1) Aは川瀬巴水の「大坂天王寺」，Bはトゥールーズ＝ロートレ

ックの「踊るジャンヌ・アヴリル」，Cは駒井哲郎の銅版画「静物」，D
はアンディ・ウォーホル「マリリン・モンロー」である。　(2)　選択
肢3について，展性は延ばす圧延などによって板状や棒状に成形する。
一方延性は，材料に引っ張る力を加えたときに変形する。　(3)「灰
色と淡い水色」や「灰色と淡い緑」は，明度の低い色ではなく，彩度
の低い色である。彩度とはそれぞれの色で，白・灰色・黒色の混ざっ
ている度合いを言い，これらの色が混ざらないほど彩度は高くなる。
(4)　ア　友禅染めは，模様の白い輪郭線で，これは防染のために糸目
糊を置いたことによってできる技法。この糸目糊により，模様の色が
はみ出したり，混ざり合ったりしないで染めることができる。　イ
有松・鳴海絞りは，江戸時代の竹田庄九郎らによって誕生した。図案
通り型紙を彫り，布地に青花液(あおばなえき)を用いて下絵刷りをす
る。そしてその布を綿糸で括り，染め上げる技法。　ウ　更紗は，イ
ンドで生まれたとされる模様のひとつで，更紗染めは，何枚もの型紙
を用いて刷毛によって生地を捺染する技法。　エ　紅型は，植物性染
料と顔料から生まれる鮮やかで美しい色合いをもつ，沖縄を代表する
伝統的な染色の技法。　(5)　この絵巻物は「鳥獣戯画」で，猿・兎・
蛙などの動物が擬人化して描かれている。平安時代末期から鎌倉時代
前期にかけて，鳥羽僧正覚猷とされている。異時同図法とは，同じ登
場人物の異なる時間の流れを，同じ空間に描くことで時系列を表現す
る手法である。　(6)　F　和泉櫛は，つげの木を主な素材とし，小割
して乾燥した後，歯を挽き，形を整え，磨いて仕上げる技法である。
H　大阪張り子は，約400年の歴史があり，大阪府柏原市が主な産地で
ある。和紙を主な原料とし，紙付け→木地張り→木地拵え→胡粉塗り
→着色の製造工程を経て製造される。　G　大阪欄間は，屋久杉，杉，
檜，桐等を主な素材とし，絵画調の彫刻欄間，桐の肌と透かし模様が
調和した透彫欄間，簡潔な幾何学模様を表した組子欄間などがある。
I　堺打刃物は，安土桃山時代，煙草庖丁の製造が大阪の堺で始まり，
全国的にその地位を確立した。主な素材は鋼であり，伝統的な火造り，
刃付け，研ぎの方法によって作られる。

【2】問1　ウ　　問2　ア　　問3　ウ

解説　問1，問2　誤肢である人物も北海道に縁のある人物であるためよく学習しておこう。アの本郷新は札幌出身の彫刻家で，彫刻の社会性や公共性を重視し，野外彫刻の制作に熱意を傾けた。代表作に問2のエ『泉の像』(札幌市大通公園)がある。イの砂澤ビッキは旭川出身の彫刻家で，自然や生命をテーマに独創的な活動を続けた。主な作品として『樹鷲函』などがある。エのイサム・ノグチはモエレ沼公園の制作者としても知られる。代表作として問2のウ『ブラック・スライド・マントラ』(大通公園)がある。なお，問2の正答アは『天聖・天渝』であり，スペインのカナリア諸島にある。また，問2のイは『北追岬』(北追岬公園)であり，流政之の作品である。　問3　ここでは自然の多様なよさに気づくこと，心安らぐ環境とはどのようなものか，人工的なものが人間と自然の両方に調和し，造形感覚に照らして美しい環境をつくりだすにはどうしたらよいか，といった環境の中の造形のはたらきを考察させることをねらいとしている。問1，2にあるような野外彫刻との関連性を踏まえながら学習するとよい。

【3】(1)　①　ア　作者名…レンブラント・ファン・レイン(レンブラント)　作品名…夜警　イ　作者名…オーギュスト・ルノワール(ルノワール)　作品名…ムーラン・ド・ラ・ギャレット　②　ルネサンス後の17世紀，画家たちは調和を重んじる表現から，よりインパクトの強い表現をめざした。この時代の芸術をバロックといい，作品ア(レンブラントの「夜警」)からは，あえて暗い色調で描き，劇的に見せるためスポットライトを中心の2人に当てているかのように描くことで光と影の明暗の対比から作者の主題が強調されている。　その後18世紀では写実主義を経て，絵の具を長時間保存できる金属チューブの開発により，画家たちは戸外で制作できるようになった。その時代の代表的な作家であるモネは刻々と変化する自然を見逃すまいと何度も同じモチーフを描き続け，物体の輪郭や奥行きがはっきりしない絵が特徴的である。作品イのルノワールも同様に，パリ郊外の野外ダンス上で踊る人々を情感豊かに描いた。特徴的なのは降り注ぐ光を地面や人の背中に斑点のように描き，ゆらめく木漏れ日をうまく表現してい

る。　　(2)　プロジェクションマッピング

解説 (1)「夜警」は，作品全体を包む薄暗い雰囲気に対し，正面左上から強い光が差し込むことでなにかが起こりそうな独特な緊張感を示している。一方のムーラン・ド・ラ・ギャレットは，ドレスやジャケットにあたる外光を，きらきらと反射する大きな色の斑点として，また，地面の影を大胆に青色で描いている。それぞれ，劇的に描写するため光と影を駆使して表現している。　　(2)　プロジェクションマッピングは，専用のスクリーンではなく，壁面や，建築物・家具など立体物の表面にプロジェクターで映像を投影する手法であり。最近では広告，各種イベント，メディアアートなどで利用されている。

【4】問1　1　　問2　4　　問3　3

解説 問1　2　紙やすりは番号が低いものから順に目が粗い。　3　木工用ボンドは酢酸ビニル樹脂を水に分散した水系接着剤で，乳白色だが，乾くと透明になる。　　4　石膏は水に振り落とした後，1分ほど放置し，気泡を入れないように静かに撹拌する。　　問2　図版は肢4のサンドロ・ボッティチェリが，ギリシャ神話の神たちをテンペラ画で描いた，「プリマヴェーラ(春)」(1482年頃)という作品である。ルネサンス期の名画として名高く，フィレンツェのウフィツィ美術館が所蔵する。ボッティチェリの代表作としては，このほかに「ヴィーナスの誕生」もチェックしておきたい。　　問3　なお，肢1は小学校第1学年及び第2学年，2は中学校第2学年及び第3学年，肢4は小学校第3学年及び第4学年の目標・内容である。

【5】(1)　4　　(2)　3　　(3)　3　　(4)　2　　(5)　4　　(6)　1

解説 (1)　Aはスペインの画家でシュルレアリストのオスカル・ドミンゲスの作品。1963年にデカルコマニー技法を発明した。紙などの表面に薄く広げた絵の具を，キャンバスなど別の表面に押しつけ転写し，形を連想させる表現方法である。Bはドイツのマックス・エルンストの作品。ダダ，シュルレアリスムの開拓者として知られ，コラージュ作家として評価が高い。鉛筆による摩擦で物体の輪郭を浮かび上がらせるフロッタージュ技法を1925年に創始した。Cは戦後アメリカで偉

大な功績を残したジャクソン・ポロックの作品。1940年後半に起こった抽象表現主義の旗手として知られる。絵の具を筆で塗ったりせず，床に敷いたキャンバスに，直接垂らして描いていくドリッピング技法を生み出した。　(2)　一般的に胴付きのこぎりの刃は「横びき刃」である。胴付きのこぎりは細かい刃で精密にひくのこぎりで技術を要し，刃が薄いため，歪まないよう背金で固定されている。　(3)　ガッシュは不透明水彩絵の具であり，顔料を多く，アラビアゴムを少なく配分して作られている。主な特徴はクリーム状，下層を覆い隠せる，耐光性，重厚で力強いタッチなどがあげられる。絵の具は顔料とのりでできているが，配合比の差で違いが出る。肢4の配合も頻出問題であるため，それぞれの違いを理解しておこう。　(4)　「順光」とはカメラを構えた時に背後に光源がある状態。被写体は正面から光で照らされることから影は被写体の後ろにできるが，明暗差が出にくいため，面白い表現は撮影しにくい。一方，「逆光」は前方に光源があり，被写体の後ろから光で照らされている状態であり，光と被写体の明暗差が強くなる。なお，肢4の「拡張現実(AR)」ではスマホ向けゲームアプリ「ポケモンGO」が知られており，AR技術が世界的ブームを巻き起こした現象のひとつとしてあげられる。　(5)　Dは大阪府茨木市出身の現代芸術作家ヤノベケンジの「SHIP'S CAT (Muse)」であり，2022年に開館した「大阪中之島美術館」の屋外に設置されている。ヤノベケンジはユーモラスな形態と社会的メッセージを込めた大型機械彫刻を特徴とし，国内外での評価が高い注目の作家である。Eは彫刻家の新宮晋が制作した「波の記憶」であり，大阪港マーメイド広場に設置されている。Fは現代建築家である村野藤吾が，1963年に制作した「梅田吸気塔」である。ステンレスの不思議なオブジェに見えるが，梅田の大規模地下街に外気を送り込むための施設である。Gはオーストリアの画家・建築家であるフンデルトヴァッサーの大阪市環境局舞洲工場(ゴミ処理場)である。大阪に関する建造物等は今後も出題される可能性があるので，チェックしておきたい。　(6)　Hは国宝「源氏物語絵巻」である。「吹抜屋台」は天井を描かず，斜め上から俯瞰的に屋内を描く，大和絵の手法のひとつであり，日本独自の手法と推測される。吹抜屋台を使った他の作品としては国宝「聖徳太子絵伝障子絵」

(1069年)などがあげられる。

【6】問1　⑥　　問2　②　　問3　人物名…③　　素材…④
問4　書体名…④　　図版…③　　問5　④　　問6　①

解 説　問1　表内の選択肢に記載される工芸品は，すべて神奈川県の工
芸品として古くから大切に作られ，人々に愛されてきた品々である。
その中で伝統的工芸品として指定されているのは鎌倉彫，小田原漆器，
箱根寄木細工の3つ。さらに東京都などと共同で指定される江戸押絵
もある。「伝統的工芸品」の認定は日々更新されているため，公式ホ
ームページなどで最新情報のチェックをしておくとよいだろう。

問2　「浄法寺漆」は岩手県二戸市を中心に生産される国産漆である。
現在，日本で流通する漆の約97％は中国やアジアのものとされるが，
国内シェアはこの地区の漆がトップである。文化庁は平成30年度より
国宝・重要文化財建造物の保存修理における漆の使用について，国産
を原則とすることと決定し，日光東照宮の大修復などにも「浄法寺漆」
が使われている。なお，①「会津漆器」，③「輪島塗」も伝統的な漆
工芸の産地，④「大子漆」は国産漆の産地として知られる。

問3　図版は倉俣史朗(1934～91年)の代表作「ミス・ブランチ」(1988
年)である。図版では分かりにくいが，透明なアクリル樹脂の中に，赤
いバラの造花を流し込む方法で制作されている。ほぼ手作りのため56
脚しか生産されていない。倉俣はエキセントリックなデザインを次々
に発表し，その独創性で「クラマタ・ショック」と世界を驚かせた人
物である。なお，藤森健次は日本を代表する座椅子のデザイナー。柳
宗理は20世紀に活躍したインダストリアルデザイナーで，代表作の一
つに「バタフライスツール」がある。剣持勇は戦後日本のデザインを
海外に発信したインテリアデザイナーで，代表作に「スタッキングス
ツール」がある。深澤直人は国内外で活躍中のプロダクトデザイナー
で，グッドデザイン賞審査委員長も務めている。椅子の代表作として
は「『マルニ木工』HIROSHIMAアームチェア」がある。

問4　「Helvetica」は，欧文フォントの定番中の定番と言われ，最も使
用されている書体の一つ。簡素で落ち着いた書体でありながら力強さ
があり，幅広い汎用性があるといった特徴がある。「Times New Roman」

は，イギリスの新聞のタイムズで使われた新聞用のフォントが元になっている。半角英数専用のフォントであるため，全角の文字には使うことができない。「Frutiger」は，機能を重視し，無駄な装飾を排したサンセリフ体の書体。元々パリのシャルル・ド・ゴール空港のサインシステム用に作られた。視認性の高い定番欧文フォントとして，看板やディスプレイ，本文テキストまで幅広く使われる。「Garamond」は，16世紀にフランス人の活字鋳造業者，クロード・ギャラモンが製造した活字がオールド・ローマンの代名詞のようにいわれたことをきっかけに，各地の活字鋳造所でこの活字が制作された。ラテン文字の活字書体でセリフ体に属する。　問5　図版の作品は，時計スクリーンセーバー「Drop Clock」(2008年)。フォント「Helvetica」を水中に落として落下していく瞬間を超スローモーション撮影し，制作した。中村勇吾はKDDIスマートフォン端末「INFOBAR」のUIデザイン，NHK教育番組「デザインあ」のディレクション等でも知られる。岩井俊雄はメディアアートの第一人者であり，人気絵本『100かいだてのいえ』の作者でもある。宮島達男はLEDを使った作品で知られる現代美術家。束芋は現代美術作家。日本の社会をテーマにユーモラスな映像作品，アニメーションなどを発表している。　問6　図版Aのポスターは「Nihon Buyo」(1981年)で，米国の大学で開催された日本舞踏公演のポスターである。作者の田中一光は，戦後日本を代表するグラフィックデザイナー，アートディレクターの一人。琳派に大きな影響を受け，20世紀のデザイン界へ継承したと言われている。日本的な色彩や質感，構成をモダンデザインに昇華させ，大胆かつ気品ある作風で世界的な称賛を受けた。田中一光の作品としては図版Bの①「ギンザグラフィックギャラリー」(1986年)のロゴデザインがあり，ほかにも「科学万博－つくば」，「無印良品」，「LOFT」のロゴデザイン，「ヒロシマ・アピールズ」ポスターなどがある。なお，②は「金沢21世紀美術館」で佐藤卓，③は「東京国立近代美術館」で平野敬子，④は「国立西洋美術館」で松永真，⑤は「東京都現代美術館」で仲條正義，⑥は「江戸東京博物館」で佐藤晃一の作品である。

【7】問1　語群…②　　図版…⑤　　問2　制作年代の組合せ…②　　語群…②　　問3　組合せA…③　　組合せB…③　　問4　⑥
問5　②

解説　問1　「蜜陀絵」は中国から伝来し，日本の古代絵画などに用いられた技法。密陀僧(一酸化鉛)を用いて描かれた一種の油絵とされる。「玉虫厨子」は，仏像などを収納する仏具の「機能」に，木工芸，金属工芸，漆工芸，蜜陀絵などの「美」が加わった至極の工芸作品といえる。なお，伽藍配置とは，寺院における堂塔の配置形式。寺院の名を冠して呼ばれ，代表的なものに法隆寺，飛鳥寺式，四天王寺式，薬師寺式，東大寺式などがある。　問2　イは法隆寺本尊・釈迦三尊像(623年)。聖徳太子を弔うため，鞍作止利(止利仏師)によって作られたと伝えられる。アルカイックスマイルを口もとに浮かべる。オは東大寺戒壇院・広目天(8世紀中頃)である。国宝「四天王立像」の中の一つで，天平彫刻の最高峰とされる。作者は不明だが，精巧で美しい「塑像」で作られ，日本にある四天王像では頂点と評される。アは平等院鳳凰堂・雲中供養菩薩像(1053年)である。本尊である阿弥陀如来坐像を囲む壁面に懸け並べられた52もの数になる菩薩像(国宝)の中の一つである。定朝の工房で制作された。各像はいずれも雲に乗り，楽器を演奏したり，舞を舞ったり，合掌するなど変化に跳んだ愛らしい姿を見せる。ウは東大寺・南大門金剛力士(仁王)像の阿形像(1203年)。運慶や快慶，さらには定覚や湛慶ら仏師の手によって，わずか69日間で作られたと言われる。檜の寄木造で，高さ8.4m弱の巨大像である。南大門の正面から見て門の左側には口を開けた阿形像，右側には口を結んだ吽形像が安置される。エは飛騨千光寺・両面宿儺坐像(江戸時代)である。宿儺像は仁徳天皇代の飛騨の豪族で千光寺の開祖。64年の生涯で12万体あまりの仏像を作った円空の作品である。　問3　図版イは「燕子花図屏風」(江戸時代／18世紀初頭)で，日本絵画史における代表的な傑作の一つ。紙本金地著色(着色)にて金箔地に青や緑色を使って描かれ，大胆に単純化されたリズム感ある表現が特徴である。エは「紅白梅図屏風」(1710年代)。江戸時代中期に活躍した光琳が晩年に手がけた傑作。二曲一双の金地を背景に白梅と紅梅を対峙させ，図案化した梅花や水流を配し，装飾的な画面をつくりあげている。オ

は，漆塗りの蒔絵技法を用いた硯箱「八橋蒔絵螺鈿硯箱」(江戸時代)である。伊勢物語の中の有名な歌の情景を描いた作品で，表面及び側面に八橋と燕子花が大胆にデザインされている。なお，アは江戸時代を代表する陶工，野々村仁清の「色絵藤花茶壺」。ウは俵屋宗達(絵)と本阿弥光悦(書)の共作「鶴下絵三十六歌仙和歌巻」。カは長谷川等伯の金碧障壁画「楓図」である。キは酒井抱一の「夏秋草図屏風」(江戸時代／1821-1822年)。光琳の名作「風神雷神図屏風」の背面に，後から描き入れた作品として知られる。現在はそれぞれを分け，屏風の形にして保存される。「琳派」についての出題は全国的に非常に高く，作家や作品だけでなく，技法や作風，作家間のつながりや影響に至るまで，そのすべてを網羅しておきたい。　問4　「六古窯」は，その名の通り6つの古くからある窯(陶芸を焼く装置や設備)を指す。①「信楽」は滋賀県甲賀市，②「丹波」は兵庫県丹波篠山市，③「瀬戸」は愛知県瀬戸市，④「越前」は福井県丹生郡越前町，⑤「常滑」は愛知県常滑市。選択肢にはないが6つ目の窯は岡山県備前市の「備前」である。⑥「益子」は江戸時代に栃木県芳賀郡益子周辺で始まったとされる陶器の産地。陶芸家の濱田庄司やイギリスの陶芸家バーナード・リーチなどの普及活動，民藝運動などでも知られ，歴史もある窯だが，「六古窯」には含まれない。　問5　正答の②は岩手県平泉の中尊寺金色堂(1124年)である。なお，①は平等院鳳凰堂，③は鹿苑寺(金閣寺)，④は建長寺山門(三門)，⑤は慈照寺(銀閣寺)，⑥は日光東照宮陽明門である。

【8】問1　4　　問2　2　　問3　3　　問4　2　　問5　1

解説　問1　エドゥワール・マネに関する記述で，彼の作品は，4の『笛を吹く少年』(1866年)である。『オリンピア』は，パリの娼婦の裸体を描いたもので，辛辣な評価を受けた。1はポール・セザンヌの作品『女性大水浴図』(1900～06年)，2はジェームズ・マクニール・ホイッスラーの作品『陶器の国の姫君』(1863～65年頃)，3はクロード・モネの作品『散歩，日傘をさす女』(1875年)である。　問2　出題された作品は，フランク・ステラによる『タンパ』(1963年)である。規則正しい黒のストライプで画面を覆うブラック・ペインティングを制作し，

16人のアメリカ作家展に選抜されて有名になった。ミニマル・アートの代表的な作家である。　問3　アは，サンドロ・ボッティチェリ制作の『ヴィーナスの誕生』(1485年頃)である。生卵を展色材として使うテンペラ絵の具によって描かれている。イは，ミケランジェロ制作の『アダムの創造(システィーナ礼拝堂の天井画)』(1508～12年)である。絵の具の定着を溶剤に頼らないフレスコ画の技法により描かれている。ウは，俵屋宗達による『風神雷神図屏風』(17世紀前半)である。宗達が生み出したたらしこみなどの技法によって描かれている。

問4　紅型(びんがた)に関する記述である。琉球王朝時代に，上流階級の人々の衣装や舞台衣装として発達したという。一枚型の型紙で連続的に型付けをするのが，特徴の一つとされる。　問5　アは，イタリアにあるピサ大聖堂である。聖堂の傍らにある鐘楼が，ピサの斜塔である。イは，フランスにあるシャルトル大聖堂である。もともとはロマネスク様式でつくられていたが，何度かの火災によって消失し，ゴシック様式で再建された。

【9】問1　1　　問2　4　　問3　4　　問4　2　　問5　4　　問6　4

解説　問1　20世紀のアメリカを代表する画家の一人である，エドワード・ホッパーの作品『ナイトホークス』(1942年)である。大都会の孤独を描いた作品である。　問2　日本四大絵巻の一つとされる，国宝『伴大納言絵巻』(平安時代)である。応天門の変を題材として描かれたものである。日本四大絵巻とは他に，『源氏物語絵巻』，『信貴山縁起絵巻』，『鳥獣人物戯画』である。　問3　出題された彫刻作品は『ミロのヴィーナス』で，大理石製のヴィーナス(ギリシア神話のアフロディーテ)像である。紀元前2世紀頃に制作されたもので，1820年にエーゲ海にあるメロス島で出土された。　問4　江戸時代の陶工である野々村仁清による『色絵雉香炉(いろえきじこうろ)』(17世紀)で，ほぼ等身大の雉の香炉である。　問5　フランスの写真家，アンリ・カルティエ＝ブレッソンに関する記述である。彼の作品は，4の『サン・ラザール駅裏』(1932年)である。1はアルフレッド・スティーグリッツによる『三等船室』(1907年)，2はロベール・ドアノーによる『ピカソのパン』(1952年)，3はドロシア・ラングによる『移民の母』(1936年)

である。　問6　提示された建物は，2020東京オリンピック・パラリンピックの主会場となった新国立競技場で，設計を手がけたのは隈研吾である。隈研吾は，4の浅草文化観光センターの他にも，歌舞伎座，根津美術館，高輪ゲートウェイ駅などを手がけている。1は丹下健三が設計した東京都庁庁舎，2は黒川紀章が設計した国立新美術館，3は仙田満が設計した東京辰巳国際水泳場である。

【10】問1　2　　問2　A群…4　　B群…1　　問3　1　　問4　3

解説　問1　色料に対し色光の三原色は，「黄みの赤(Red)，緑(Green)，青紫(Blue)」の三色のことで，全て混ぜると白になる。こうした光の混色のことを「加法混色」という。　問2　記述の内容はA群4の本阿弥光悦で，作品はB群1の『舟橋蒔絵硯箱』(江戸時代)である。ふたを山形に高く盛り上げた，蒔絵の硯箱である。2は尾形光琳作の『八橋蒔絵螺鈿硯箱』，3は平安時代の工芸作品『片輪車蒔絵螺鈿手箱』，4は松田権六作の『赤とんぼ螺鈿蒔絵飾箱』である。　問3　1は，第5学年及び第6学年の知識及び技能に関する目標である。3は第1学年及び第2学年の思考力，判断力，表現力等に関する目標，4は第3学年及び第4学年の思考力，判断力，表現力等に関する目標である。また2は，中学校第1学年の知識及び技能に関する目標である。　問4　3は，第2学年及び第3学年の「内容　A表現」の1項目である。1は第2学年及び第3学年の「内容　B鑑賞」，2は第1学年の「内容　B鑑賞」，4は第1学年の「内容　A表現」である。

【11】問1　作者がドナテルロであるもの…④　　胸像であるもの…③
問2　ア　④　　イ　②　　問3　③　　問4　②　　問5　①
問6　②　　問7　⑤

解説　問1　ドナテルロはルネサンス初期に活躍したフィレンツェの彫刻家である。図版④は，フィレンツェのオル・サン・ミケーレ教会の装飾用に作られた2体の大理石像のうちの1体「聖ゲオルギウス(ジョルジョ)」を基にしている。図版③は，ミケランジェロ・ブオナローティ制作の胸像「ブルータス」の石膏像である。他の図版は全身像の一部をカットして作られた石膏像であるが，この作品だけはもともと胸像

として作られたもの。　問2　ア　マルセル・ブロイヤーは自転車の構造からヒントを得て「ワシリー・チェア」(1925年)を考案したと言われる。　イ　「アーロン・チェア」は，ハーマンミラー社のデザイナー，ビル・スタンフとドン・チャドウィックにより1994年に考案され，その後2016年に再デザイン(リマスター)された。　問3　正答肢③は「ノートルダム大聖堂」である。①は「タージ・マハル」，②は「ウエストミンスター寺院」，④は「アヤ・ソフィア」，⑤は「万里の長城」，⑥は「聖ワシリイ大聖堂」である。　問4　②はクロード・モネによる「ルーアン大聖堂」の連作の一つである。　問5　①は，ジョージア・オキーフによる「オリエンタル・ポピー」(1928年)である。オキーフはアメリカにおける20世紀の抽象画家として知られ，花，風景，動物の骨などをモチーフとした作品が多い。　問6　設題にある画家は，ノーマン・ロックウェルである。アメリカ市民の生活の哀歓を描いた画家として知られる。　問7　⑤は，ロココ様式時代のフランスの画家ジャン・シメオン・シャルダンによる「銀のゴブレットとリンゴ」(1768年)である。

●書籍内容の訂正等について

　弊社では教員採用試験対策シリーズ（参考書，過去問，全国まるごと過去問題集），公務員試験対策シリーズ，公立幼稚園・保育士試験対策シリーズ，会社別就職試験対策シリーズについて，正誤表をホームページ（https://www.kyodo-s.jp）に掲載いたします。内容に訂正等，疑問点がございましたら，まずホームページをご確認ください。もし，正誤表に掲載されていない訂正等，疑問点がございましたら，下記項目をご記入の上，以下の送付先までお送りいただくようお願いいたします。

> ① **書籍名，都道府県（学校）名，年度**
> 　（例：教員採用試験過去問シリーズ　小学校教諭 過去問　2025年度版）
> ② **ページ数**（書籍に記載されているページ数をご記入ください。）
> ③ **訂正等，疑問点**（内容は具体的にご記入ください。）
> 　（例：問題文では"ア～オの中から選べ"とあるが，選択肢はエまでしかない）

〔ご注意〕
○ 電話での質問や相談等につきましては，受付けておりません。ご注意ください。
○ 正誤表の更新は適宜行います。
○ いただいた疑問点につきましては，当社編集制作部で検討の上，正誤表への反映を決定させていただきます（個別回答は，原則行いませんのであしからずご了承ください）。

●情報提供のお願い

　協同教育研究会では，これから教員採用試験を受験される方々に，より正確な問題を，より多くご提供できるよう情報の収集を行っております。つきましては，教員採用試験に関する次の項目の情報を，以下の送付先までお送りいただけますと幸いでございます。お送りいただきました方には謝礼を差し上げます。
（情報量があまりに少ない場合は，謝礼をご用意できかねる場合があります）。
◆あなたの受験された面接試験，論作文試験の実施方法や質問内容
◆教員採用試験の受験体験記

- -

送付先	○電子メール：edit@kyodo-s.jp ○FAX：03-3233-1233（協同出版株式会社　編集制作部 行） ○郵送：〒101-0054　東京都千代田区神田錦町2-5 　　　　　　協同出版株式会社　編集制作部 行 ○HP：https://kyodo-s.jp/provision（右記のQRコードからもアクセスできます）

※謝礼をお送りする関係から，いずれの方法でお送りいただく際にも，「お名前」「ご住所」は，必ず明記いただきますよう，よろしくお願い申し上げます。

教員採用試験「全国版」過去問シリーズ⑩

全国まるごと過去問題集
美術科

編　集	Ⓒ 協同教育研究会	
発　行	令和6年4月10日	
発行者	小貫　輝雄	
発行所	協同出版株式会社	
	〒101-0054　東京都千代田区神田錦町2‐5	
	電話　03－3295－1341	
	振替　東京00190－4－94061	
印刷所	協同出版・POD工場	

落丁・乱丁はお取り替えいたします。
